KB275237

내가 꿈꾸는
북유럽
라이프

팬덤북스

Prologue 루크

우연한 기회의 북유럽 방문이 우리 가족을 북유럽에 붙잡는 계
기가 되었다. 오랜 해외 생활에도, 그리고 항상 무언가 명쾌함을
찾는 내게도 목마름은 영원히 해결되지 않을 것 같은 순간에 북
유럽에 갔다. 나는 엔지니어링을 전공한 공학도이기도 하고 영
상과 디자인을 공부한 디자이너이기도 하다. 나는 무엇인가 나
의 틀을 만드는 일에는 늘 서투르다. 그렇기에 짧지 않은 삶을 항
상 무언가를 찾으며 지냈다. 그것들을 모으고 추리며 정리하는
것이 취미이자 습관이다.

내가 찾는 무엇들이란 독자들이 보기에 아주 하찮은 것들이다.
어디 무엇이 맛있는지, 누가 무슨 발명을 했는지, 왜 그 작가는 빨
간색을 좋아하는지 같은 호기심이자 흥밋거리이다. 나는 이런 것
들을 적고, 스케치하고, 컴퓨터에 메모로 정리한다. 때로는 모은
자료들을 정리하는 것이 또 다른 일이 될 때도 있다. 나이가 들면
서 나는 더 복잡해지고 자료들은 더 많아졌다. 그러면서도 항상
단순하게를 외치며 'Less'를 위해 상상했다. 마치 단순함이 무엇
인지조차 모르면서 단순해지기를 원하는 아이들의 모습이었다.

항상 다른 세계를 알고 싶어 하는 궁금증은 세계의 모든 사람
들의 삶은 누구나 비슷할 것이라는 나만의 위안으로 겨우 누르

고 지냈다. 세계의 다른 삶을 모르면서 궁금해하는 일과 너무나 비슷하다. 직접 부딪치고 알아보기로 한 결정은 무모할 정도로 용감한 일이었다.

우리 가족이 스칸디나비아에 갔을 때는 내가 디자이너일 뿐 아니라 최소한 궁금증을 못 참는 성격을 가진 것에 대해 신에게 감사했다. 자연과 순박한 삶이 주는 축복과 그로 인한 무한한 만족, 내가 살아 있는 고귀한 존재라는 존엄, 스칸디나비아 고유의 단순함, 특유의 단순함에서 끊임없이 솟구치는 아이디어들……. 시간이 지나면서 문화와 사회의 가치를 더욱 배우고 자료화해야 한다는 사명감마저 느꼈다. 나의 블로그는 그렇게 해서 만들어졌다. 나는 동료 디자이너이자 아내인 안젤라와 함께 〈스칸디나비아의 루크와 안젤라〉라는 블로그에 글을 쓰기 시작했다.

나와 가족은 아직도 북유럽식의 식사를 즐기며, 북유럽이란 말만 들어도 귀가 솔깃해진다. 블로그 이웃 중 한 분이 첫 만남에서 해준 첫 인사말은 "선생님은 저를 잘 모르시겠지만 저는 선생님을 아주 잘 알고 있습니다."였다. 그렇다. 북유럽은 나를 잘 모르겠지만 난 북유럽을 사랑하며 항상 가슴에 품고 산다.

애정과 관심으로 북유럽을 보는 분들에게 내가 말할 수 있는 북유럽 이야기를 하고 싶었다. 마치 첫딸을 시집보내는 부끄러운 딸 바보 아빠의 마음으로 북유럽을 소개하는 글을 쓰고 싶었다. 직접적으로 이민을 꿈꾼다면 말할 것도 없고, 관심거리나 단순한 호기심으로 북유럽을 알기 원하는 독자들께도 나의 북유럽

이야기가 다가가기를 바라는 마음이다.

북유럽은 항상 내 마음속에 있다. 마치 내가 원치 않을 시기에도 신이 함께하시듯이 북유럽을 마음속 한곳에 품고 있다. 북유럽 모든 국가와 문화에 사랑과 존경을 보내는 마음으로 쓴 이 책을 읽는 분들께 따뜻한 북유럽의 마음이 전해지면 좋겠다.

2015년 서울에서

NordikHus.com
nordikhuset@gmail.com

 안젤라

미혼인 20대에 미국으로 건너가 혼자 공부하고 직장을 다니다가 30대를 몇 년 넘기며 결혼 생활을 시작하였다. 미국은 그리 낯설지 않았고, 젊은 싱글로 첫출발을 했던 덕분에 흥미와 도전 정신으로 모든 것을 즐겁게 경험해 나가는 시간이었다. 한국인이 많은 미국이지만, 나름대로 혼자 살아남기 위해 언어와 정보 획득을 위해 누구보다 바쁘게 쫓아다녔다고 스스로 자부하기도 했다.

나는 40대의 나이까지 두 아이의 엄마로, 주부로, 아내로, 그리고 평생 즐겁게 누리는 디자이너로 바쁘게 지내 왔다. 이제 돌이켜 생각해 보니 미국은 어렵고 힘든 외국 생활에 대한 도전이 아니었다. 나보다 미국을 잘 아는 사람들도 주변에 많았고, 무엇이든 쉽게 찾고 비교하고 분석하면서 그저 내 입맛 따라 생활을 꾸려 온 곳이 미국이었다.

미국을 떠나 도착한 북유럽은 전혀 다른 미지의 세계였다. 미국인 친구들조차 북유럽이 어떠냐고 나에게 연락하여 물어보기만 했다. 긴장되는 아줌마 마음을 달래 주고 가르칠 무언가를 찾기는 너무 막막하고 힘들었다. 영어가 이 세상 사람 누구나 쓰는 공용어인 줄 알았던 아이들은 북유럽 세상에서 눈이 더욱 동그래졌다. 너무 다른 언어, 날씨, 환경, 생활 모습…… 두려운 아이들에게 용기를 주느라 나의 긴장감은 오히려 숨겨 가며 다독여야 했다.

결국 스스로 겪고 배울 수밖에 없다는 상황을 받아들였다. 남편이나 아이들도 자신의 몫에 따라 각자 용감히 배우고 북유럽을 알아 갔다. 수줍음 많은 북유럽 사회에서 알아낸 재미난 사실들과 이야기들, 여러 경험들이 속도는 더디어도 우리 가족 안에 조금씩 쌓여 갔다.

우리 가족생활 속에 잔잔히 파고드는 북유럽의 감성과 새로운 가치관들이 아이들과 남편과 나의 모습을 서서히 변화시켰다. 여러 가지로 힘든 시간이었지만 인생에서 너무 감사하고 소중한 경험이었고, 미국에서는 느끼지 못했던 많은 깨달음이 있었다. 우리 가족은 북유럽에서 새로 깨어났고, 새로운 에너지를 얻었고, 새로운 우리만의 행복 설계를 다시 하게 되었다.

숲 속의 이른 아침을 여는 새소리에도 기뻐하는 북유럽의 감성을 통해 잊고 있었던 작은 것들을 하나하나 '행복'이란 바구니 안에 담게 된 곳이 북유럽이다. 단지 기억으로만 쉽게 덮고 지나버릴 수가 없어서 남편과 나는 어느 날 블로그에 글을 올리기 시작했다. 막막하고 두려웠던 북유럽과의 첫 만남부터 하나씩 껍질을 벗을 때마다 나를 미소 짓게 만드는 여러 이야기들까지 북유럽을 궁금해하는 사람들과 나누고 싶었기 때문이다. 특히 남편과 아이를 돌보는 아내와 엄마의 마음에서 어떻게 북유럽과 친해져야 하는지 알리고 싶었다.

미국에서도 '아이를 풀어 놓고 방목한다'는 농담을 들을 정도

로 아이와 하루하루 편하게 놀고 지내는 나 같은 엄마에게 북유
럽은 보다 마음을 편히 내려놓게 해준 힐링 캠프 같은 곳이었다.
진정한 삶의 가치를 다시 생각하게 해주었고, 아내나 엄마가 아
닌 잊고 있었던 그냥 내 모습, 나만의 소중한 존재 가치 또한 다
시 느끼고 감사하게 해주었다.

예쁜 디자인의 나라, 아니면 노후나 교육 걱정이 없는 복지 국
가라고 단편적으로 생각하기에는 그 이상의 많은 이야기들이 북
유럽에 있다. 북유럽을 궁금해하는 사람들이라면 반드시 알아야
할 소중한 모습들이다. 여러 가지 환상으로만 포장된 북유럽을
좀 더 차분하게 알아 가도록 남편 루크와 함께 조심스레 책으로
전하기로 하였다.

내가 가진 환상으로 다른 세상을 보는 것은 위험한 일이 될 수
있다. 부러운 마음이나 흥미로운 시선, 여러 가지 상상의 그림을
그리며 다가가기보다는 편안하고 차분한 마음으로 북유럽을 알
아 가기를 바란다. 북유럽도 그저 사람들이 함께 살아가는 곳이
며, 우리와는 조금 다른 모습이 있을 뿐이다. 새로운 북유럽 세상
이 우리 부부의 시선과 생각으로 담담하고 꾸밈없이 전달되기를
겸허한 마음으로 기도해 본다.

루크와 함께

NordikHus.com
nordikhuset@gmail.com

1

북유럽을
꿈꾼다

Ola Ericson, imagebank.sweden.se

외국에서 살아 볼까?

사람들은 되풀이되는 일상과 익숙한 주변 환경에서 안락함을 느끼면서도 과연 이대로 계속 변화가 없다면 얼마나 답답할까라는 반문도 갖는다. 한편으로는 매일 반복되는 편안함이 한순간 없어질 수도 있다는 불안감에 새로운 미래를 상상하며 미리 준비를 세워 보기도 한다. 우선 작은 생활의 변화를 찾아볼 수도 있지만, 살던 곳을 떠나 멀리 다른 곳으로 여행을 떠나서 되풀이하며 살던 곳을 잠시 잊기도 한다. 그래선지 외국 여행은 오늘날 많은 사람들이 시간과 조건만 갖춘다면 제일 먼저 하고 싶은 일상 탈출이다.

여행이나 다양한 목적을 위해 많은 사람들이 잠시라도 한국을 떠나서 해외로 나갔다 온다. 그곳에서는 현지인을 만날 기회, 새로운 문화를 만나고 체험할 기회, 해외에 나가 살고 있는 한국인들을 만날 기회를 얻는다. 짧은 기간이지만 내가 살아 보지 못했던 새로운 세상이 하나씩 펼쳐진다.

여행을 미처 가 보지 않은 곳이라도 외국 세상을 만나게 해주는 기회는 한국에서도 다양하게 얻을 수 있다. 책이나 영화 같은 매체를 통해서, 외국에서 온 현지 친구를 알게 되면서, 외국을 잘 아는 지인의 이야기를 들으면서 우리는 새로운 곳을 체험하고 상상하고 그곳에서 살고 있는 자신의 모습을 꿈꿔 본다.

짧은 여행을 다녀온 뒤 좋은 추억으로 묻어 두는 사람들도 있지만, 새로운 변화를 꿈꾸면서 내가 태어났던 모국을 떠나 살아 보는 것은 어떨까 끊임없이 스스로에게 질문을 던지는 사람도 있다. 내가 원하던 변화가 그곳에 있지는 않은지, 새롭게 도전을 허락해 줄 나라는 과연 어떤 곳일지, 더 많은 경험과 인생의 깨달음을 위해 바깥세상으로 나아가야 할지, 지금이 바로 그때가 아닌지……. 이제는 모국을 떠난다는 것을 크게 두려워하기보다는 살아가는 동안 한 번은 가져 보고 싶은 도전의 기회로 사람들은 생각하고 있다.

현재의 문제를 남겨 두고 떠나는 탈출이 되어서는 안 된다. 결국 새로운 세상을 향해 가는 길에서도 짊어질 짐으로 계속 남기 때문이다. 현재의 모습을 모두 부정하고 싶은 마음도 곤란하다. 현재의 내 모습을 통해 생긴 현실이 무대가 바뀐다고 크게 뒤바

뛰는 것이 아니다. 한국에 서 있든, 한국을 떠나 어느 나라에 서 있든 나를 지키고 인생을 멋지게 살기 위해 스스로 내리는 능동적인 선택이고 도전이어야 한다. 확실한 동기와 순수한 열정과 나에 대한 믿음으로 바라보는 세상은 꿈을 꾸기에 넓고 다양하다.

일상 탈출을 위한 여행이 아니라 생활을 새롭게 모두 바꾸고 처음부터 배워 가야 하는 외국 생활은 결코 쉬운 일이 아니다. 그러나 예전 모국에서의 내 모습을 떠올리면서 새로운 곳에서 꿋꿋이 출발하는 설렘이 있다. 나를 품어 주던 모국과는 달리 모든 게 낯선 외국을 배워 가는 시간들은 의미 있는 일이 될 것이다. 둘러싼 울타리 너머로 뛰어나가는 내 모습은 과연 어떨까 궁금해하는 사람들이 외국 생활에 대한 도전을 꿈꾼다.

미국과 스칸디나비아

우리 가족은 미국과 스웨덴 두 나라를 차례로 경험했다. 미국은 처음에 학업을 위해 도전했던 곳이다. 나름 남들에게 성공이란 표현을 들으면서 직장도 갖고 영주권도 받으며 결혼하여 가정을 이루는 긴 여정을 보냈다. 솔직히 20대에 미국 땅을 밟아서 거의 20년을 보냈으니, 나에게는 미국적 사고와 문화적 이해가 더 편하게 자리 잡고 있다고 할 만큼 제2의 고향이다. 결혼하여 아이를 미국에서 낳고 키우며 꾸민 가정은 미국식 환경에 맞춰져 최선을 다해 함께해 왔다. 미국 가정의 일반적인 모습처럼 우리 가족도 크게 다르지 않게 생활해 온 것이다.

1997년 이전까지 한국에서 신입 사원 시절과 영상 관련 일에 매진하며 미국 유학을 꿈꾸던 시절을 생각해 보면 새로운 세상을 향한 도전과 정착은 대부분 성공적이라고 말할 수 있다. 1997년 말부터 닥친 IMF 외환 위기에도 유학 생활을 관리하고 지켜 왔다. 2001년 학교를 마쳤으나 9.11 테러 이후 외국인에 대한 배척과 취업난을 힘들게 겪어야 했다. 그래도 나는 직장을 잡으며 뚫고 나갔다. 미국이라는 자본주의 사회에서 벌어지는 철저한 경쟁과 가진 자와 갖지 못한 자라는 서로 다른 조건 속에서도 나와 가족을 지킬 안정된 위치에 정착하기 위해 숨 가쁘게 보낸 시절이었다.

한국이 아닌 미국에서 배우기 위해 도전을 시작했고, 긴 시간 동안 자본주의 미국에서 능력과 노력을 자본으로 환산하는 법을 배웠다. 때로는 자본이 꼭 성과와 비례하지 않는다는 사실도 깨달았다. 자신이 싫어하던 모든 것들이 결국 자신의 한 부분임을 알기도 했고, 내가 생각하는 세상은 상상에만 존재하는가 하는 질문도 수없이 했다.

인생의 거의 반을 보낸 미국에 비하면 북유럽에서의 생활과 도전은 매우 짧았다. 하지만 어린 시절 한국에서 배웠거나 중년을 넘는 나이까지 미국에서 경험하며 익혀 왔던 모든 생각과 가치관을 흔들고 바꿔 버릴 정도로 강한 임팩트를 가진 북유럽 생활이었다. 자본주의 원칙과 경쟁의식에 익숙한 교육과 가치관 등 나와 가족들이 지켜 왔던 많은 부분을 의미 없게 만들어 버린 곳이 북유럽이었다. 잠깐 호기심으로 가 보았던 스칸디나비아 여행이 나를 20년 만에 미국이 아닌 다른 세상을 꿈꾸게 만들었다. 새롭게 다시 도전하고 싶어서 향한 곳이 북유럽, 스웨덴이었다.

또 다른 모험을 찾아 스칸디나비아로 향할 때 나는 가족과 함께였다. 미국으로 갈 때보다 더 큰 두려움이 있었다. 미국 이민 이후 두 번째로 도전하는 외국 생활이었지만, 역시 새로운 세상에 발을 내딛는 것은 떨리는 일이었다. 생전 처음 보는 다른 가족을 만날 때처럼 난 어색했고, 그나마 말도 통하지 않았다. 아직 해외 생활도 해보지 못했고, 하얀 눈도 그림책에서만 봤던 두 딸들은 어땠을까 생각하면 지금도 가슴이 먹먹하다.

그런데도 나의 모든 고민들을 눈으로 감싸듯이 스칸디나비아는 우리 가족에게 다시 한 번 삶의 의미와 함께 왜 존재하는가에 대한 큰 깨달음을 주었다. 엄청난 자연이 주는 에너지에 우리 가족은 눈코 뜰 사이가 없었고, 두 딸들은 훌륭한 스웨덴 사람이 되어 갔다. '국제화'가 눈앞에서 나의 가족에게 일어나는 모습을 두 눈으로 목격했다. 사람이 어떻게 살아야 하는가에 대한 철학적인 대답도 얻었다.

누구는 세계를 한 바퀴 돌며 살았다고 하고, 누구는 너무 돌아다녔다고 한다. 나는 그저 살아왔다고 말한다. 삶의 지역이 단지 미국이나 스칸디나비아 어느 곳이었다고 생각한다. 한국인으로서 한국을 떠나 산 것이 아니라, 어찌 보면 내가 기억하는 모국의 품 안에서 산 것 같다. 세계 어느 곳에 있었어도 난 한국을 떠난

적이 없었던 것 같다. 우리가 꿈꾸는 세상의 모든 곳은 아름답고, 그 아름다움이란 사실 아주 사소한 것들이다. 누구나 쉽게 보고 느끼는 아름다움을 우리는 더욱 깊고 더욱 오래 기억할 것이다.

국제화

국제화란 말을 다시 되새기게 될 줄은 몰랐다. 아주 오래전 국제화라는 단어가 마치 한국이 꼭 해야 하는 일로 취급된 적이 있다. 너도나도 외국어를 배우고 국제적인 매너를 익혀야 한다고 호들갑을 떨었다. 신입 사원을 교육하는 과정이나 해외여행 전에 실시하던 '소양 교육'에 등장하던 외국에 관한 이야기를 재미있게 들었던 기억이 난다.

국제화Internationalization는 좋은 말일까? 좋은 의미를 담고 있을까, 아니면 뭔가 부족하게 느껴지는가? 대답은 이제 후자이다. 예전 개발 도상국이었던 한국에서는 전자였고, 아직도 개발 도상국에서의 국제화는 긍정적 의미이다. 이제 한국은 외국 공산품보다 한국산을 더 좋게 생각하고, 사실이 그렇기도 하다. 한국의 정책과 규범, 문화는 세계 선진국의 그것들과 함께 공감받고, 어떤 면에서는 이끌기도 한다.

국제화는 지금 처한 상황에 따라 상향이 될 수도, 하향이 될 수도 있다. 세계를 리드하는 몇 개 나라들의 국제화란 말은 어쩌면 눈높이를 낮추어야 한다는 의미로 이해되기도 한다. 순수하게 그

나라의 입장에서는 그렇다는 말이다. 선진국들의 국제 학교 시스템은 공교육으로 가는 과정 중에 적응을 돕거나 단기 외국인을 위한 것이다. 해당 나라의 어린이들이 이유 없이 다니는 학교가 아니다. 국제 노동 센터나 국제적인 환경 단체, 세계의 물건들을 모두 모아 놓고 파는 국제 시장 등은 '값싼 노동력', '기부를 해야 하는', '무척 재미있지만 적응이 필요한' 등의 단어를 연상시킨다. 한국을 떠날 때는 국제화란 단어에서 느끼는 감정을 정리해야 할 필요가 있다.

세상은 참 넓고 재미있는 것들로 가득하다. 물론 어떤 사람의 눈으로 보면 참 부질없어 보이는 것들도 많다. 북유럽 생활만 하더라도 미국의 눈으로 보면 모든 것이 이해되지 않는다. 한국이나 다른 아시아의 나라들도 마찬가지일 것이다. 피카Fika라는 커피 타임을 위해 몇 가지나 되는 쿠키를 굽고 케이크를 직접 만들어 내는 일은 흔하다. 어찌 보면 잠시 가지는 시간을 위해 시장에서 사다가 해도 그만인 일을 뭔 고생을 하며 그렇게까지 하나 싶기도 하다. 한편으로는 북유럽인들에게 사람들과의 교류는 매우 중요하고, 멀리 떨어진 곳까지 찾아와 주니 너무 고맙기도 한 것이다. 소중한 시간을 위해 내가 할 수 있는 마음을 보인다고 생각한다. 잠시 전에 먹었던 커피용 케이크가 사실 며칠을 두고 식히고, 겉을 입히고, 다시 반복하여 만들어야 하는 케이크임을 알았을 때 다가오는 감정이 다르다.

북유럽만의 정직함, 전혀 융통성 없는 일의 진행에 때론 불만이 생길 수 있다. 사람들의 여가가 너무 단조로워서 싫증이 나기도 한다. 어떻게 모든 것이 좋을 수가 있을까. 사람이 그리는 이상향은 없다. 정확히 말하면 모두 사실을 알고 있으면서도 찾으려는 우매함에 불과하다.

Melker Dahlstrand, imagebank.sweden.se

　사람은 이상하게 마음먹은 대로 흘러가나 보다. 감사하며 하루를 맞으면 그날은 보통 좋은 날이 된다. 사람들이 살아가며 어느 나라라도 포용하려는 마음을 가진다면 그 나라를 사랑하게 된다. 마음을 어떻게 가지는가에 따라서 주어진 환경은 다르게 나에게 반응한다. 어느 나라에서 살아간다 하여도 마찬가지라고 생각한다. 우리가 생각하는 개발 도상국 중 행복 지수가 높은 나라들은 많다. 부나 환경이 사람이 원하는 행복 중의 하나임은 틀림없지만 절대 전부는 아니다. 그저 행복을 느끼기에 조금 도움이 되는 정도라고 생각한다. 물론 그마저도 마음먹기에 달려 있지만 말이다.

Tip
북유럽의
문화 일반

어느 나라나 문화가 있고, 해당 문화 안에서 사람들은 오랜 시간 동안 생활해 왔다. 얼마나 위대한 역사인지, 얼마나 오래되었는지는 중요하지 않다. 다른 문화권 사람들이 아무리 하찮게 보는 문화라도 분명히 문화로서의 가치가 있고, 문화를 지키는 사람들이 있기 때문이다. 서로의 문화를 존중하는 가운데 자신의 문화도 가치 있게 변화될 것이다.

북유럽은 과거 바이킹의 영향권 아래 있었던 척박한 땅이다. 지금은 관광, 환경과 맞물리며 훌륭한 자원 구실을 하지만 수백 년 전만 하더라도 유럽 영향권 밖에 머물렀다. 더욱이 날씨는 춥고, 겨울에 밤이 길며, 여름에는 자정까지 해가 지지 않는 백야가 나타난다. 과학이 발달하지 않은 과거에는 건강이 좋지 않은 상태였고, 날씨로 인해 재배할 농작물은 그리 많지 않았다. 목축, 임업, 농업이 주산업이었으며, 지역 특성상 개인적이고 폐쇄적인 성향이 생겨났다.

북유럽 국가들은 역사적으로 한 번도 세계를 제패해 본 적이 없으며 그럴 생각도 없다. 국가주의가 발달한 중국, 일본, 미국, 영국, 독일, 프랑스 등을 보면 과거 한 번쯤은 세계를 농락했거나 현재도 주물럭거리고 있다. 국가주의는 단점도 있지만 장점도 가지고 있다. 국가 목표라는 커다란 꿈에 국민들이 하나가 되어 거대한 동력원이 된다는 점에서 강점이 있다.

북유럽은 애국을 국가주의로 보지 않고 같은 땅에 생존하는 동지로 본다. 여기에 루터교가 대다수인 종교 의식이 합쳐져 '같은 시민' 의식이 강하다. 스칸디나비아에는 같은 땅 같은 조건의 사람이 같은 일을 하며 같이 산다는 공동체 의식이 강하게 자리한다. 한 예로 북유럽에서 시작하여 세계적으로 쓰이는 제품이나 발명이 무척 많다. 알고 보면 세계 제일인 것들도 많다. 그런데 사람들은 그냥 어디서 온 것들, 아니면 미국이나 유럽 것으로 취급해 버린다. 이런 상황에 북유럽 친구들은 '그냥 뭐 중요한 것도 아냐' 하는 태도를 보인다. 국민성이다.

햇빛 가리개인 블라인더, 차량용 낮 조명등, 암석 시추 기술, 해양 공학 기술 등은 모두 북유럽 기술로 최고 품질이다. 그 외에도 이루 헤아릴 수 없는 디자인, 세공품, 정밀 기술 등이 있으나 사람들은 독일, 스위스, 프랑스 것으로 미리 짐작해 버린다. 이것도 국민성과 연관된다. 스웨덴을 중심으로 한 북유럽 사람들의 성향은 다음과 같다.

사회주의 특성 : 공동체를 중시하며 개인보다 '다 같이, 우리'라는 의식이 강함. 공동을 위해 개인을 희생할 수도 있다고 의식함.

개인주의와 공동체 의식 : 서구의 공통분모 같은 개인주의는 이곳도 마찬가지. 한편으로 공동체라는 의식도 동시에 존재. 개인으로서 편한 점을 알지만 모두가 하지 않으면 안 되는 일도 있다는 것을 역사를 통해 알고 있음.

자유, 박애 : 국가 통치 아래보다 개인으로 생존했던 역사가 더 길어서 개인의 자유를 존중함. 종교적 의식이 사람들 인식에 박혀 있어서 내가 안 도와주면 상대는 죽을지도 모른다라는 책임감도 있음. 요즘 조건 없이 난민을 받아 주는 몇 안 되는 나라들임.

근면, 자조, 성실 : 일은 생존이며, 일을 통해 국가에 세금을 내서 같이 산다라는 거의 신앙적인 의무감. 아직까지 세계에서 유래를 찾기 힘든 24% 이상의 소비세와 40%를 넘는 소득세를 불평 없이 납세하고 있음. 전 국민 대학원까지 무상 교육은 물론 학생 월급까지 주는 복지를 이룸.

합리주의 : 일을 시작하기 전 가장 합리적인 방법을 먼저 생각하여 반드시 지킴. 독일 문화의 영향으로 안 되면 반드시 안 되는 일이고, 되는 일에는 소신을 굽히지 않는 책임감.

염세적, 무표정, 냉냉함 : 삶을 그냥 사는 것 같은 태도, 무표정한 얼굴. 이웃과 인사도 잘 안 함. 좋아도 싫어도 변화가 크지 않음.

이웃에게 무관심한 듯 보이나 사실은 반대 : 과거 역사로부터 침공과 침략에 대비하여 항상 주위를 살피는 습관을 익힘.

협동심 : 모두 같이해야 생존할 수 있음을 알고 있음.

애국심 : 공동체 일원으로서의 애국심.

검소함, 절약 정신 : 과소비는 죄악이고, 검소하게 사는 것이 최선이라 믿음.

양보심 : 상대에 대한 최대 예우가 양보라는 걸 알고 있음.

폐쇄적, 소극적, 수줍음, 순진함 : 혼자 놀기 좋아하고, 크게 떠들며 웃지 않고, 예의를 차리고 먼저 다가가서 말을 거는 일은 거의 없음. 자리에 맞게 옷을 입고, 상대를 불편하게 만들지 않기 위해 격식을 차림.

내성적, 직설적 : 고민하고 생각하기를 좋아하며, 합리적이고 답을 구하는 걸 즐김. 책 좋아하고, 손쉬운 말로 의견을 말하며, 그걸 기록해 두는 섬세함.

예의, 격식, 단 한 번 : 예의나 격식을 중요하게 생각. 기회는 단 한 번이라는 의식.

이상은 스웨덴을 중심으로 한 북유럽의 국민성이다. 개인적으로 재미있는 것은 예의나 격식을 존중하며 기회를 주되 단 한 번이라는 의식이다. 북유럽은 왕권을 지지하는 왕조 국가이다. 그렇다고 왕권이 국민을 혹독하게 다루었다거나 귀족주의가 판을 친 사례도 거의 없다. 오히려 자신의 왕조를 알리기 위해 이웃

나라와 정략결혼을 하고, '나도 좀 끼워 주세요'라고 했던 아쉬운 역사만이 있다.

북유럽인이 옷 입는 모습을 보면 고급이 주 포인트가 아니다. 첫째 분위기, 둘째 날씨, 셋째 개성이다. 아무리 옷이 좋아도 공식 석상이나 캐주얼한 자리가 같을 순 없다. 그것도 자신감의 표현이라고 생각한다. 생존을 의식한 습관으로 날씨를 염두에 두고, 그다음에 색깔, 유행을 생각하는 개성 표현이다. 그래선지 스톡홀름 사람들의 의상은 아주 훌륭한 패션이다. 마치 패션쇼에 온 듯한 느낌이다.

단 한 번이라는 의식은 교육이나 협상에 잘 나타난다. 기회, 자비, 용서, 선택 등은 한 번으로 만족해야 한다는 것이다. 식사 중 아이에게 쿠키를 권하는 것은 한 번이다. 나중에 마음이 바뀌어도 이미 기회는 없다. 협상 카드는 한 번 이용할 수 있다. 이런저런 핑계로 이유를 대는 것은 협상을 망치는 지름길이다. 어찌 보면 냉혹하지만, 안 되는 일임에도 인간미에 호소하면 이루어지는 경우가 종종 있다. 비록 관공서라 하더라도 말이다. 역시나 단 한 번이다.

가족과 함께라서 좋다

혼자 마음먹지 말고 가족들과 함께 의논하자

가족 중 한 사람이 '고국 한국을 떠나 외국에서 살면 어떨까'란 생각으로 이민은 시작될 것이다. 서로 마음을 털어놓으면 "사실 나도 생각해 봤는데……."라고 놀라며 가족끼리 같은 고민을 하고 있는 경우도 많다. 만약 가족 한 사람이 아니라 다 같이 심각하게 고려하는 중이어도 이민은 관심과 고민만으로 행동으로 옮겨지기에는 참 복잡하고 까다롭고 많은 준비가 필요한 일이다. 혼자만의 잠깐 생각이라도 이민에 대한 관심이 마음속에 생기기 시작했다면 가족과 함께 이야기를 나누어야 한다.

우선 가족 개개인이 관심을 갖고 있는 나라가 다를 수도 있고,

이민을 고려하는 이유와 목표가 다를 수도 있다. 이민이라는 똑같은 주제를 가지고도 다양한 의견이 나온다. 누군가가 제일 먼저 제안하고 가장 적극적인 자세를 가졌다고 그 사람만 총대를 메고 모든 것을 준비하는 불평등한 분위기는 피해야 한다. 보는 관점, 생각하고 느끼는 관점 등 세세한 사항에 대해 서로 의견이 다르기 때문이다.

가족 중 한 사람의 기준과 리드로 이민이 추진되고 진행된다면 결국 한 사람에 맞춰진 이민 생활이 될 것이다. 가족 모두가 매번 동의하고 평화롭게 이민 준비를 하기란 물론 쉽지 않다. 언쟁도 많아지고, 그동안 몰랐던 불만이나 숨겨 왔던 의견까지 덩달아 쏟아져 나올 수도 있다. 그럼에도 낯선 외국 땅에서 많은 어려움을 이겨 나가려면 가족 간의 대화와 협력이라는 '연습 과정'은 매우 필요한 단계이다. 특히 북유럽으로 가기로 가족 모두 동의했다면 떠나기 전부터 북유럽식 평등 관계와 가족 간 역할 분배, 존중, 화합과 배려를 연습해 보는 좋은 기회가 된다.

어느 날 아빠나 엄마로부터 이민 가자는 폭탄선언을 듣는다면 아이들은 떠나기 전부터 배신감을 느끼게 되어 가족 간의 화합이 깨질 것이다. 모든 것을 함께 돕고 힘을 합쳐야 하는 과정에서 '누구는 원했고 나는 반대했다'는 논쟁만 일생 동안 끊임없이 하게 된다. 가족 모두의 일이기도 하지만 개개인의 인생이 걸린 큰 전환점이 되는 일이 이민이다. 며칠 예정으로 가방 싸서 떠나는 여행길이 아니다. 각자 자신의 남은 인생 계획도 고민하고 함

Thomas Rousing, VisitDenmark

께 의견을 나눠야 한다.

본인이 생각했던 모습과 다르다고 되돌아오거나, 며칠만 고생하고 넘어가면 해결되니까 참는 여정이 아니다. 외국에서 본 여러 이민 가정들의 아이들은 하루아침에 별안간 외국 학교에서 외국어로 공부하며 도전해야 하는 상황이었다고 기억하는 경우가 많았다. 아이들은 금방 잊고 빨리 적응한다고 부모들은 쉽게 말해 버리지만, 아이들이 겪는 문화 충격은 앞으로 살아 나갈 인생을 좌지우지하는 중요한 사건이다.

아빠와 엄마가 이민을 고민 중이라는 걸 아이들도 충분히 눈치채고 느낀다. 이상 기류는 감지했는데 부모로부터 중요한 논의에서 배제되었다가 행동을 옮길 때에만 함께해야 한다면 아이들의 마음은 어떨지 생각해 보아야 한다. 만약 북유럽 이민을 혼자서 가족들 몰래 조용히 고민하고 있다면 먼저 자유롭게 가족들과 수시로 대화하고 의논하기를 바란다. 이민 가서 외국 땅을 밟는 순간부터 나의 상황을 누구보다 이해해 주는 사람은 바로 가족들이기 때문이다.

나의 관심 첫 단계부터 가족들과 재미있고 자유롭게 논의해야 한다. 함께 지도를 보면서 각 나라에 대한 공부도 하고, 관련 책을 읽고 서로 감상을 나눈다. 각자의 인생 계획과 목표도 서로 이야기해야 한다. 가족이 협력자가 되어 계획을 세워 주고, 그에 맞춰 이민이 어떤 역할을 할지 많은 이야기를 나누도록 한다. 가족과 함께 나눈 정보와 의견들은 이민을 준비하는 큰 지식과 힘이 된다.

가족 모두의 관심과 고민을 통해 이민 가고자 하는 나라가 정해졌다면 하나씩 준비하는 단계를 밟는다. 가족 모두가 함께 결정하면 자연스럽게 이민을 위한 서로의 역할 분담, 준비 사항 등도 계획을 짜면서 차분히 해 나갈 수 있다. 중간에 문제가 돌출되더라도 함께 고민하고 해결을 모색하는 가족이 된다면 모두에게 현명하고 바른 방향으로 진행될 것이다.

혼자 고민하는 이민은 한국을 떠나기 전부터 본인을 짓누르는 스트레스이고, 인생의 큰 고비로 바뀔 수도 있다. 함께 많은 생각을 나누고 준비하는 이민은 가족 모두뿐 아니라 각자의 인생에서도 의미와 용기가 있는 도전이 될 것이다.

가족과 함께 사전 답사도 계획하자

이민을 위한 여러 가지 고민 중 우선 고려하는 부분 하나가 경제적인 계획과 운용일 것이다. 따라서 현지답사를 이민 전에 하라고 조언하면 쉽게 결정하지 못하는 가족들이 대부분이다. 또는 아주 오래전에 부모 중 한 사람이 가 보았던 경험을 바탕으로 우리 가족의 현지답사는 끝났다고 말하기도 한다. 사실 온 가족이 현지를 미리 방문해서 경험해 보려면 시간과 돈의 부담이 크게 문제된다. 대신 그만큼 큰 가치가 있는 매우 중요한 노력과 투자이다.

어떤 사람들은 '가 봤다가 가족 중 누구 하나가 싫다고 한다면?' 이라고 반문하기도 한다. 가족의 고민과 갈등이 이민 생활을 실제로 시작한 이후에 일어난다면 보다 큰 문제이다. 해결 없이 앞으로만 달려갈 수밖에 없는 트랙이 되기도 한다. 한 사람이 답사 후에 반대 의견을 내고 다른 가족들은 이민 결정에 찬성하게 되더라도 현지답사는 큰 도움이 된다. 반대 의견이 생긴 가족 일원을 위해서 모두가 이민 전에 문제를 고민하고 의논을 하는 편이 오히려 낫다. 현지에 도착해서 서로 부딪히고 원망하는 상황보다 훨씬 안정된 출발을 보장받는다. 현지를 미리 조사한 후 가족 모두가 이민에 회의적이거나 반대한다면 그 또한 현지답사를 통해 바람직한 도움을 받은 것이다.

현지를 돌아보면서 사전 조사를 미리 하기를 바란다. 설사 꼼꼼히 제대로 느끼지 못했더라도 현지 환경을 접하고 사람들이 사는 모습을 보는 것만으로도 도움이 된다. 이후 이민을 가면 가족 모두가 훨씬 안정적인 마음으로 차분히 적응해 나갈 수 있다.

가족 중 대표를 한 사람 뽑아서 가 보면 어떨까 질문하는 사람도 있다. 가족은 누구보다 가깝고 잘 이해한다고 하지만, 결국 둘러보고 온 사람의 관점으로만 현지에 대한 느낌을 전달할 수밖에 없다. 시간과 돈을 아끼기 위해 아빠 혼자 이민 갈 나라를 둘러보고 왔다면 어떨까? 과연 엄마가 궁금해하는 생활 환경과 차이점, 아이들이 궁금해하는 생활 환경과 차이점을 잘 전달해 줄지 의문이다.

남편이 이런 거 필요 없다고 해서 모두 한국에 두고 와 너무 속상하다고 말하는 아내의 푸념을 자주 들었다. 남편이자 아빠가 마련해 둔 동네와 집을 두고 다른 가족들이 계속 투덜거리기도 한다. 첫 집을 구하느라 고생했던 아빠는 섭섭함을 표현도 못 하고 결국 오자마자 이사를 하려고 애쓰는 이민 가족들도 흔히 본다.

가족과 함께 미리 둘러보고 왔더라도 이민 생활이 완벽하고 정확하다는 보장은 없다. 현지답사에서 가족 모두가 착각했거나 잘못 판단해서 출발부터 힘든 문제를 맞이할 수도 있다. 겉으로 보고 이해했던 내용들이라도 직접 생활하고 부딪히면 새로운 경험과 문제의 연속이 된다. 그러나 함께 결정하고 동의했던 사항들은 비록 문제로 돌출되더라도 가족이 협조하여 긍정적으로 해결하고 다음을 모색하게 된다.

가족과 개개인 모두의 행복을 찾아서

앞서서 이민은 가족 모두 함께 생각하고 계획하고 준비해야 한다고 이야기했다. 곧 가족 모두를 위한 이민이 되어야 한다는 의미이다. 외국에 오래도록 있으면서 가장 많이 들은 이민 동기는 아이들 교육이었다. '아이들을 위해', '아이들 잘되라고', '나중에 훌륭한 사람 되라고' 용기 내어 이민을 결심했다고 말한다.

이민이란 결심이 워낙 여러모로 신중하고 쉽지 않은 일이며, 결국 '결정적 계기'나 '결정적 사건'이 점화의 불씨가 되어 실행으로 옮기기 마련이다. 가족마다 딱 꼬집어 말하는 이유 한 가지씩은 당연히 있을 수밖에 없다. 그 이유 중 다수가 아이들이다. 오늘날 대부분의 한국 가정은 아이들을 위해 이민을 결심한다.

만일 '아이들의 교육'이 이민 목적이 되었다 하더라도, 처음의 목적이 이민 생활 동안 온 가족의 '핑계'로 바뀌어서는 안 된다. 아이들이 외국어를 잘하고 좋은 대학을 가기 위해 부모는 낯선 외국에서 모든 걸 희생한다는 이민 스토리는 결코 행복하게 들리지 않는다. 콕 집어서 누구 한 사람 때문이라고 이민 목적을 정한다면 가족의 관심은 모두 목적을 이루어야 하는 한 사람에게 집중된다. 내가 겪는 어려움이나 불만을 본인 문제로 생각하고 해결하기보다 이민 목적이었던 가족 한 사람에게 돌리게 된다.

본인 스스로의 목적이 없는 이민 생활에서는 용기 내어 부딪혀 보는 열정이 쉽게 생기지 않는다. 당사자로 뽑힌 가족의 일원도 이민 생활이 즐거울 수 없다. 목적을 달성해서 가족들의 희생에 보답하는 감동적인 스토리를 만들어야 하는 인생 숙제가 되기 때문이다.

만약 아이를 위해 희생하며 왔다고 생각하는 엄마가 되어 버리면 모든 생각은 수동적이고 제한적으로 바뀐다. 아이에게 하루하루를 맞추며 적응하기 쉬운 테두리 속에 머물고 마는 것이다. 결국 한국을 떠나왔지만 한국에서의 모습, 생각과 크게 다르지 않아진다. 오히려 더 많은 것을 잃고 살아가야 하는 이민 생활이 될 수도 있다.

아빠, 엄마, 아이들 모두 각자 다른 소중한 인생을 살고 있다. 이민은 가족 개개인의 인생에 의미 있는 부분이 되어야 한다. 작

Ola Ericson, imagebank.sweden.se

은 변화나 꿈을 가족 모두가 마음속에 품고 이루어 나가야 한다. 가족들의 동의하에 첫 번째 목적이 정해졌다 하더라도 개개인은 이민 생활을 통해 자신이 겪을 변화, 해야 할 도전, 얻을 수 있는 것 등을 진지하게 생각해 보아야 한다. 새로운 나라에서 스스로를 가치와 의미가 있게 만들도록 마음을 열어야 하는 것이다.

만약 누구 한 사람을 위해 떠나는 이민이라면 북유럽을 향한 시선은 접는 게 좋을 듯싶다. 북유럽은 자유와 평등 속에서 각자 주어진 모습대로 서로 다른 가치관을 갖고 살아가는 곳이기 때문이다. 어떤 사람들에게는 한없이 외롭고 적막하게 느껴지겠지만, 가족 개개인마다 소중한 인생의 의미를 찾고 작은 행복부터 하나씩 만들어 가는 새로운 경험을 선물로 얻을 수도 있다.

미국과 유럽의 한인 이민

나라를 넘어 영구 정착을 계획하는 것을 이민이라고 한다. 철새들은 매년 두 번씩 하지만 사람으로서는 쉽지 않은 결정이다. 특히 정보나 교통이 발달하지 않았던 수십 년 전에는 지금과는 비교가 되지 않을 만큼 커다란 도전이었을 것이다. 한국의 해외 이민사는 약 100여 년이 된다. 당시 한국은 일제 강점기여서 일본 국민의 이민으로 기록된다. 그런 경우를 제하면 약 60여 년 정도가 순수 한국 국민의 이민사가 된다.

일제 강점기의 일본 사람들은 하와이와 인근 섬에 농장 노동력으로 갔다. 소위 사탕수수 농부인데, 이민자들의 후손이 그대로 남았다. 오늘날 하와이에 일본 사람들이 대규모 인구로 남게 된 것이다. 당시 이민자들에는 순수 일본 사람만이 아닌 한국인도 섞여 있었다. 호적, 이름 등이 일본에 근거하여 현재까지 일본인으로 집계된다. 하와이의 일본인들이 미국 본토로 이주하면서 소수의 한국 태생 일본인들도 이주했다. 아주 소수여서 한국 이민 문화라고 일컫기에는 너무 적은 숫자였다.

한국 전쟁을 거치며 미국 문화가 아무 여과 장치 없이 대한민국으로 밀려들었다. 가난한 식사와 보잘것없는 생활을 하던 대한민국은 중산층이란 단어도 무의미할 정도로 최빈국 중 하나였다. 냉장고와 에어컨을 집에서 직접 사용하며, 고기와 아이스크림이라는 천상의 음식을 매끼 먹는 미국인들이 마치 신처럼 보였을 것이다. 이때 유학을 할 수 있는 소수의 부유한 학생들과 아직까지도 발달하던 하와이 사탕수수 농장을 이끌 노동력들이 미국으로 나갔다.

당시는 그전의 한인 이민자들과 같은 조건이었지만 다른 상황이었다. 미일 태평양 전쟁으로 일본인들은 차별받고, 강제 이주되었으며, 극심한 핍박을 받았다. 그러한 빈자리를 메꿀 다른 노동력이 필요했으므로 초기 한국 출신의 이민자들과 많은 차이가 있었다. 이후 본토로까지 이어진 노동자 이민은 1985년경까지 계속된다.

1985년부터 미국의 한인 이민사가 조금 바뀌는 이유는 해외여행 자유화 정책이다. 1983년에는 50세 이상, 1989년에는 전 국민 해외여행 자유화가 실시되었다. 그전 이민의 목적은 독자들이 생각하는 '꿈'이라던가 '학업', '언어' 등의 달콤함이 아니었다. 단순히 살기 위해서였다. 그냥 그대로 조국에 있다가는 다 죽을 것 같았기 때문이다.

그전에는 배운 것도, 가진 것도, 이룬 것도 없는 그야말로 극빈자들이 이민을 갔다. 대사관이나 해외 공관 직원들, 대기업 임원, 부유한 집안의 유학생 등 아주 극소수의 엘리트 계층을 제외하고는 전쟁 중인 나라의 난민과 다름이 없었다. 그들이 이민한 후 자신의 생활을 조국에 허세를 떨듯 전파했고, 사람들이 미국을 마치 꿈의 나라라고 믿는 계기가 되었다. 이 현상은 지금도 일부 남아 있다.

해외여행 자유화가 시행되고 나서야 비로소 대한민국의 국민은 여권이라는 걸 누구나 만들어 해외에 나갈 수 있었다. 그것도 한 10여 년 동안은 일부 부자들의 잔치였는데, 처음에는 해외에 사는 친지 방문이었다. 직접 가서 해외 이민자들이 어떻게 사는지 보고 배웠다. 막노동으로는 부자가 되기 힘들다는 점도 알았다. 언어가 익숙하지 않아서 머리만 긁적거리며 청소하거나 접시를 닦기보다는 차라리 한국에서 사는 편이 낫다는 생각도 하였다.

그러다 해외여행 자유화 혜택을 받은 한국인들 눈에 가능성이 보였다. 당시 군사 독재 정치 아래의 가난한 나라에서 로봇 같은 인생을 살던 사람들은 새로운 눈을 떴다. '미국인과 동등한 조건이라면', '좀 더 열심히 일한다면', '조금이라도 장사 밑천이 있다

'면' 하는 단서가 붙긴 했지만 아직 이민의 꿈은 깨지지 않았다. 건설 붐과 수출 붐을 타고 해외 지사의 직원들이 급격히 많아진 것도 해외 이민을 긍정적으로 생각하게 만들었다.

눈을 뜬 사람들은 유학, 투자, 사업 등의 목적으로 이민을 가기 시작했다. 나는 1985년 이후의 이민자를 미국 이민 2세대라고 구분하여 생각한다. 초기의 이민 1세대와는 부류가 다르다. 극빈자와 중산층, 노동자와 지식층, 살기 위한 이민과 보다 잘살려는 이민 등 초기 이민자들과는 서로 섞이기가 어려웠다. 이러한 현상은 현재 미국 내 어느 한인 이민자들에게도 모두 나타난다. 서로가 서로를 이해할 수 없는 벽이 생긴 것이다.

2000년대를 거치며 요즘에 이르는 시기를 이민 3세대라고 생각한다. 이전과 다른 점은 중산층 이상 되는 부자들의 이민이 많아졌고, 자녀 교육을 위한 문화적 목적의 이민이 주를 이루었다. 그들의 공통점은 힘든 일을 안 한다는 것이다. 노동자는 찾아보기 힘들고, 사업이나 투자 등 화이트칼라의 업무가 늘었다. 의사, 변호사 등의 전문직 이민, 그냥 놀기 위한 호화 이민 등이 부쩍 많아진 것이 사실이다. 미국의 불경기로 돈 있는 자를 위한 이민 카펫이 깔린 것도 하나의 이유가 된다.

이민 3세대는 이전 1세대를 다른 후진국 국민쯤으로 여긴다. 주로 이민 2세대들과 교류하며, 서로서로가 필요한 정보를 공유한다. 얼마 전까지 이민 1세대들의 마지막 꿈은 성공해서 조국에 돌아가는 것이었다. 이제는 뒤를 잇는 이민자들을 보며 자신의 조국은 없다고 느끼게 되었다. 자신들보다 미국에서 더욱 잘 살고 있는 2세대들에게 위화감을 심하게 느끼고 있다. 그도 그럴 것이 출발 조건부터 다르기 때문이다.

미국에 비해 유럽은 단순하다. 대부분의 한국 사람은, 특히 이민이 막 시작될 60여 년 전의 한국 사람은 유럽에 관심도 없었고 알지도 못했다. 세계 문화를 알고 직접 체험하는 생활은 선진국 이상의 경제력이 뒷받침되어야 가능하다. 당시 한국은 그럴 여유도, 능력도, 정신도 되지 않았다. 1960년대 박정희 대통령이 독일로 광부와 간호사 등을 보내면서 첫 유럽 이민이 공식화된다.

소수의 공관 직원이나 기업 임원 등을 제외한 일반인으로서 첫 이민은 독일에서 시작되었다. 이후 수천 명 이상의 광부, 간호사, 기술자 등의 단순 노동자들이 이민을 왔다. 당시 간호사들은 한국에서 고등 교육을 이수한 엘리트 출신이었으나, 독일에서의 업무는 간호 보조이거나 그것보다 한참 모자란 단순 노동이었다. 그 후 가족들이 뒤를 이었고, 비로소 영국이나 프랑스 등 주변국으로의 이민도 이루어졌다. 유럽의 교육 특성상 저렴하거나 무료인 학비로 인해 유학생들도 많았다. 난민 흡수 정책으로 독재국가이던 한국에서의 정치적 이민도 받아들여졌다. 종교인, 태권도 사범 등 특정 직종에 대한 이민도 이루어졌다.

내 생각에 초기 1세대 유럽 이민은 2단계인 엘리트 이민으로는 진전하지 못한 것 같다. 따지자면 1.5세대쯤이라고 할 수 있다. 이민 역사가 1세대와 연결되지 않았고, 뒤를 이을 특별한 사회 현상도 없었다. 현재 엘리트 계층, 사업 이민 등 노동자 계층이 아닌 이민이 굉장히 증가하고 있다지만, 아직은 미국에 편중된 느낌이다. 가장 큰 장애 요인은 언어와 친척, 친구 같은 지인의 부재이다. 수십 개의 나라와

다른 언어로 이뤄진 유럽의 한인들이 서로 협조할 방법도, 이유도 없다. 오히려 한국 내의 한국인들보다 유럽을 모르는 이민자들도 존재한다. 그만큼 세계적 시야가 좁은 것이다.

그러나 앞으로 얼마 되지 않아 유럽에도 이민 2세대 바람이 불지 않을까 생각한다. 이미 포화 상태로 한국과 다름없는 미국 대도시는 이민을 가기에 더 이상 매력적이지 않다. 한국의 고유문화가 유럽과 흡사한 점이 많고, 생활 자체가 언어만 다른 서울이거나 한국의 어딘가로 느껴질 만큼 비슷한 점이 너무 많기 때문이다. 한 문화의 뿌리를 알고 싶으면 근원지를 가듯 현대의 기술 역사와 미술사를 바로 집 앞에서도 느낄 수 있다는 것도 또 하나의 재미이다.

미국과 유럽 이민의 장단점

이민 정착지로 많은 곳들을 생각한다. 이민 목적만큼이나 좋은 장소들이 많다. 하지만 알려지고 살기 좋다는 세계 여러 지역을 적고 자신의 목적과 비교하며 하나하나씩 생각을 하다 보면 사실 몇 나라로 함축된다. 그중 유럽은 하나의 나라로 보면 된다. 다시 설명하겠지만 EU 통합으로 각 나라 간 이동이 자유롭기 때문이다. 적어도 법적인 측면에선 거의 그렇다. 그럼 전통적인 미국과 유럽의 이민에 관해 장단점을 적어 볼까 한다.

미국 이민의 장점	미국 이민의 단점
• 한인 커뮤니티가 대부분의 시마다 존재하여 적응이 쉽다.	• 한인 커뮤니티의 영향권에서 사실상 벗어나기 힘들다.
• 언어 장벽이 낮다.	• 초기 이민 자본이 많이 필요하다.
• 정보가 많이 공개되어 있다.	• 이민 신청 시간이 길고, 제약이 많다.
• 장기 이민의 경우 미국인으로서 느끼는 장점을 누릴 수 있다.	• 교육, 생활 수준이 요즘 급격히 추락하고 있다.
• 비교적 이민 자격이 낮다.	• 사업, 취업 등 경쟁이 세다.
• 문화, 경제의 중심에 존재한다.	• 더 이상 꿈을 이루는 나라는 아니다.

미국 이민의 장점으로는 해외에 적응할 필요가 없을 수도 있다는 것이다. 한인들이 많이 존재하여 항상 한국 문화를 즐길 여건이 된다. 언어가 영어여서 비교적 거부감이 적고, 아직까지 미국은 활발하게 이민을 받아들이는 나라이기도 하다.

미국은 전통적인 이민국으로, 세계 각 나라로부터 이민을 받아들이고 있다. 이 말은 이민자를 '선별'한다는 의미이다. 정치적인 망명이 아니라면 자본주의 원칙에 따른다. 개인 사업을 할 계획을 가진 사람들은 투자 이민이라는 카테고리로 엮어 자본을 투자받는다. 영주권을 주지는 않지만 비교적 손쉬운 비이민투자 비자의 경우 과거 미국에 협조적이었으며 문제가 없었던 몇 나라로 대상이 제한된다. 내가 알기로 열 나라가 안 된다고 알고 있다. 중국과 한국은 큰 투자 이민국이다.

비이민투자 비자인 E-2 비자는 정해진 금액은 없지만 통례상 한국 출신은 한화 약 3억 원 정도의 금액을 미국 내 개인 사업에 투자하고, 2년마다 사업을 유지하는지 조사하여 체류 자격을 연장해 주는 소액투자 비자이다. EB-5 비자는 최소 5억 원 이상을 미국 내 사업체에 투자하고 일정 조건이 충족되면 영주권을 주는 투자이민 비자이다. 투자금의 회수나 투자 대상의 위험성은 아직까지 해결되지 않은 문제이나 아무도 항의하진 않는다. 아니, 항의를 못 한다는 말이 맞는 표현이다.

그 외에는 스포츠 스타나 연예인의 이민, 결혼이나 부모 초청 이민이 있다. 지금은 자격 문제로 거의 문호가 닫힌 종교 이민도 있다. 사제나 승려, 목사는 자격이 명확히 구분되지만, 언제나 예외가 문제이다. 조항에는 전도사나 반주자 등 직접적인 종교인이 아니어도 허용해 놓았다. 신청을 할 수는 있지만 목적, 자격 요건, 증명 등에서 애매모호한 경우가 생긴다. 이처럼 특별한 사레가 아니면 대개 미국 내 취업을 통한 취업 이민이 대다수이다.

성공적으로 마무리되어 이민 생활을 시작하여도 어려움은 항상 있다. 시간이 흘러 과거를 돌아볼 여유가 생길 즈음에 단점들이 보인다. 가장 안타까운 점은 무분별한 이민 유입으로 사회 전체의 질이 많이 낙후되었다는 사실이다. 아마 오래 미국에서 생활한 사람들에게서 '미국이 예전 미국이 아니다'라는 말을 들을지도 모른다. 경쟁은 너무 치열해지고, 같은 민족끼리 생기는 문제는 더욱 커졌다. 무엇보다 미국인으로서 받는 복지 혜택이 날이 갈수록 축소되고 있다.

유럽 이민의 장점	유럽 이민의 단점
• 각 나라마다 특성이 있어서 생활하기 재미있다.	• 언어의 장벽이 높다.
• 문화, 역사의 중심과 생활이 공존한다.	• 한국식 생활을 유지하기 힘들다.
• 중산층과 저소득층의 생활에 적합한 사회구조이다.	• 이민의 장벽이 높다.
• 복지와 교육이 좋다.	• 사회가 이민자에게 어느 정도 폐쇄적이다.
• 서너 개의 외국어를 습득할 수 있다.	
• 아직 치열한 경쟁이 적다.	
• 새로운 사업 시스템이 실현되기에 적합하다.	

유럽 이민의 장점은 자신이 살아 있다고 깨달을 정도의 역사적, 문화적 에너지를 느끼는 생활이 가능하다는 것이다. 유럽 내

Mona Loose, imagebank.sweden.se

의 나라들은 오랜 역사와 문화가 현대와 공존하는 곳들이다. 내가 오래 생활을 했던 미국에서는 어느 도시에서도 역사와 문화가 공존하는 느낌을 받지 못했다. 한국과 중국, 일본 등 오랜 역사를 자랑하는 나라에서도 일정 지역, 일정 도시를 제외하고는 발전이라는 명분에 밀려 역사를 느끼기 힘들었다.

유럽은 비록 아주 조그만 시골의 헛간 근처라고 해도 수백 년은 훌쩍 넘어 보이는 역사의 흔적이 보인다. 아파트가 들어선 대도시 마을이라도 꼭 한두 개의 박물관과 도서관은 역사를 거느리며 서 있다. 각 지역에는 나름대로 오랜 이야기가 있고, 또한 기록으로 남아 있다. 운전 중 잠시 쉬러 들어간 스웨덴 북쪽의 이름 모를 작은 마을에도 그다지 어울리지 않는 흔적이 보였다. 퍼렇게 녹슨 구형 대포와 주위 돌탑에 새긴 몇몇 이름들이 러시아 제국과의 전장 중 하나였다는 사실을 알려 주었다.

유럽 이민의 또 다른 장점은 복지 혜택으로 중산층과 저소득층의 생활에 적합하다는 것이다. 유럽 대부분의 국가는 공동체의 이념을 어느 정도 공유하기에 혼자보다 '다 같이'라는 개념을 중시한다. 북유럽의 유명한 복지 정책은 말할 필요도 없고, 유럽 어느 나라라도 일정 정도의 복지가 존재한다. 유럽의 복지 혜택은 주로 중산층과 저소득층에 맞추어져 있다. 특히 육아, 교육, 의료, 연금 등은 사람이 가장 필요로 하는 기본이어서 제도가 잘 갖추어져 있다. 무료로 공급되는 공공복지와 최고의 교육은 유럽 이민을 결심하는 중요한 혜택이다.

그 외에 가장 큰 장점은 아직까지 치열한 경쟁이 적다는 것이다. 정확히 표현하면 치열한 경쟁이 없다기보다 역사적으로 이미 지나갔다가 맞는 말이다. 첨단의 새 경쟁은 밀려오는 중이다. 미국이 과거 유럽에서 문화를 배워 간 것처럼 유럽은 시장의 방향을 미국에서 찾는다. 이미 검증된 시스템만 받아들여 위험을 줄이는 방법이다. 미국을 보면 유럽의 몇 년이 보인다.

유럽은 공식적으로 이민을 받아들이지 않는다. 최근 영국에서 미국의 투자 비자를 모방하여 해외 자금을 받기 시작하였다. 법 규정은 미국과 비슷하며, 투자 금액도 미국의 30만 불을 약간 상회하는 것으로 알고 있다. 대부분의 유럽 국가에는 결혼이나 망명 이외의 공식적인 이민은 없다. 하지만 귀화Neutralization를 통해 이민을 받는 방식은 허용한다. 임시 영주권의 일정 기간이 지나면 영구 영주권과 귀화 자격을 주는 것이다. 나라마다 조금 다르긴 하나 약 4년의 영주권 기간을 거쳐야 한다.

유럽 이민에 있어 가장 큰 단점은 각 나라의 역사나 높은 자부심만큼이나 사회의 폐쇄성도 존재한다는 것이다. 여행과 막상 생활을 하는 것은 커다란 차이가 있다. 웃으며 마주치던 길거리의 사람들이 이웃이 되면 다른 느낌과 모습으로 다가온다. 오랜 유럽의 역사나 문화는 높은 사회의식과 매너를 낳았지만, 여행자에게 관대하던 너그러움이 이웃에게는 혹독하게 작용할 수 있다. 물론 시행착오는 어떤 이민이나 겪어야 하는 관문이지만, 자신을 아무도 이해해 주지 못하는 문화적인 고독을 아무 생각 없이 겪으면 굉장히 외롭게 느껴진다.

북유럽은 이민을 올 만한 곳인가?

한국의 지인들과 연락을 취할 때마다 북유럽에 대한 관심이 높아짐을 느낀다. 불과 몇 년 전만 해도 유럽 북쪽 끝자락의 어디쯤으로 인식되거나, 일 년 내내 눈이 쌓이는 곳으로 알고 있었다. 더 이상 관심을 가질 이유가 없는 곳이었다. 미국, 중국 등의 초강대국 지향을 하는 우리 성향에 비추어 영국, 프랑스도 세계 무대에서 별 볼 일 없는 나라로 여기고 있다. 그러니 유럽 전체를 그저 그런 곳으로 치부했던 것도 사실이다.

사실 내가 몸담은 디자인을 비롯해서 세계를 이끄는 거의 모든 근대 기술이 유럽 출신이다. 이념, 사상, 예술 등 인류의 거의 모든 개념도 유럽에서 시작되어 현재도 알게 모르게 세계를 지배하고 있다. 분명 유럽에 무언가 남다른 힘이 있지 않을까 하는 생각이 떠나지 않는다.

스웨덴, 노르웨이, 덴마크를 포함한 스칸디나비아와 핀란드, 아이슬란드를 포함하는 노르딕 국가들은 넘쳐 나는 자원에도 불구하고 환경적 제약으로 개발하지 못하였거나 일부러 개발하지 않은 국가들이다. 기술 수출 중심인 산업 구조이며, 관광에는 거의 의존하지 않는다. 철강, 기계, 전자, IT 등의 고부가 가치 산업을 중점으로 예술, 문화를 더하여 유럽 내에서도 특이한 '기능적

Practical'인 분야를 지키고 있다. 다만 냉전이 종식되어 국방비 부담이 줄면서 복지 비용이 늘었고, 값싸고 공해를 일으키는 소비재 산업은 수입이 용이하여 환경도 지킬 수 있었다.

이민을 계획하면 언어를 먼저 생각하게 되지만, 사실은 생활과 목적이 앞서야 한다. 이제는 가난한 나라를 벗어나기 위한 1960년대의 이민이 아니다. 자신의 능력과 목표를 이룰 이민이어야 한다. 이민 목적에는 여러 가지가 있을 수 있다.

- 일, 학업, 사업, 재능을 키우기 위해
- 상대 나라에서의 성공 가능성이 높기 때문에
- 돈을 더 벌기 위해
- 자녀의 교육과 이국적인 삶을 위해
- 일정 기간의 인생을 즐기기 위해
- 결혼이나 파견 근무 같은 계약에 의해
- 종교나 정치적 자유를 보장받기 위해

열거한 조건 외에 특이한 경우도 있지만, 일반인들은 위의 예 중 몇 가지에 모두 속할 것이다. 돈을 벌기 위해라는 단순한 목적이 지배적이었던 과거와는 달리, 자신의 조건과 목적에 따라 나라를 선별하는 이민 문화로 발전했다. 영구가 아니라 기간을 정한 제한적 이민도 큰 부분을 차지한다. 지금은 대부분 자신의 능력을 학업이나 사업을 통해 키워 성공 가능성을 높이고, 자녀 교육을 보다 좋은 환경에서 이끌기 위해서 등 복잡한 이민 목적이 발생한다. 인생을 즐기기 위한 부자들의 휴양 여행 같은 이민도 있겠지만, 이 글은 그들을 위한 정보는 아니다.

북유럽은 현지인들의 사고나 역사를 통해 보더라도 속된 말로 '피 터지게 싸우며 무한 경쟁하는 곳'이 아니다. 상대가 좋은 물건을 거래한다고 해서 나도 더 싸게, 더 좋게 팔면 되겠다는 생각은 통하지 않는다. 더 좋은 디자인으로 다가가도 쉽게 접근할 수 없다. 사회적 폐쇄성이라고도 할 수 있고, 북유럽인 특유의 소심함이라고 할 수도 있다.

이런 현상은 고양이를 키워 본 사람들이라면 쉽게 이해된다. 좋아하는 먹이를 주면 개들은 다가가서 확 먹는다. 고양이는 다가가서 주위를 살피고, 손으로 터치해 보고, 냄새를 맡고, 주위를 둘러본 다음 먹는다. 고양이는 그것이 먹이인지 몰라서 그럴까? 힘이 부족해서는 아니다. 호랑이도 비슷한 동작을 한다. 고양이 특유의 조심성으로, 혹시 있을지 모르는 방해나 제대로 된 음식인지를 확인하는 습관과 천적을 경계하며 항상 주위를 살피는 습관 등으로 그러는 것이다.

북유럽인들은 좋은 서비스나 물건에 대한 거부감은 없다. 모르지도 않는다. 정보에 대한 공유는 첨단이다. 관심도 넘친다. 역사적으로도 타 역사, 문화에 대한 관심이 넘쳐 난다. 그럼에도 행동은 하지 않는다. 북유럽인 특유의 조심성 때문이다. 정말 좋은 것인지, 얼마나 오랜 시간 동안 경험을 쌓았는지, 지금 생활과 비교해 큰 희생이 따르지 않는지, 특히 사회적으로 손가락질을 받을 일이 없는지 등을 판단한 후에 행동으로 옮긴다. 그것도 초기 수용자Early Adaptor 먼저 실행한다. 다음 단계인 선도자Pioneer나 추종자Follower 그룹까지 도달하고 다시 대다수 일반인에게까지 도달하려면 한참 걸리거나, 도중에 시들어 버리기도 한다. 북유럽에서 새로운 무언가가 급하게 성공하지 못하는 이유이다.

신기술이나 서비스가 아니라 전통적인 목표라면 북유럽은 상당히 사업하기 좋은 곳이다. 높은 세금은 혜택으로 돌아온다. 작은 회사일수록 혜택이 많다. 더욱이 학비나 의료는 무료이다. 연금도 보장된다. 이런 장점에도 불구하고 이민에는 많은 장벽이 존재한다. 언어는 그중 첫째이고, 언어보다 고질적인 문제는 한국인의 폐쇄성이다. 대한민국이 역사적으로 외세에 시달리며 이룬 자주, 고유, 독립이라는 문화로 인해 나타나는 현상이다.

더욱 무서운 것은 한국의 소득이 높아짐에 따라 일부 국가에서 나타나는 반한 의식의 원인에 해당하는 것들이다. 남은 몰라라 하고, 어떤 조건에서도 자기 몫은 꼭 지키며, 타국에 대한 우월 의식과 타 문화에 대한 무시 등의 '선진국 졸부 의식'이다. 이미 일본에서는 1970년대에 나타났고, 대상은 한국을 포함했으며, 내가 느끼고 살았던 시절이었다. 중국의 일부 부자들도 안하무인 태도를 외국에서 보이며 기본 도덕을 거스르는 추태를 저지른다.

상대를 존중하고 상대 문화를 인정한다면 있을 수 없는 현상이다. 마치 힘 있는 자의 자유쯤으로 여기는, 그럴 수도 있지 하며 묵인하는 저급한 사회의식이다. 남을 존중하지 않고 따르지 않는 사회의식은 섬나라, 반도 국가, 산악 국가 등 지리적 폐쇄성이 곧 역사적 폐쇄성으로 이어진 나라에서 국민성으로 남을 확률이 높다. 이런 사회의식들이 언어 문제보다 큰 장애물이라고 생각한다. 이민의 장애물들은 다음과 같다.

- 새로운 문화에 대한 적응
- 언어
- 새로운 곳에 대한 불안
- 목적이나 목표에 대한 불확실
- 새로운 예산에 대한 부담감
- 자녀 교육의 불확실성
- 다시 조국으로 돌아갈 걱정
- 정든 곳을 떠나는 아쉬움
- 음식, 습관 등 익숙함에 대한 아쉬움

현대의 이민은 위의 열거 사항 등 몇 가지를 제외하면 전부 극복된다. 한국의 친구들보다 자주 볼 일이 있고, 음식이나 습관은 그대로 유지 가능할 정도로 네트워크가 구성되어 있다. 다만 의식에 관한 것과 언어는 계속 숙제로 남는다.

아무리 생각해 보아도 이민에서 제일 중요한 것은 '개방적 마인드'이다. 남의 것을 그냥 있는 그대로 바라보고 인정하는 것

Susanne Walström, imagebank.sweden.se

은 정말 중요하다. 아무리 비교해 보고 욕해 봐야 좋아지지 않는다. 나는 두 번째 이민 국가인 스웨덴에서 별 어려움이 없었다. 영어를 잘 해서만은 아니다. 이미 서구 문화를 알고 이해하며 살았기 때문이다. 같은 서양이어서 그런지는 몰라도 미국 사람들보다도 어떤 면에서는 더 편하게 느껴진다. 모든 것이 단순한 북유럽이어서 그런가 생각하고 있다.

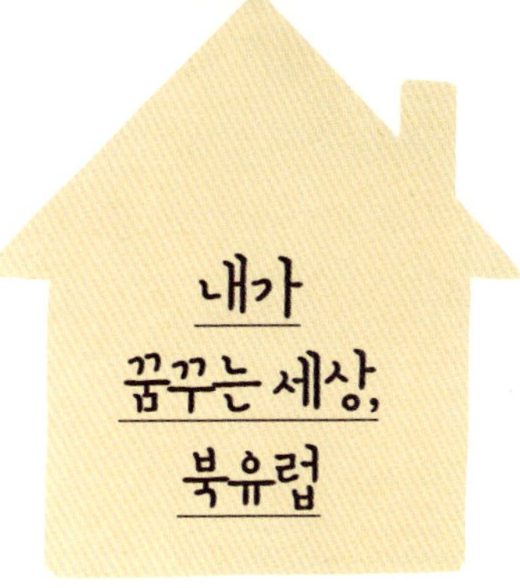

모두의 새로운 관심, 북유럽

한국이 엄청난 국가적 도약과 발전을 이룬 사이 꽤 많은 한국인들이 전 세계로 퍼져 나갔다. 힘든 조국 생활에서 좀 더 나은 삶을 위해 떠났던 이민에서 이제는 새로운 관심과 목표, 변화를 꿈꾸며 많은 한국인들이 세계로 널리 퍼져 나간다. 미국, 호주, 캐나다, 일본, 중국 등의 교포 사회는 현재 해당 국가에서 영향력을 행사할 정도의 대규모 커뮤니티로 성장하였다. 예전과는 달리 국내 생활을 연장하는 듯한 낯설지 않은 편안한 이민이 되었다. 적응을 위한 여러 안전 장치와 환경적 편리함이 갖춰진 상태다. 반면 교포 사회 안에서의 문제들이나 현지 한국인들과 부딪히며 느끼는 개인적 회의와 반문 등도 나타나고 있다.

앞장에서 이미 이야기하였듯이 이제는 미국이나 캐나다, 호주 등 한국인들이 탄탄히 자리 잡고 있는 특정 국가들만 이민 대상 국가로 고려하지 않게 되었다. 과거에는 단순한 생활 변화와 발전, 아이들의 조기 유학, 영어 교육 등의 이유로 쉽게 익숙해질 만한 이민을 생각하였다. 현재는 많은 한국인들이 그동안 생각해 왔던 삶의 가치, 자신의 모습과 꿈, 아이들의 미래 등에 대해 자신과 가족만을 위한 관점으로 재고민하면서 이민을 고려한다.

한국에서 치열한 경쟁 속에 '생존을 위해서!'라고 외치며 바쁘게 살던 많은 사람들에게 조금씩 들려오는 북유럽 이야기는 너무나 신선했다. 신경도 쓰지 않았던, 어디에 위치하는지 궁금하지도 않았던 몇몇 나라들이 다양한 조사에서 가장 행복하고 미래 지향적이며 환경 친화적인 나라로 뽑혔다. 그러면서 '과연 그들은 어떤 사람들이기에', '과연 그들은 어떻게 살아가기에'. '과연 그곳 아이들은 어떻게 자라기에'라는 관심이 생겨났다. 미국에서 살던 나와 미국인들 사이에도 그러한 관심이 급증할 정도이다. 오늘날 북유럽 국가들은 숨 막히는 세계적 위기 상황에서 다른 나라들과는 다른 여유로운 모습으로 수면 위에 조용히 떠오른 것이다.

돈이나 지식으로 삶의 모든 문제가 해결될 줄 알았던 기대감은 조금씩 무너지기 시작했다. 모두가 생각하던 사회적인 기준과 평가가 삶의 행복 기준이 아니라는 결과물이 현실 곳곳에서 돌출된다. 자본주의의 무한 경쟁 속에서 지쳐 가는 사람들이 과연 행복한 삶과 의미 있는 인생 마무리는 무엇일까를 고민하게 되었다. 세계인들이 발견한 북유럽은 이런 고민 속의 다른 나라들과는 사뭇 달랐다. 육아, 직장, 건강, 노후 등 전 세계가 고민하는 기본적인 삶의 문제들에 대해 안정되고 풍요로운 생활 모습을 보여 주고 있다.

태어나서 죽을 때까지 생활의 안정을 유지하게 만드는 북유럽 시스템과 삶의 철학에 세계의 관심이 집중되었다. 많은 사람들이 자신에게 남아 있는 삶을 위해, 미래를 바라보는 아이들을 위해 북유럽으로 발길을 옮기려 한다. 대박 터뜨리는 성공이나 남보다 월등하고 뛰어나게 자라나는 아이가 행복을 보장하는 미래가 아닐 것이라는 거듭된 의문이 들기 때문이다.

나와 가족을 위한 선택, 북유럽

북유럽은 새롭게 느껴지는 삶의 가치와 기준으로 생겨난 관심거리지만, 현재 한국 사회에서 뜨거운 트렌드 중 하나로 급부상했다. 어떤 분야나 사회적 주제로 북유럽에 대한 조사와 취재가 활발히 이루어진다. 한국 사람들은 매우 세밀하고 주의 깊게 많은 정보를 얻으려고 한다. 단순한 주변 이야기로 시작되었던 북유럽에 대해 많은 사람들은 '이런 세상도 있구나' 하는 반가움과 호기심을 가지고 급속도로 빠져들고 있다.

이러한 사회적 분위기에 이끌려 널리 알려진 이민 국가들에 비

Visit Finland

해 북유럽이 훨씬 매력적으로 다가온다. 끝이 없어 보이는 경쟁과 삶의 걱정을 내려놓게 해주는 북유럽의 복지 시스템, 교육 환경, 편안한 노후 생활이 북유럽 이민을 꿈꾸는 이유가 되고 있다. 게다가 북유럽은 뭔가 남들과는 다른 것을 추구한다고 자부하는 사람들에게 맞춤형 국가라는 생각이 들게 한다. 신비로운 자연환경과 지리적 위치, 이방인들이 아직은 많지 않은 북유럽이 이왕이면 제대로 된 외국 생활에 도전하고 싶은 사람들에게 꿈의 나라들로 비춰지는 것이다.

북유럽 국가들은 최근에 알려진 정보를 통해 이민 계획자들에게 부푼 기대와 희망을 안겨 준다. 디즈니 만화 영화 〈겨울 왕국〉의 실제 무대였던 북유럽은 많은 이들에게 새로운 삶을 열어 줄 아름다운 낙원처럼 보인다. 북유럽에 살아 보니 다양한 생활의 곳곳에서 자본주의 생활과는 다른 생각과 기준을 가진 곳임에 분명했다. 자연을 사랑하고 여유로운 북유럽도 절대로 틀린 이야기가 아니다. 북유럽이 전달하는 것은 자연스런 그대로의 모습이며, 특별히 보태거나 미화시키지 않는다.

그러나 열심히 조사하고 듣고 상상한 모습만으로 꿈의 그림을 채울 수는 없다. 북유럽에서 살아가는 이민 이야기는 나와 가족이 주인공이 되고 내가 만나는 사람들이 등장하면서 하나씩 얻는 경험과 투자하는 노력, 흘러가는 시간들로 만들어진다. 누구나 공감하고 상상하고 꿈꾸는 북유럽의 그림은 단지 나를 둘러싸고 있는 배경 그림에 지나지 않는다. 결국 나와 가족의 꿈을 위한 무대로써 북유럽이 어떤 의미가 될지 차분히 생각해 보고 선택해야 한다.

북유럽의 환경, 복지, 교육 등 사람들의 관심거리들은 선택을 위한 참고 사항일 뿐 이민 목적이 될 수는 없다. 한국이어서 문제였지 북유럽이면 모든 게 해결된다는 막연한 기대감과 해결책으로 이민을 꿈꾸지 않기 바란다. 한국에서 풀리지 않았던 불만과 상처가 북유럽에서 모두 치유되지는 않는다. 북유럽은 개개인을 존중하고 각자의 모습대로 살아가는 곳이다. 대다수의 생각과 그룹 안에서의 일반적인 기준은 큰 의미가 없다. 순수하게 나 자신을 찾기 위해, 가족의 의미를 되찾고 지키기 위해 북유럽으로 떠나야 한다. 그러면 북유럽은 행복의 비밀을 찾아 떠났던 〈겨울 왕국〉의 안나처럼 나만의 '꿈의 그림'을 멋지게 그릴 배경이 되어 줄 것이다.

북유럽 스웨덴의 행운, 달라헤스트

북유럽 스웨덴을 관심 있게 본다면 아이들부터 어른들까지 장난감, 애장품, 행운의 물건으로 빨간 목각 말을 간직하고 있는 것을 발견하게 된다. 왜 스웨덴인들은 말을 특별하게 여길까? 이유는 바이킹 역사부터 이어진다.

강한 바이킹이 되려면 막강한 무기와 빠르고 튼튼한 배와 건장한 말이 꼭 갖춰야 할 재산이었다. 척박한 북유럽 땅을 정복하고 생명을 지키며 이동하기 위해서 말은 바이킹 시대부터 중요한 재산이고 자랑이었다. 말은 북유럽 문화의 부와 행운을 상징하면서도 제일 가까운 친구나 동반자 같은 동물이었다.

말을 사랑하는 스웨덴인들이 지금의 목각 말 인형인 달라헤스트Dalahäst를 만든 유래는 아주 오래전으로 추정된다. 스웨덴 중부의 달라르나Dalarna 지역은 구리 광산으로 유명했던 곳이다. 생산량이 얼마나 많았는지 지역의 흙이 붉게 변했고, 주택의 벽면조차 짙은 붉은색으로 변했다. 아직도 붉은색은 스웨덴 주택의 대표적인 외부 색깔이다. 나무 다루기에 능숙했던 한 노동자가 광산 근처의 깊은 산속 오두막

↳ Cecilia Larsson, imagebank.sweden.se

집에서 길고 캄캄한 겨울을 보내는 아이들을 위해 동물 모양을 장난감으로 깎아 주었다고 추측한다. 현재까지 그 지방을 중심으로 전해지면서 달라르나의 말Häst이란 뜻의 달라헤스트란 이름이 생겨났다.

사실 17세기까지는 칠하지 않은 목재 그대로의 모습이었다. 1716년 스웨덴의 칼 12세 국왕이 유럽 정복을 위해 전쟁을 벌였다. 당시 한 군대가 달라르나의 민가에서 겨울을 보내게 되었다. 한 병사가 인근의 구리 광산에서 오렌지 빛이 감도는 빨간색 흙을 구해 달라헤스트를 채색하여 자신이 머물던 민가의 아이들에게 주었다.

병사의 달라헤스트는 선물의 의미를 넘어 긴 겨울 동안 병사들이 음식을 얻는 교환품이 되었다. 많은 병사들도 달라헤스트를 깎아 민가에서 물자를 얻는 데 썼다고 한다. 빨간색 채색과 더불어 북유럽의 전통적 무늬를 그려 넣은 것이 지금 형태의 유래로 전해진다.

스웨덴을 방문하면 다양한 달라헤스트를 아주 쉽게 만난다. 스웨덴 가정의 문 앞에 달라헤스트가 놓여 있다면 당신을 환영하는 의미이다. 오랜 전통을 사랑하고 꾸준히 이어 온 스웨덴인들의 마음이 달라헤스트를 통해 전 세계로 전해지면서 '행운의 마스코트'로 사랑받고 있다.

북유럽이
궁금하다

자연과 인간을 사랑하는 북유럽 사람들

북유럽에 대해 이야기를 하라면 끝없는 주제가 있지만 자연과 인간만은 빠질 수 없다. 전통적으로 고립된 생활 탓도 있고, 공업 발전 과정에서 환경에 신경을 쓴 이유도 있다. 국토의 상당 부분이 북극권에 속한 북유럽은 환경과 인간에 관한 한 온 신경을 쓴다고 해도 지나치지 않다. 작은 마을 어디를 가도 잘 정돈된 숲과 자연 그대로 방치해 둔 삼림 지역이 있다. 거기에 마을 사람 누구라도 항상 자연에 관심을 가지고 산다.

미국의 자연과 비교하자면 어떨까? 미국은 잘 가꾼 동물원처럼 생태가 유지된다면 북유럽은 자연 사파리에 비교된다. 미국 도심 속의 녹색 지역에서는 각을 잘 잡아 깎아 놓은 잔디밭과 멋을 한껏 부린 나무 조경이 보인다. 조금 돈을 들였다 싶으면 돌로 가장자리를 장식한 연못과 커다란 바비큐용 야외 조리 시설이 자리 잡기 마련이다. 주거 지역은 말할 것도 없고, 유명 자연 지역 내의 공원에서도 인공적인 자연이 흔하다. 그럼에도 미국의 상당 부분은 개발을 할 수 없거나 할 필요가 없는 광활한 지역이다. 마치 '자연은 밖에서 즐기고 도심에서는 잘 가꾼 인공적인 조경을 즐기세요'라고 말하는 듯하다.

북유럽은 자연에 대한 애착이 강하다. 처음 북유럽을 접하면 사람이 북적대는 공원 화단이나 숲을 왜 그냥 그대로 방치하나 의구심을 가진다. 각을 잡고 다듬은 잔디는 고사하고, 잔디에 잡풀과 민들레 같은 풀들이 섞여 있다. 가장자리의 삐져나온 풀들은 잘 깎지도 않는다. 나무도 너무 늘어져 부러질 정도가 아니면 가지 정리도 잘 하지 않는다. 호수 주변의 돌로 된 접근로나 보도블록은 기대도 안 하지만, 진흙땅에 모래나 자갈이라도 깔아 주면 그나마 신발은 안 젖겠다는 생각이 간절하다. 도심 속 보도블록이나 돌길 사이사이에 핀 잡초만이라도 깎으면 더욱 깨끗해 보일 텐데 하는 생각을 한두 번 했던 게 아니다. 주거지에서도 마찬가지여서 삐딱하게 자라는 커다란 나무를 피해 차들이 한 차선으로만 다니는 동네도 흔하다.

미국과 다른 풍경은 경비를 줄이려는 의도거나 게으르기 때문이라는 '미국적 사고'는 그리 오래 걸리지 않아 깨졌다. 나무를 지키기 위해 도로를 우회하는 정도는 기본이다. 집 앞 호숫가 갈대

밭을 지키려고 근처를 매일 산책하는 이웃들도 있다. 북유럽에 온 지 얼마 안 되는 얌체들이 보트로 갈대밭에 들어가서 낚시를 하곤 하기 때문이다. 집 앞 도로의 이끼를 유지하기 위해 물을 일부러 길어다 뿌리고, 숲에 갈 때는 쓰레기봉투부터 챙기는 사람들이다. 잠시 빌려 쓰지만 후손에게 물려줄 자연이라고 자신 있게 외치는 사람들이다. 그만큼 환경과 자연은 목숨보다 귀하게 취급하며, 오히려 미국적 조경을 경멸한다.

내가 살던 마을 근처에 커다란 주택 단지가 건설 중이었다. 국제적 기업의 협업이 많아지다 보니 스톡홀름 시내의 어느 곳에는 미국인이 주로 모여 산다. 대사관이나 미국 국제 학교가 가깝기도 하고, 왕궁 근처라서 상당히 풍경이 좋기 때문이기도 하다. 차츰 그 수가 너무 많아져서 스웨덴의 한 건축 회사가 미국 회사와 합작으로 미국식 공동 주택 단지를 건설한다는 것이다.

나도 미국식 주택을 그리워하던 터라 자주 도면을 구해서 보고, 사무실도 방문하고 그랬다. 언덕에 자리 잡아 모든 가구가 호수를 바라보는 풍경, 널찍한 뒷마당(미국에서 뒷마당은 개인적인 용도이고 앞마당은 주민이 지나다니는 길거리이다), 큼직한 마스터 베드룸에 한껏 창을 넓힌 스패니시 풍의 주택 단지였다. 시기와 자금 문제로 나와는 인연이 안 되었지만, 멋진 창이나 뒷마당이 북극권의 겨울에 제대로 적응될지 의문이라는 이야기가 들려왔다. 결국 미국계 사람들을 위한 단지는 돈 있는 외국인들이 오는 주택 단지로 전락했다.

↳ Carolina Romare, imagebank.sweden.se

주변 이웃은 대규모 단지여서 숲길이 망가질까 염려했고, 호수로 너무 많은 불빛이 새어 나와 생물들이 거부감을 가질지도 모른다고 지적하기도 했다. 똑같은 스패니시풍 주택 디자인이 북유럽의 주택 환경에서는 지루하다는 의견도 있었다. 남에게 너그럽고 외국인에게 배려가 깊은 북유럽 사람들이지만 막상 자기 동네, 자연에 관한 일이라면 상당히 고집스런 의견을 낸다. 동네 스키장에서 눈을 만들며 밤새 켜는 오렌지색 조명이 새들의 환경을 방해한다고 시간을 앞당기라던 사람들이다. 여우나 순록이 사는 지역을 통과할 때는 속도도 제한한다. 누구든 환경에 관한 일에는 반대가 없을 정도로 자연을 지키는 일에 열정적인 것이다.

덴마크

덴마크의 자연보호법은 1992년 발효되었다. 법에 따라 사람은 전국 어디든 자전거나 도보로 통행할 수 있다. 사유지라 할지라도 개인에게 피해를 주지 않는다면 통행과 이용이 가능하다. 다만 길을 따라 다녀야 하고, 동물을 데리고 다니려면 끈으로 묶어야 하며, 해가 있을 때만 다닐 수 있다. 실제로는 지역과 마을에 따라 아주 세세한 법들이 있다. 어느 마을은 수렵과 채취에 관한 규정이 다르고, 어떤 곳은 호수 사용이 각별하다.

법들은 땅의 소유자와 실제 이용자 모두를 만족시키기 위해 만들어졌다. 덴마크의 행정 절차는 자유와 평등이라는 원칙을 지키기 위해 많은 사람들이 모여 쟁점이 될 만한 모든 사안들을 아주 세밀하게 연구하고 해석하는 식이다. 하지만 자연 보호의 울타리로 들어가면 일사천리로 일이 진행된다.

사냥과 낚시는 아주 세밀한 사항까지 규율하여 야생 동물을 보호한다. 매년 9월 1일 새벽에 울리는 총소리로 오리와 기러기 사냥이 허락될 때까지 사람들은 모두 법을 지킨다. 조류 사냥에 관하여는 어떤 종을 언제부터 언제까지 잡을 수 있다는 법이 있다. 너무 자세하게 제한하기에 밀리미터법이라는 애칭마저 얻었다. 법은 낚시에도 적용된다. 덴마크의 양서류를 보호하기 위해 개구리는 어떨 때 풀어 주라는 시시콜콜한 내용마저 지정되어 있다.

덴마크의 식수는 거의 대부분 우물이나 지하수에서 끌어올려 사용하기 때문에 화학 물질이나, 유류, 중금속으로부터 토양을 지키는 일에 대한 관심이 지대하다. 에너지와 이산화탄소 배출은 물론 농업에 쓰이는 비료와 살충제에도 제한이 있다. 덴마크 사람들의 노력은 덴마크 자연보호협회를 만들어 냈다. 국민 모두 환경주의자임을 표방하는 덴마크 사람들은 여러 환경 단체에 가입하고 있으며, 그중 약 25만 명이 넘는 덴마크 자연보호협회가 가장 크다.

덴마크의 뉴스에는 자연과 환경에 관한 내용이 사회 보장 제도 다음으로 많이 보도된다. 온 국민적 노력으로 이룬 녹색 국가라는 명성에 맞게 풍력 발전, 에너지 보존 기술, 화학 물질 처리 기술, 대기 오염 방지 기술 등은 수출에서 선두를 차지한다.

노르웨이

북유럽이 모두 그렇지만 자연에 관한 한 노르웨이를 뺄 수 없다. 유럽인들에게는 노르웨이가 유럽의 마지막 자연 지역이라는 인식이 있다. 노르웨이는 국토의 3~4퍼센트만이 인구 밀집 지역이거나 경작지일 정도로 천연 상태의 자연이 남아 있다. 1983년 UN이 설립한 세계환경개발위원회WCED(World Commission on Environment and Development)는 아직도 야생 순록 무리가 산중에서 어슬렁거리고 오소리와 곰들이 삼림 지역에서 뛰노는 노르웨이의 여성 총리 그로 할렘 브룬틀란Gro Haelem Brundtland을 위원회 대표로 임명했다. 그 이후 노르웨이의 환경 운동은 온 국민 행동으로 퍼졌고, 한 환경 단체의 심벌인 잉퀴Inky를 모두 사랑하게 되었다.

Iceland.is

'파란색 낙지' 잉퀴는 벤테 로에스타Bente Roestad라는 노르웨이 작가가 조카에게 바다 생물에 대한 이야기를 하다가 떠오른 캐릭터이다. 이후 잉퀴 이야기는 청취자가 참여하는 라디오 방송과 TV 시리즈물로도 제작되었다. 이어지는 국민들의 환경 운동 참여 요청에 노르웨이 자연보호협회는 어린이 환경 보호 단체인 잉퀴클럽을 만들었다. 잉퀴클럽은 어린이 눈으로 본 직설적이고 과감한 의견을 각 매체에 기고하며 환경을 감시하는 일을 한다.

노르웨이도 낚시나 사냥에 관한 법이 있으며, 사유지의 이용과 통행도 자유롭다. 이런 권리는 야외레크리에이션법으로 인정되는데, 국토 내 레크리에이션 목적의 이용을 상업적인 이용과 구분하기 위해 만들어졌다. 수렵, 채집, 소풍, 캠핑, 자전거, 승마 등을 목적으로 한 국토 이용과 카누, 보트, 스키, 스케이팅 등의 스포츠를 비경작지에서 할 수 있는 권리를 보장한다. 특히 빙하 지역에서의 등산, 오리엔티어링 등은 광활한 자연을 직접 즐기는 방식이다. 대신 굉장히 위험하기도 해서 참가자 모두는 세세한 주의 사항을 지킨다. 자연은 아름답고 많은 것을 제공하지만 때로는 거칠다는 자연 존중을 아울러 나타내 주는 대목이다.

인구나 국토 면적을 보면 노르웨이에서는 자연이 아닌 곳을 찾기가 더 힘들 때가 있다. 그만큼 자연이 훌륭하고, 사람들 역시 자연을 소중하게 생각한다. 노르웨이 사람들의 삶과 마음을 보면 자연을 존중하고 사랑하지 않으려야 않을 수가 없다는 표현이 딱 맞는다.

스웨덴 사람들의 뿌리는 시골에 있다고 해도 과언이 아니다. 1870년대 스웨덴의 각종 산업이 발전하여 산업 근로자라는 계층이 생기기 전까지만 해도 대부분은 농부였다. 그래선지 스웨덴 사람들은 시골과 자연에 대한 따뜻한 감정이 남아 있다. 스웨덴 국가에서도 이런 마음이 보인다. 19세기 리차드 디벡Richard Dybeck이 쓰고 민요에서 따온 가락으로 구성된 스웨덴 국가는 첫 구절부터 북구 산맥과 태양, 하늘, 푸른 들판을 예찬한다.

스웨덴 사람들에게 실지로 스웨덴의 어떤 점을 사랑하는가 물으면 '자연'이라고 대답한다. 자연을 사랑하는 것이 곧 애국을 뜻할 정도로 자연과 조국 스웨덴은 따로 뗄 수가 없다. 스웨덴은 전체 국토를 국립 공원, 자연 보존 지역, 자연 보호 지역, 동물 서식지, 천연기념물로 나누어 관리한다. 스웨덴 북부의 국립 공원 몇 개를 합하면 전 유럽에서 가장 큰 5,500km^2 면적의 자연 보호 구역이 된다.

다른 북유럽 국가들과 마찬가지로 스웨덴에는 알레만스트레텐Allemansträtten(공동 접근권)이라는 전 국민의 토지 이용 권리가 있다. 보호 규정만 지키면 사유지를 포함한 국토 내에서의 캠핑, 채집, 스포츠 등이 가능하다. 허가증을 통하여 수렵, 낚시 등도 즐길 수 있다. 특히 1918년 스웨덴에서 만들어진 오리엔티어링은 야외 활동의 종합 편과 같은 스포츠이다. 여름에는 캠핑이나 하이킹을 겸하여 즐기고, 겨울에는 노르딕이나 활강 스키와 같이

행하면 정말 좋다.

깔끔한 스웨덴 사람들의 성격처럼 각 캠핑장에는 전기, 수도, 하수 시설이 마련되어 있다. 캠핑용 자동차와 직접 연결하거나 야외에 마련된 샤워실, 화장실, 바비큐 같은 주방 시설 등과 함께 즐기도록 만들었다. 야외 활동에서도 자연 보호를 위한 쓰레기 처리는 필수이다. 녹색 운동이라고도 하는 환경주의 운동은 일상생활부터 야외 활동에 이르기까지 스웨덴 사람들의 의식을 지배하고 있다고 해도 과언이 아니다.

환경을 더럽히지 않는 것이 첫 번째라는 생각에 각종 오염 물질의 분리수거는 물론이고 재활용, 유기농 등의 분야에선 일일이 열거하기 어려울 정도로 세세한 규정이 있다. 더욱 놀라운 점은 복잡해 보이는 규정들을 누구나 철저히 지킨다는 것이다. 쓰레기와 재활용 수거는 집 앞, 동네, 지역 단위의 넓고 세세한 재활용 센터를 거치며 나누어진다. 일주일에 한 번씩 일반 쓰레기와 병, 깡통, 종이, 포장 박스, 플라스틱의 대분류 재활용품을 수거한다. 도보 거리의 동네 재활용 센터는 의류, 목재, 유리 등의 재활용 품목이 추가된다. 지역의 큰 재활용 센터는 보통 몇 개월에 한 번씩 찾는다. 종합 운동장 넓이의 시설에는 컨테이너로 된 재활용품 및 쓰레기 수거 통이 있다. 수거 통에는 전자 제품을 비롯하여, 배터리, 전구, 남은 페인트, 오일, 각종 화학 물질, 나뭇가지와 잡목 등을 버린다. 처리를 통해 만든 비료는 주민들이 얼마든지 가지고 갈 수 있다.

스웨덴 사람들은 가능한 한 화학 물질을 쓰지 않으려 하지만, 써야 하더라도 얼마나 무해한가를 따진다. 생수를 사러 온 가게 손님에게는 자연스럽게 수돗물을 권한다. 수돗물을 예쁜 병에 받아 차게 해서 먹는 스웨덴의 식탁이 생각난다.

핀란드

핀란드는 지난 600여 년간 스웨덴이었고, 그 후 약 100년 넘는 기간 동안은 러시아 영토였던 나라이다. 1917년에 독립하여 독립 국가로서의 역사는 100년이 안 된다. 과거 스웨덴과 러시아의 정서가 그대로 남아 있고, 인종도 약 75% 이상이 유전적으로 스웨덴 인종과 같다. 국토의 70%가 넘는 숲 면적, 복잡한 해안선으로 이루어진 약 18만 개의 크고 작은 섬들, 상당 부분이 북극권인 기후, 적은 인구수 등 자연 그 자체라고 불러도 하나도 이상하지 않다.

핀란드는 자연과 사람의 관계를 숙명처럼 받아들이며 살아왔다. 핀란드 사람들은 스웨덴의 모든 관념을 공유하는 태생적 자연주의자이다. 근래 겪은 체르노빌 참사로 인해 더욱더 환경을 생각하게 되었다. 하지만 1997년 조사에 따르면 무척이나 깨끗해 보여 사람들을 숙연하게까지 만들어 주던 핀란드 호수들이 유럽 내에서 가장 오염되었다고 나타났다. 더구나 국가 발전 과정에서 기간산업이던 제지 산업을 통해 대량의 오염이 더해진 것으로 드러나 큰 실망을 남겼다. 한편 북부 지방에는 야생 동식물이 잘 보존된 유럽 최대의 야생 동물 지역인 리민간라티Liminganlahti가 있다. 이런 대조적인 자연의 모습에 핀란드 사람들은 더욱 적극적으로 자연을 사랑하고 보존하는 노력을 하고 있다.

아이슬란드

아이슬란드의 자연 풍경은 〈내셔널 지오그래픽National Geographic〉 같은 자연 관련 잡지나 서적의 화보에서 항상 빠지지 않을 정도로 뛰어나다. 아이슬란드는 인구수나 산업 구조조차 환경을 오염시키는 원인이 되지 않는다. 세계경제포럼World Economic Forum이 발표하는 환경성과지수Environmental Performance Index에서 아이슬란드는 선두를 지키고 있다.

환경성과지수는 환경과 관련된 경제, 사회 정책을 평가하는 기준이다. 예일 대학의 환경법규정센터와 컬럼비아 대학의 국제지구과학정보센터, 세계경제포럼, 유럽위원회 산하 연구센터가 공동으로 진행한다. 환경 보건, 대기 오염, 수자원, 자연 자원, 생물 다양성, 에너지 등의 6개 분야를 평가하는 환경 조사이다.

천혜의 청정 구역인 아이슬란드는 그럼에도 자연보존법을 발효하여 전 국토를 보호한다. 수력 발전 및 지열 발전을 산업부와 환경부가 공동 개발 계획으로 실현하고 있다. 이미 유럽연합의 환경법을 시행하던 아이슬란드는 해양 환경 보호에 전력을 다한다고 할 정도로 확고한 목표를 가지고 있다. 국가 생산의 대부분을 차지하는 어업과 수출은 자연을 떠나서는 불가능한 일이기 때문이다.

바람에 의한 토양층의 침식은 국가적으로 상당히 심각한 문제

이다. 전 국토의 2%에 해당하는 경작지의 회복을 목표로 침식 방

지에 노력 중이다. 현재 침식은 멈추어진 상태이고, 앞으로 수십 년에 걸친 복구가 이어질 것이다. 지구상 몇 안 남은 천혜의 자연을 보려는 방문자들의 발걸음이 계속 이어지고 있으나, 아이슬란드 사람들의 관심은 무공해 천연 에너지 이용과 자연 보호에 더욱 집중되어 있다.

백야의 여름과 칠흑 같은 겨울

북극과 가까운 겨울 왕국

'노르웨이'에 '북쪽으로 가는 길'이란 의미가 있을 만큼 북유럽은 지구의 가장 북쪽에 위치하고 있다. 지구의 양 극점에 가까운 곳에 위치한 나라에서는 백야白夜와 극야極夜가 나타난다. 약 23.4도 기울어진 지구 자전축 때문이다. 여름에는 지평선 아래로 해가 지지 않는 백야가 나타나고, 반대로 겨울에는 지평선 위로 해가 떠오르지 않는 극야가 나타난다.

일조량의 심한 변화와 함께 북유럽은 대부분 길고 추운 겨울과 가깝게 지내는 곳이다. 여름에도 선선하다 못해 북쪽이나 산간 지방, 야간에는 외투를 입어야 할 정도로 차가운 공기가 느껴진다.

북유럽 사람들은 비바람 부는 추운 봄과 가을, 많은 눈이 내리고 꽁꽁 얼어붙는 겨울에 단련되어 살아간다.

2014년 한국을 강타한 디즈니 만화 〈겨울 왕국〉은 북유럽의 신비로운 자연으로 관심을 이끌었다. 〈겨울 왕국〉은 북유럽의 깊은 겨울 속 환상적인 모습을 배경으로 하였다. 그저 호기심을 끌기 위해 아름답게 미화한 장면이 아니라, 반짝거리는 눈과 얼음으로 뒤덮인 북유럽의 진짜 겨울 모습을 담았다. 북유럽 남부에서는 보기 어렵지만, 조금만 북쪽으로 가면 겨울 하늘을 수놓는 오로라의 장관도 〈겨울 왕국〉에서는 그대로 표현하였다.

칠흑 같은 어둠이 깔린 밤하늘 위로 새하얀 꽃 모양의 눈 결정체들이 보석처럼 환하게 빛을 발하는 표현은 결코 과장이 아니다. 북유럽 원주민인 사미Sami 족들이 캄캄한 어둠 사이로 불을 밝히며 강의 얼음을 깨고 일하던 영화의 도입부는 한밤중이 아니다. 해가 일찍 사라지는 북유럽의 겨울철 낮 시간에 일하는 북유럽 사람들의 모습이다.

점심 먹고 휴식을 취하고 있으면 서서히 어둠이 깔려 오는 겨울과 달리, 여름철에는 잠자리에 들 시간이 지나도록 환한 햇빛이 세상을 계속 밝힌다. 긴 시간 동안 밝은 세상을 볼 수 있는 여름철이 북유럽에 놀러 오는 사람들에게는 인기 만점의 계절이다. 호텔에서 머무는 시간은 잠시 휴식과 수면이 목적일 뿐, 야외에서 다양한 활동을 늦은 시간까지 즐긴다. 환한 밤 시간을 이용하여 더 많은 여행 경험을 쌓는 것이다. 기차나 자동차로 이동하는

밤 시간도 지루하지 않고 안전하며, 북유럽의 경치와 시원한 여름을 실컷 만끽할 수 있다.

유럽을 비롯하여 많은 세계인들이 북유럽의 환하고 시원한 백야의 여름을 즐기기 위해 놀러 온다. 북유럽은 오늘날 가장 핫한 여름철 인기 여행지로 손꼽히고 있다. 반면 잠시 지나가는 나그네가 아니라 일상생활을 유지해야 하는 입장이라면 얘기가 다르다. 북유럽의 대부분은 길고 추운 겨울을 사랑하고 즐겨야 하는 〈겨울 왕국〉임을 잊지 말아야 한다.

도전적이고 변화무쌍한 북유럽의 계절

여행객이라면 시원하고 밝은 북유럽의 여름만 쏙 빼서 좋아할지 모르겠다. 하지만 막상 생활을 시작한다면 북유럽의 극명하게 변화하는 계절 변화가 삶을 피곤하게 만드는 첫 번째 문제로 다가온다. 여러 가지 생활 변화와 도전을 겪기 때문이다. 특히 온도 변화, 강한 바람, 많은 눈 등과 함께 일조량의 심한 변화가 북유럽에 도전하는 사람들에게는 놀라운 경험이 된다. 한마디로 북유럽의 계절은 부드러운 그곳 사람들과는 달리 매우 강렬하고 변덕이 심하다.

↳ Rikard Hilding, imagebank.sweden.se

높은 위도라는 위치적 특징 때문에 사람들은 백야와 극야의 현상이 얼마나 신기한지를 제일 궁금해한다. 그다음으로 북극에 가까우면 얼마나 추위가 심하고 오래 지속되는지 알고 싶어 한다. 대개의 여행지에서는 쉽게 겪을

수 없는 일들이어서 신비로운 세상으로 느끼는 이유이다. 007 영화 속 얼음 호텔은 할리우드 상상력으로 황당하게 그려진 듯 보이지만, 사실 스웨덴 북부 지방에 있는 실제 얼음 호텔을 배경으로 기획되고 스토리가 만들어졌다. 얼음으로 호텔을 지을 만큼 북유럽의 겨울은 온 강물과 바닷물을 꽁꽁 얼려 버린다. 염분이 적은 발트 해의 바닷물은 쉽게 언다. 겨울철에는 섬을 이어 주는 자동차 도로들이 개통되어 사람들은 매일 아침 도로 이용이 가능한지 체크한다.

한 해의 강수량이 눈 대신 모두 비로 내린다면 늘 홍수 피해를

겨울 것이라는 말이 있을 정도로 북유럽의 겨울에는 상당히 많은 눈이 내리고 쌓인다. 건조한 눈이라 스키 타기에는 안성맞춤이지만, 우리가 주로 표현하는 뽀드득거리고 꽁꽁 뭉쳐지는 눈은 결코 아니다. 북유럽의 눈은 잘 뭉쳐지지 않아서 눈사람을 만들기는 힘들고, 대신 뛰고 뒹굴고 썰매 타며 놀기에는 푹신하고 안전하다.

한국에서 인기 있는 기능성 방한 의류, 부츠 등은 사실 북유럽인들에게 맞춤형 의복이다. 눈이 한번 내리면 푹푹 다리까지 파묻힐 지경이고, 바람까지 불면 모자를 깊이 눌러 쓰고 헤쳐 나가야 한다. 아이들은 우주복처럼 하나로 이어진 방한복을 입고 뛰어야만 몸 안으로 들이치는 눈을 막아 준다. 우리 아이도 방수 보온 장갑은 답답하다고 예쁘기만 한 털장갑을 사 달라고 졸랐다가 결국 손이 시려서 고생한 경험이 있다.

다행히 북유럽은 습도가 적고 건조한 편이라 여름에도 끈적이지 않고, 겨울 추위도 살을 파고드는 느낌은 덜하다. 염분이 적은 바닷물로 인해 갯내 없고 산뜻한 바닷바람이다. 그래도 눈보라와 매우 낮은 영하의 기온 속에 찾아오는 북유럽의 겨울은 마음을 단단히 먹고 맞서야 하는 매서움을 갖고 있다.

북유럽은 바람도 강하게 부는 곳이다. 강풍이 심한 비바람과 눈보라를 맞는 일은 아주 흔한 일이다. 북유럽의 덴마크는 세계에서 풍력 발전을 가장 많이 하는 나라일 정도로 강한 바람이 수시로 쓸고 간다. 덴마크뿐 아니라 다른 북유럽 국가들에도 일 년 내내 바람이 강하게 자주 분다.

바람이 비를 동반하는 경우도 많은데, 한국처럼 하루 종일 저기압의 흐린 하늘 속에 비가 내리지는 않는다. 햇살이 내리쬐다가 갑자기 시커먼 구름이 몰려오면서 장대비가 쏟아지는 변덕스러운 날씨가 많다. 내가 서 있는 곳은 비가 쏟아붓고 있는데, 바로 건너편 주택가는 화창하게 맑은 하늘로 덮여 있어서 놀란 적도 있다. 쏟아지던 비가 한순간에 그치고 언제 그랬냐는 듯이 사라지는 검은 구름 사이로 환한 태양이 내리쬐는 환상적인 장관도 자주 펼쳐진다.

북유럽에 사는 사람들은 비와 바람에 큰 반응 없이 담담하다. 우산을 들고 다니는 사람은 거의 볼 수 없다. 갑자기 찾아오는 소나기와 바람을 자연스럽게 맞다가 다시 햇살이 비치면 반가워한다.

북유럽은 여름에 백야가 있어도 대체적으로 흐린 하늘이 많다. 햇살이 그리 강하지도 않고, 자주 보이지도 않는다. 구름 한 점 없는 맑고 높은 하늘은 보기 힘들며, 구름은 항상 드라마틱하게 모습과 색깔을 수시로 바꿔 가면서 비를 뿌리기도 하고 바람을 몰고 오기도 한다.

꽁꽁 얼어 버린 강과 호수, 바다 위에 하얗게 눈이 쌓인 북유럽의 겨울은 밤마저 길어서 더욱 춥게 느껴지기도 한다. 강렬한 북유럽의 계절에 따라 마음이 함께 동요되면 하루하루가 피곤할 텐데도 북유럽인들은 언제나 한결같다. 큰 계절적 영향과 피해도 없이 조용히 살아간다. 역시 주변 환경보다는 본인의 마음가짐이 먼저라는 생각이 들게 한다.

힘든 계절이 가르쳐 준 북유럽의 지혜

나는 한여름에 북유럽으로 건너와서 생활을 시작하였다. 백야라서 편하고 즐거울 것이라는 기대감이 며칠 만에 무너졌다. 자정을 넘기면서도 바닷가를 거닐고 분위기 좋은 식당에서 늦게까지 즐겼던 여행 당시의 백야는 관광객의 추억일 뿐이었다. 북유럽에서 생활을 시작하면서 만나게 된 백야는 현실적인 일상생활과 여러 가지로 부딪히면서 적응 시간을 요구하였다.

아이들은 해가 지지 않으니 저녁을 먹고 잠자리에 들 준비를 시켜도 계속 나가 놀고 싶어서 들썩였다. 밤 시간에는 가족 모두가 유지해야 되는 안정감을 찾지 못했다. 완전히 해가 차단될 정도의 커튼이나 블라인드가 아니면 잠을 청할 수 없는 북유럽의 여름밤이 낯설었다. 블라인드를 내리고 잠을 자려 누운 아이들은 창밖이 계속 궁금해서 쉽게 잠을 들지 못하고 뒤척였다. 해를 차단해서 얻는 인위적인 어두움과 밤이 깊어 가면서 자연이 만들어 내는 어두움은 신체적으로나 감정적으로 받아들이기에 매우 큰 차이가 있어 적응이 필요하다.

백야의 환한 밤 동안 뒤척이던 여름이 지나고 가을이 깊어지면 어느새 길었던 해는 아주 야박하게 잠시 떠올랐다가 금세 사라진다. 아이들의 학교 수업이 이미 시작된 시간에도 세상은 깜깜하다. 점심 식사를 마치고 돌아올 아이들을 기다리며 창밖을 내다보면 세상이 어둑어둑해진다. 학교 가는 아이들은 캄캄한 아침에 등교를 하고, 캄캄한 낮 시간에 집으로 돌아온다. 집 안의 조명을 겨울 내내 켜 놓고 살아야 할 정도로 칠흑같이 깊은 북유럽 겨울이다. 하루 종일 해를 거의 못 보는 상황을 처음 경험하는 사람들에게는 큰 심적 부담감으로 다가올 수 있다.

이방인들만큼 북유럽인들도 긴 겨울이 반갑지만은 않다. 아주 오랜 시간 동안 북유럽인들은 겨울을 통해 슬기롭게 생활의 지혜를 배우고 실천해 왔다. 일조량이 부족해서 아이들에게 비타민 D와 함께 충분한 영양과 건강을 챙겨 준다. 자연에서 얻은 신선한 식재료를 즐기는 북유럽인들을 보면 패스트푸드에 길들어 있는 미국인들과 비교되기도 한다.

요즘 북유럽의 주거 인테리어가 아늑하고 예쁘다고 전 세계인들이 열광한다. 실제로는 겨울을 행복하게 지내기 위한 노력에서 나온 자연스러운 결과물이다. 캄캄한 바깥세상과의 단절로 인해 잊힐 자연의 온기를 불어넣기 위해 다양한 자연 소재를 실내로 옮겨 놓고 연출한다. 따뜻하고 효과적인 조명으로 실내 분위기를 밝히고, 제한이 많은 겨울을 위해 실용적이고 간단하며 편리한 생활 시스템을 개발하며 살아왔다. 추운 겨울에 따뜻한 곳으로 여행을 가서 휴식을 찾는 게 보편화되어 있고, 다양한 여가 생활과 스포츠 등으로 겨울을 떨쳐 버리고 건강하게 살아간다.

계절 변화가 그리 심하지 않는 곳의 추운 겨울은 온몸을 움츠리고 그저 멈춰 있는 시간이 된다. 곧 지나갈 괴로움은 잠시 참아내는 편이 더 쉬운 일이다. 반면 북유럽의 겨울은 묵묵히 틀어박혀 견디기에는 너무 긴 시간이다. 주어진 환경을 받아들여 적극적으로 적응하고 해결해야 한다. 주어진 조건을 담담히 사랑하고 즐기는 마음으로 북유럽의 겨울을 지내는 것이다.

백야가 주어지는 밝은 여름철에도 밤낮 구분 없이 흥청망청 흐트러져서 살지 않는다. 스스로의 원칙과 절제가 있는 평화로운 삶은 계절과 관계없이 꾸준히 지켜 간다. 다만 오래 자연을 만끽하고 즐기는 밝은 여름을 감사한다. 낚시, 골프, 하이킹, 축구 등 겨울 동안 맘껏 하지 못했던 다양한 스포츠와 취미를 즐기며 자연과 함께하는 모습이다. 춥고 캄캄하고 긴 북유럽의 겨울을 통해 북유럽인들은 지혜와 겸손과 실용적인 삶을 얻었다. 백야의 밝은 여름에는 자연의 소중함을 새기며 북유럽 자연주의를 욕심

Rodrigo Rivas Ruiz, imagebank.sweden.se

부리지 않고 잘 지켜 가고 있다.

집 떠나서 고생하면 철든다는 옛말이 있다. 당연히 누리고 편안히 즐기던 것들이 사라지면 뒤늦게 고마움과 겸손함을 깨닫는다. 북유럽의 특별하고 강렬한 계절 변화는 집 떠난 이민자들에게는 첫 고생이 될지 모른다. 한국의 계절이 얼마나 편안하고 귀한 선물인지 북유럽에서 새삼 느끼고 그리워한다. 그렇다고 억지로 참아 보려 하기보다 담담한 마음으로 계절에 순응하는 북유럽인들의 생활에 맞춰 간다면 북유럽의 계절은 좋은 추억과 삶의 지혜를 가르쳐 주는 이민 생활의 선물이 될 것이다.

화제의 디즈니 영화 〈겨울 왕국Frozen〉이 드디어 북유럽 스웨덴에서도 〈Frost〉란 제목으로 상영되었다. 미국 개봉에 비하면 오랜 기다림이었지만, 이미 귀에 익숙한 주제가 〈Let it go〉부터 널리 알려진 두 자매까지 딸아이들과 내 마음을 사로잡고 있었다. 기대만큼 〈겨울 왕국〉은 아름다운 영화였다. 3D 세계는 놀랍도록 정교하고 리얼했고, 등장인물 표현과 감정 묘사도 섬세했다. 남녀 간의 사랑으로 매듭 짓는 예전 디즈니 공주들과 달리 〈겨울 왕국〉은 자매간의 사랑을 확인하며 감동을 전해 주었다. 네 자매의 막내에다 딸아이 둘을 가진 엄마로서 〈겨울 왕국〉의 스토리는 잔잔하고 긴 여운이었다.

〈겨울 왕국〉을 보면서 우리 가족이 느낀 정감 어린 마음은 바로 영화 속에 그려지는 북유럽 정취 때문이었다. 언 강물을 깨어 얼음을 채취하는 북유럽 원주민 사미 족의 등장부터 '아! 〈겨울 왕국〉은 북유럽을 말하는 거구나' 하는 생각이 들어 반가웠다. 아이들은 북유럽을 상징하는 동물인 순록을 본 순간부터 반가워했다. 영어로 'Moose' 또는 'Elk'로 불리는 순록은 추운 산간 지방에서는 노동력을 제공하고 교통수단, 음식 재료로까지 귀하게 쓰이는 가축이다. 〈겨울 왕국〉은 푸른 산과 아름다운 계곡, 궁전, 의상을 장식하는 문양, 마을을 이루는 아름다운 가옥들까지 모두 북유럽의 모습을 그대로 옮겨 왔다.

궁금한 마음에 관련 기사들을 찾아보니 추측은 틀림없었다. 〈겨울 왕국〉의 아트 디랙터Art Director 마이클 지아이모Michael Giaimo를 비롯한 스태프들은 노르웨이에 오랜 시간 머물면서 영화에 등장하는 장면의 아이디어를 끌어냈다. 특히 영화에 등장하는 사미 족 마을 플라셰 빌리지Plassje Village가 있는 뢰로스Røros에 체류하며 많은 영감을 얻었다고 한다. 노르웨이의 아름다운 항구 도시 베르겐Bergen은 영화 속 마을로 그대로 재연된 모티브가 되었다. 실제 여행하지 못했더라도 디즈니의 〈겨울 왕국〉을 통해 충분히 북유럽 자연 그대로의 순수함과 신비로운 겨울을 느낄 수 있다.

영화 속에 담긴 북유럽은 무엇일까? 우선 모세 혈관이 투영될 정도로 하얀 피부와 금발을 가진 주인공, 건장한 키와 체격이 느껴지는 청년 크리스토프, 스토리를 채우는 사람들 등은 북유럽에 오면 친근하게 만나는 이웃이다. 안나가 언니를 찾는 길에 들렀던 사우나 가게 주인은 아예 북유럽 말로 예스Yes인 야Ja를 붙여 가며 노르웨이 말을 섞는다. 스웨덴어, 노르웨이어, 덴마크어는 대충 소통이 가능한데, 스웨덴어를 배운 큰아이는 더욱 그 장면에서 재미있어했다. 등장 인물들의 옷차림, 음식, 타고 다니는 썰매, 말 등 모든 생활이 북유럽 전통 그대로이다. 얼마나 디즈니 스태프들이 세심하게 관찰하여 옮겨 담았는지, 북유럽 현지인들이라면 정말 찬사를 아끼지 않을 것이다.

신비롭고 특별한 북유럽의 정취는 〈겨울 왕국〉을 아름다운 판타지로 승화시켰다. 밤하늘을 수놓는 오로라는 꼭 북쪽 마을에서 직접 체험해 보고 싶은 북유럽의 신비이다. 유네스코 자연 유산인 노르웨이의 끝없이 펼쳐지는 피오르 계곡과 절벽은 여름철 최고 관광 코스이다. 뾰족한 삼각 지붕 집들이 가득한 동화 속 장면은 북유럽 여러 지방이 그대로 간직하고 있다. 엘사의 대관식이 거행된 바이킹식 교회의 단아하고 엄숙한 모습은 지금껏 남아 있는 북유럽 전통의 교회 양식이다. 북유럽 신화 속의 트롤Troll이란 돌덩이 괴물은 북유럽 상징 중 한 가지이다.

무엇보다 주인공들이 확 파묻히고 털어 내는 소금 같은 눈송이들은 절대로 미화한 것이 아니다. 건조하고 추운 북유럽 지방에 쌓이는 눈의 느낌 그대로이다. 큰아이가 영화를 보면서 "엄마, 내가 겨울을 모르고 캘리포니아에서 〈겨울 왕국〉을 봤다면 스토리가 꿈같은 거라고 생각했을 거야."라고 하였다.

다른 곳보다 길고 캄캄한 북유럽 겨울은 어른들에게는 견뎌야 할 악조건이라 느낄 때도 있다. 〈겨울 왕국〉을 아이들과 보면서 다시금 겨울과 하얀 눈은 아이들에게 판타지와 즐거움을 주는 무대라는 사실을 깨달았다. 그런 느낌으로 덴마크의 안데르센Andersen도 영화의 모티브인 《눈의 여왕The Snow Queen》을 쓴 게 아닐까 상상해 본다. 안데르센의 동화에서도, 디즈니의 〈겨울 왕국〉에서도 차가운 눈과 얼음을 녹이고 봄이 오려면 사람들이 흘리는 뜨거운 사랑의 눈물이 있어야 했다. 겨울 뒤에 찾아오는 봄은 기쁨이다. 봄을 '약속'할 수 있기에 겨울은 신비롭고 아름다운 판타지가 된다.

유럽의 아웃사이더, 바이킹

북유럽은 덴마크를 시작으로 스칸디나비아 반도가 펼쳐지며, 발트 해 넘어 동쪽 대륙에 핀란드가 있고, 대서양 넘어 서쪽에 아이슬란드가 있다. 북유럽 전체의 면적은 한반도 면적의 10배를 훌쩍 넘는다. 인구는 대한민국의 반도 안 되는 2천 5백만 명가량이다. 스웨덴이 면적이나 인구수로 가장 크고 약 970만 명가량된다. 덴마크, 노르웨이, 핀란드가 약 5백만 명가량의 인구이다.

면적이나 인구로 보면 덴마크가 가장 복잡하고 스웨덴은 한산해 보이지만 사실은 그렇지 않다. 북극권에 속한 나라들은 국토의 상당 부분이 사람이 살기에 적합하지 않다. 원주민인 사미 족을 비롯하여 지금도 사람이 거주는 해도 굳이 힘든 환경에서 살

이유가 없는 것이다. 대부분 도시에 모여 산다. 북유럽 국토의 대부분은 무한한 삼림 지역으로 덮여 있다. 혹독한 추위와 험한 바닷길도 사람들을 고립시켰다. 사람들은 보다 살기 좋은 평야 주변, 남쪽, 바닷가 등에 위치하여 도시를 이루었다.

기원전 9,000년 전부터 사람이 거주했고, 기원전 800년부터 500년까지의 빙하 시기에는 사람들이 고립되었다. 추측하건대 당시 목축이나 농업은 물론이고 생존과 이동조차도 극도로 어려웠을 것으로 짐작된다. 9세기경부터는 의미 있는 일들이 일어나는데, 사람들이 이동을 시작했다는 것이다. 실제로 800년에서 1,200년경은 지구 기후의 최적기라 불린다. 이 시기는 바이킹의 시대와 일치한다.

현지 언어로 해적이라 불리기도 하고, 비크Vik라는 지역 출신이라는 설도 있다. 비크 지역은 현재 노르웨이와 덴마크 사이의 스카게라크Skagerrak 해협을 중심으로 한 지역이다. 크벤란드Kvenland, 같은 의미의 Cwenland, 퀜란드Kænland 등은 당시 스칸디나비아를 지칭하는 말이었다. 바이킹이 항해를 통해 주변국에 영향력을 행사하던 시기를 바이킹 시대Viking Age라 부른다.

바이킹 시대

비록 침입자에다 무례한 방문자였지만 스칸디나비아를 알렸고, 유럽의 영향을 받았으며, 국가로의 발전 단계에서 지대한 공로를 한 바이킹. 바이킹은 현재 스칸디나비아의 국가관, 이념, 사상 등에 영향을 미쳤다. 단순한 예로, 선장과 하급 선원 간에 차이가 없는 평등한 분배 과정, 임무가 비는 순서에 따라 식사하는 뷔페 식사, 새로운 땅을 찾던 모험심 등은 현재에도 남아 있는 문화이다.

덴마크, 노르웨이, 스웨덴 지역의 심브리안Cimbrian, 고트Goth, 반달Vandal, 부르군디안Burgundian, 앵글Angle 부족들은 항상 스칸디나비아 밖의 세상을 궁금해했다. 이전의 항해로 자신들의 기술력이 방문했던 지역보다 뛰어남을 알고 있었다. 철의 발달로 곡물 수확이 늘면서 인구가 획기적으로 증가하였고, 지역 왕조가 생겨나 외부 진출을 부추기는 역할을 하였다. 뛰어난 철제 무기와 항해술, 특유의 배는 무역, 항해, 침입, 수탈 등의 행위를 가능케 하였으며, 후일 먼 지역으로의 정착에도 많은 역할을 했다.

대서양 쪽의 바이킹은 아이슬란드, 그린란드를 넘어 스코틀랜드와 서유럽 전역을 휩쓸었다. 아이슬란드 방향으로 길을 잡은 바이킹은 아이슬란드를 첫 번째 식민지로 삼고 멀리 북미 대륙으로 진출하기도 했다. 바이킹의 영향은 멀리 중동의 예루살렘까지 다다랐고, 바닷길을 넘어 육로로도 진출하였다.

바이킹이 유럽을 넘어서는 영향력을 가지게 된 배경이 있다. 지금도 그렇지만 북유럽의 모든 지역은 농사가 적합하지 않다. 국토의 상당 부분이 북극권에 속한 나라들은 기온 문제뿐 아니라 일조량의 한계도 있어 일반적인 농업을 하지 못한다. 대부분의 과일과 야채를 수입에 의존하는 이유이다. 반면에 현대적인 시설을 갖춘

WHALE
WATCHING
1468
ísnet
HÚSAV
Iceland.is

목축은 오히려 상당히 발달하였다. 물론 당시는 현대적인 시설의 도움을 받지 못하여 목축에도 상당한 어려움이 있었을 것이다. 바이킹은 생존을 위해 세계를 떠돌며 침략과 노획을 하였던 것이다.

8세기경 스웨덴 바이킹은 이미 핀란드 지역에 진출해 있었다. 덴마크 바이킹은 네덜란드 해안가에 진출했고, 노르웨이 바이킹은 스코틀랜드의 오크니Orkney 제도와 셰틀랜드Shetland 제도를 점령하고 있었다. 진출 초기 바이킹들은 지역민을 노예로 잡아 중동에 팔기도 했는데, 얼마 지나지 않아 보다 영구한 점령지 구축을 위해 정책을 바꾼다.

스웨덴의 바이킹은 루스Rus나 바랑기안Varangians으로 불리는 요새 도시를 노브고로드Novgorod와 키예프Kiev에 세운다. 그들은 이 첫 번째 러시아 내의 점령지에서 비잔티움Byzantium과 페르시아로의 직무역 길을 개척한다.

노르웨이 바이킹은 840년경 발견한 아일랜드의 더블린Dublin과 북서 잉글랜드에 왕국을 건설한다. 10세기경 아이슬란드와 그린란드를 식민지화했으며, 11세기 빈란드Vinland라 부르는 북미에도 식민지를 건설하였다. 그 외에도 프랑스, 독일, 스페인을 공격하였으며, 프랑스 노르망디 지역을 얻기도 했다. 지역 이름은 노르만Norman에서 유래한 것이다.

덴마크 바이킹은 10세기 이후 트렐레보리Trelleborg 같은 새로운 지역 요새에 세운 강력한 왕조에 동참했다. 11세기 초에는 스웨인Sweyn 국왕과 함께 잉글랜드를 정복하기도 했다.

바이킹의 침략과 이동은 문화뿐 아니라 노예들을 거둬들이는 역할을 했다. 노예는 후일 바이킹이 교역으로 발전하기 전까지 북유럽의 중요한 수입원이었다. 바이킹은 그간의 경험과 발전된 문화를 바탕으로 교역을 하기도 했고, 기독교를 들여오기도 했다. 지리적으로 유럽과 인접한 덴마크 지역의 가톨릭은 다른 지역보다 두 세기 정도 일찍 들어왔으며, 곧 여러 지역으로 기독교가 퍼졌다.

바이킹은 13세기 말까지 번영을 누리다가 시들기 시작하여 14세기 무렵에는 자취를 감추고 만다. 이유는 분분하나 종교적인 이유로 정착했다는 설과 기후가 작용했다는 설이 있다. 그중 기후와 관련한 설은 지구가 바이킹 출현 이전처럼 다시 한대기로 들어갔다는 주장이다. 최근 암석층 조사에서 실제 해당 시기에 한대 기후가 휩쓴 흔적이 발견되었다. 하지만 11세기 이후부터 출현하는 정치 시스템과 강력한 군대의 탄생, 기술 발달, 기후 변화, 십자군 전쟁 등 복잡한 변화가 바이킹 시대의 종말을 설명할 것이다. 바이킹 시대가 끝나면서 스칸디나비아 반도는 중세의 역사 시대로 들어서며 비로소 유럽사의 한 축으로 작용하게 된다.

바이킹의 생활과 잘못 전해지는 상식들

바이킹의 생활에서 스포츠를 빼놓을 수 없다. 무술 시범과 교육 목적의 대결은 바이킹의 스포츠였다. 돌 던지기, 레슬링, 권투, 들어올리기 등이 일반적으로 행해졌다. 지역에 따라 암벽 등반, 수

영, 달리기, 높이뛰기도 실시되었고, 스키와 스케이팅도 하였다. 일상적으로 실내에서는 보드 게임을 했고, 나무와 호박, 유리 등의 보석으로 장식된 게임 판을 이용하였다. 체스 같은 보드 게임이나 주사위를 이용하는 게임은 종종 돈이나 귀중품을 걸고 행해졌다. 바이킹은 종종 스토리텔링이나 시 낭송, 노래 등도 하였으며 하프, 기타 같은 악기도 연주하였다.

바이킹은 주식으로 통밀로 만들어 색깔이 검은 빵을 먹었다. 당근과 양배추 같은 채소나 견과류, 사과와 야생 딸기 등의 과일, 소·순록·돼지·양·말·거위·오리 등의 고기도 즐겼다. 담백함을 추구하는 현재 스칸디나비아 음식과 많이 다르지 않음을 알 수 있다.

무역 거래에 있어 바이킹은 품목에 따라 수입하거나 수출을 하였다. 주로 수입하는 물품은 중국이나 페르시아에서 온 향신료, 유리 등이었다. 유리는 다시 구슬로 재가공하여 판매하였다. 현재 이스탄불인 비잔티움과 중국의 실크, 독일과 프랑스의 와인 등도 수입하였다. 특히 실크는 귀족들에게 높은 값에 팔려 중요한 품목 중 하나였다.

수출품은 북대서양과 발트 해 바닷가의 소나무에서 채취한 호박, 여우나 곰의 가죽, 바이킹의 뛰어난 직조 기술로 만든 천과 울, 거위 깃털, 중동 상인들과 은으로 교환했던 노예 등이 있었다. 동물의 뿔과 기름, 소금, 절인 생선 등도 수출하였고, 유럽 귀족들의 사치품이었던 사냥용 매도 훈련하여 판매하였다. 초기 무역은 바이킹에게 식재료와 생필품을 공급해 주는 역할을 했으며, 지역

생산을 늘리기도 했다.

아직도 사람들에게는 바이킹에 대한 고정 관념이 남아 있다. 18세기로 넘어오면서 바이킹을 시대 흐름을 거부하고 자유를 찾는 낭만적이고 고고한 비문명인Noble savages으로 묘사하며 동경했다. 19세기에는 바이킹의 부활이라는 문화적 움직임도 있었다. 20세기 초에는 바이킹 신화에 근거하여 그저 야만적인 침입자나 모험가로 만들기도 하였다. 모두 문화적인 선입관이 작용했으며, 실제의 바이킹과는 다른 이미지들이다.

바이킹은 뿔이 달린 투구를 쓰지 않았다. 19세기에 북구 신화가 보급되는 과정에서 뿔이 달린 투구를 쓴 바이킹으로 잘못 전파되었다. 심지어 날개가 달린 투구나 긴 망토를 걸친 모습도 있다. 일부 영상 작품이나 만화에서 보이는 바이킹은 축제라는 특별한 상황을 연상하였거나 신화적인 오류이다. 실지 바이킹은 단단한 가죽으로 만든 원통형의 투구를 썼고, 나무와 철로 된 갑옷을 입었다. 철로 된 투구와 마스크는 부족장에게서만 보이는 장식이다.

스칸디나비아 반도의 문명화

바이킹의 영향이 커지면서 자연스럽게 외부 문화들이 유입되었다. 문화 불모지와 같았던 바이킹에게 유럽 서남부의 문명들은 그야말로 신세계가 열린 듯한 광경이었을 것이다. 그때까지만 해도 바이킹은 신화에 의한 믿음이 존재했다. 후일 스칸디나비아 신화Scandinavian mythology로 불리는 북유럽 신화Norse mythology는 번개의 신 토르Thor나 지혜의 신 오딘Odin 등 인간과 밀접한 관계인 신의 영역은 인간이 범접하지 못할 영역으로 구분하지 않았다. 신은 인간의 친구, 연인 또는 가족 중 한 명이 될 수 있다고 믿었다.

북유럽 신화는 기독교 전파 이전에는 고대 종교의 역할을 하였다. 근대에 들어와 학자들에 의하여 독일계 토속신앙Germanic paganism으로 재인식되면서 토르, 오딘, 프리그Frigg, 프레이야Freyja 등 여러 신들의 이야기가 정리된다. 기독교 입장에서 보면 바이킹의 신화 신앙은 극히 이교도적인 행위이자 생활 양식이었지만, 단순히 전설로만 취급하기에는 뿌리가 상당히 깊었다. 현대에는 다시 신토속신앙Neopaganism으로 확대되어 일반적인 이야기에 많은 모티브를 제공해 주는 계기가 되었다.

신화 신앙을 갖던 바이킹은 마침내 기독교를 만나 절대적인 영향을 받는다. 980년경 덴마크가 하랄 블로탄Harald Blåtand에 의해 기독교 국가가 된다. 노르웨이는 올라프 트릭바손Olaf Tryggvason과 올라프Olaf 2세 국왕의 재위 기간인 995년~1028년에 기독교화된다. 1,000년에는 아이슬란드가 기독교를 수입하였으며, 스웨덴은 조금 늦게 전파되어 1164년 웁살라Uppsala에 첫 교구를 설치하였다.

반도 전역이 기독교화되면서 고대 신앙을 벗어나 국가의 면모를 갖추는 데 큰 힘으로 작용했다. 유럽 사회의 공동 일원으로서 문화 가치를 추구한다는 점에서도 의미가 있다고 하겠다. 거의 동시대에 기독교 문화를 수입한 북유럽은 바이킹 시대만큼이나 같은 시대 의식을 가졌다. 이후 국가 제도나 국기 등 제국의 면모를 마련할 때도 거의 같은 문화를 공유했다. 이런 흐름은 아쉽게도 바이킹 시대의 마감을 알리는 계기가 되었다.

북유럽 신화의 출처

바이킹을 이야기하며 신화를 함께 다루어야 할지 고민했다. 북유럽 신화는 토속신앙의 하나로, 근대에 정리하기 전까지는 옛이야기처럼 전해 오는 전설이었다. 당시 바이킹의 종교였고, 험한 바닷길을 지켜 주던 등불 같은 이야기였다. 북유럽 신화로 알려지면서 주술과 마법, 신과 인간이 뒤섞인 이야기는 무수한 소설, 영화, 게임의 소재로 이용되었다.

북유럽 신화는 주인공들이 단순히 나와 함께 해준다는 것을 벗어나 친구로 지낸다는 개념을 포함한다. 고대 그리스나 로마의 신화가 신과 인간의 종속 관계를 나타냈다면, 북유럽 신화는 신과 인간이 친구, 연인, 동료 관계임을 보여 준다. 신과 인간의 관계를 종교를 떠나서 가장 가까운 존재라는 친밀함을 가지고 이야기한다. 북유럽이 지리적으로 고립되어 다른 문화의 간섭 없는 독창적인 신화라는 가치가 있다. 마치 할머니가 잠자리에서 전해 주는 옛날이야기처럼 구전되어 오늘날까지 남아 있다. 이런 친밀감과 생명력이 바이킹 설명에서 중요한 점이라고 생각되어 전달하고자 한다.

북유럽 신화는 주로 기독교 이전의 구전 이야기를 기록했던 아이슬란드에서 찾을 수 있다. 13세기경 스노리 스툴루손Snorri Sturluson은 시인이자 정치가였으며, 고대에 관심을 가진 역사가였다. 노르웨이 왕가의 초청으로 왕정 역사가이기도 했던 그는 '신新 에다Younger Edda', '산문 에다Prose Edda'로 불리는 《에다Edda》를 집필했다. 스노리의 《에다》는 이후 1643년에 발견되어 '고古 에다Elder Edda', '시적 에다Poetic Edda'로 불리는 고대 노르드어 시집을 원용한 것이다. 스노리 스툴루손은 초기 노르웨이 왕의 여러 가지 이야기를 엮어 《헤임스크링라Heimskringla》를 쓰기도 했다.

다른 기록으로는 12세기 덴마크의 역사가 삭소 그람마티쿠스 Saxo Grammaticus가 쓴 《게스타 다노룸Gesta Danorum》이 있다. 그 외 스칸디나비아 국가들의 이야기를 다룬 수많은 영웅 전설Saga이 남아 있다.

북유럽 신과 기타 존재들

북유럽 신화에는 많은 신들이 존재한다. 그중 역사적으로 가장 많이 알려진 신은 강력한 망치로 인간을 보호하는 토르이다. 신들의 수장이자 지혜의 신으로 알려진 오딘은 사랑의 여신 프리그를 아내로 두고 있다. 오늘날 Wednesday수요일는 오딘의 독일식 발음으로 이어진 Woden, 또는 Wotan이 Woensdag으로 바뀌며 발전하였다. Friday금요일는 Day of Frig에서 유래했다는 설이 있다. 마찬가지로 토르도 Thursday목요일로 발전하였다.

↳ **Yggdrasil**, 신화의 세계관

- 스카디Skadi 또는 스카티Scathi는 겨울과 사냥의 여신.
- **뇨르드**Njord는 바다와 불의 신이며, 재물과 땅을 허락하는 신.
- 프레위르Freyr 또는 프레이Frey는 날씨와 농사를 주관하며, 인간에게 기쁨을 주는 신.
- 이둔Idun은 영원한 젊음을 지키는 사과를 소유한 여신.
- 헤임달Heimdallr은 식물이 자라는 소리를 들으며, 황금 이빨과 걀라르호른Gjallarhorn이라는 나팔을 가진 신.
- 요툰Jotunn은 사람을 먹는 거인 괴물.
- 로키Loki는 신을 돕기도 하지만, 말썽을 일으키는 존재이다.

북유럽 신화의 세계관

북유럽 신화에는 아주 복잡한 창조 신화가 있는데, 이미르Ymir 라는 초기 존재에서 세상이 생겨났다고 한다. 아스크Ask와 엠블 라Embla는 첫 인간이었다. 북유럽 신화는 세계를 9개로 구분하며, 이그드라실Yggdrasil이라는 우주수宇宙樹 형태의 세계관을 갖는다. 세계의 시간과 단위는 존재에 따라 다르게 적용된다. 신들은 아 스가르드Asgard에, 인간들은 미드가르드Midgard에, 거인들은 우트 가르드Utgard에 산다. 신과 인간과 거인 밖의 세상에는 6개의 세 계가 있는데, 요정 엘프Elf나 소인 드워프Dwarf 같은 존재들이 산 다. 세계 간의 여행은 메신저 다람쥐 라타토스크Ratatoskr나 매 베 드르폴니르Vedrfolnir에 의해 빈번히 일어나며, 나무에 있는 3개의 길로도 연결된다.

사후 세계에 관해 북유럽 신화는 신과 인간의 부활과 윤회설 을 이야기한다. 인간의 죽음은 당연한 것이라 하더라도, 신들 역 시 죽음을 맞았다가 부활하는 존재로 인식된다. 북유럽 신화에서 라그나뢰크Ragnarök는 세계의 종말을 의미한다. 신들의 전쟁 이후 불덩이에서 살아남은 신들은 다시 만날 것이며, 대지는 다시 녹색 으로 물들고, 두 인간은 다시 세계에 퍼진다고 한다.

북유럽 신화의 영향

북유럽 신화는 바이킹 시대 이전부터 고대 종교로 이용되었다.

기독교 전파 이후인 중세 시대에도 많은 시나 산문의 영감으로 작용하였다. 독일 작곡가인 바그너Wagner는 북유럽 신화에 영감을 받아 오페라 〈니벨룽겐의 반지Der Ring des Nibelungen〉를 작곡하기도 했다. 판타지 소설 작가들은 엘프와 드워프를 이용하기도 했다.《반지의 제왕》으로 잘 알려진 톨킨Tolkien은 북유럽 신화의 많은 부분을 인용하였다. 토르 이야기는 영화와 만화로 나오기도 했으며, 라그나뢰크 같은 여러 테마들도 많은 작품과 게임에 모티브를 제공하였다.

북유럽 신화가 지금까지 이어지고 사랑받는 이유는 무엇일까? 그 이유 중 하나로 신화의 구전을 꼽고 싶다. 북유럽 신화는 학자나 작가에 의해 종이에 기록된 사실이 아니라, 구전되던 이야기를 13세기에나 들어와서 정리한 것이다. 그전에는 망망대해를

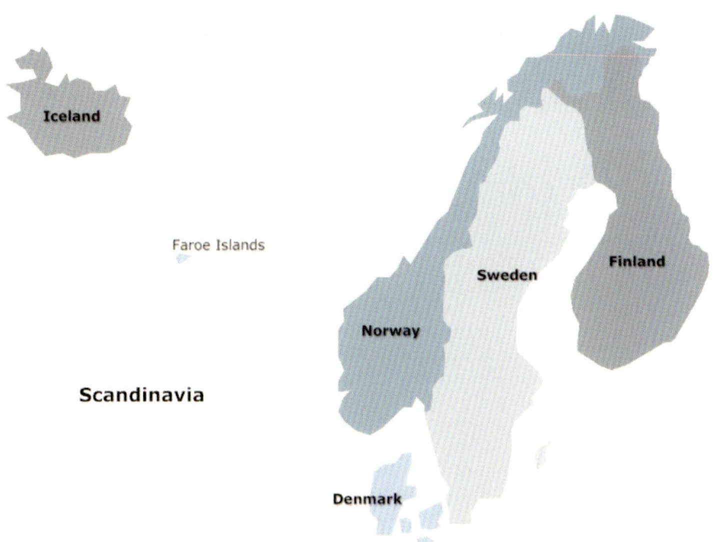

항해하던 바이킹, 고국의 가족, 혹한 속에 생존하던 지역민에 의해 입에서 입으로 전해지던 옛날이야기였다. 어려움을 이기며 신들에게 비는 마음으로 받아들였던 살아 있는 이야기였다. 오히려 충분히 기록이 없었던 점이 신화에 생명력과 영향력을 주었다고 생각한다.

또 하나의 이유도 있다. 신이 인간처럼 죽는다는 생명 의식, 인간과 같이 탄생한다는 동지 의식 등이 단순한 신화가 아닌 역사의 한 부분처럼 인식되어 왔다. 그러기에 더욱 가까운 이야기가 되지 않았을까 한다. 그 외에 판타지라는 소설 장르가 생기면서 북유럽 신화에 사람들이 더욱 매료되는 계기가 되었을 것이라고 생각한다.

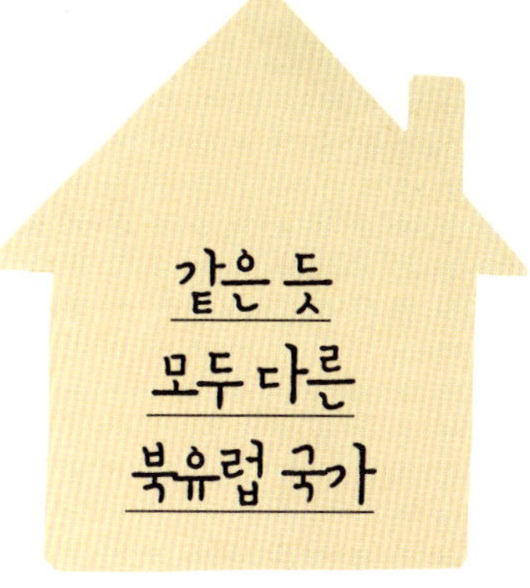

북유럽 사람들의 기질

북구 국가라는 노르딕 컨트리Nordic Countries와 스칸디나비아를
혼동하여 쓰는 것을 때로 발견한다. 북유럽 지역이 스칸디나비
아 반도에 자리 잡고 있어선지 '북유럽'은 지리적으로 불리는 말
로, '스칸디나비아'는 역사적이거나 좀 더 지리적인 디테일을 나
타낸다고 오해한다. 두 가지 말은 상당히 다르게 쓰인다. 핀란드
에서 스칸디나비아를 말하면 먼 나라 이야기인가 할 정도의 반
응이 올 수도 있다. 현지에서는 그만큼 다르게 쓰이는 말이다.

북유럽 국가들은 북독일계의 언어를 사용한다는 공통점도 있지
만, 바이킹 시대 같은 고대 역사도 공유한다. 모두 자유와 평등을

가치로 지니고 자연을 사랑한다는 점이 가장 큰 공통점일 것이다.

덴마크 사람은 자신들이 북유럽에서 제일 멋있고 활동적이라 생각한다. 그러면서 어린이 같은 순수성을 보이며, 가장 기분파처럼 행동한다. 어느 정도 사실이긴 하다. 역사적으로도 뛰어난 상인에다가 모험가 기질을 보였다.

노르웨이 사람은 자연을 항상 가까이하고 고독을 즐긴다. 스포츠와 야외 활동에 관해서라면 세계 어느 곳에서도 노르웨이 사람을 볼 것이다. 그만큼 개척 정신이 강하고 순박하다.

스웨덴 사람은 소심하고 수줍게 모든 것을 대한다. 남을 배려해 주는 그들만의 방식인데, 마치 10대 소녀들이 처음 만난 자리처럼 모든 게 소심하다. 하지만 가장 뛰어난 민족이라는 자부심이 가득해서 남을 더 배려해 주어야 한다고 생각한다. 넘치게 소유하는 것을 경계하고 속물로 본다. 누구나 평등하게 살고 배분하던 바이킹의 전통이 그대로 사회에 남아 있다.

핀란드 사람은 북유럽에서 아직 덜 발달했다는 이미지가 있다. 최근에 독립했기도 하고, 과거에 스웨덴 영토여서 스웨덴과 거의 모든 것을 공유한다는 관념도 있기 때문이다. 거기에 러시아 이미지가 겹쳐지면서 조용하지만 기분이 좋으면 매우 왕성한 사교성을 발휘한다는 느낌을 준다. 사실 핀란드는 매우 조용하고 침묵을 즐기는 문화이다. 핀란드 사람을 말하게 하려면 전화기를 쥐어 주라는 농담이 있다. 어떤 상황이나 마음이 놓이면 앞뒤 구분없이 떠들고 즐기는 것이다. 파티에서 한두 잔 술이 들어가면 어김없이 노래를 부르는 사람들은 핀란드 사람이다.

아이슬란드 사람은 수가 적어서 교류하기가 쉽지 않다. 주로 해양과 어업에 종사해서인지 상당히 쾌활하고 외향적이다. 모든 것을 받아들이고 이해하는 넓은 마음도 가지고 있다. 덴마크 사람과 아이슬란드 사람의 파티는 가장 시끄럽고, 반대로 노르웨이 사람과 스웨덴 사람의 파티는 재미가 없다.

스칸디나비아

스칸디나비아는 스칸디나비아 반도 내의 국가들을 부르는 말이다. 덴마크, 노르웨이, 스웨덴이 속한다. 최소한 자기네들이 스칸디나비안이라 생각하며 여러 가지 조약들을 만들었다. 근처에 있는 핀란드와 아이슬란드 사람들도 스칸디나비안이라고 부르기도 한다. 그래서 나온 말이 노르딕 컨트리이다. 북유럽협의회 Nordic Council와 같은 회원국으로, 스칸디나비아 3국 외에 핀란드와 아이슬란드가 포함된다. 북유럽협의회에는 정회원국인 5국 외에 올란드 제도Åland Islands, 페로 제도Faeroe Islands, 그린란드Greenland 가 비상임 회원국으로, 에스토니아Estonia, 라트비아Latvia, 리투아니아Lithuania가 옵저버로 참여한다.

스칸디나비아로 구분하는 공통점 중 하나는 바이킹의 후손이라는 것이다. 모두 같은 역사를 공유한다는 의미로, 중세 시대로 발전하기 전까지는 같은 땅을 공유하는 하나의 민족이었다. 또 다른 공통점은 14세기에서 16세기까지 지속된 칼마르 동맹Kalmar Union이다. 팽창을 시작한 독일을 덴마크, 노르웨이, 스웨덴 왕국이 연합하여 발트 해에서 막자는 의도로 1397년 덴마크의 마르그레테Margrete 여왕이 하나의 국가로 연합하였다.

Visit Finland

후일 1523년에 폐기되었으나 동맹 목적이었던 독일의 세력 확장은 저지되었다. 비록 일시적으로나마 북유럽 국가 간 동맹의 필요성과 효과가 입증되기에는 충분한 시간이었고, 근대에 들어와 스칸디나비즘Skandinavism으로 발전하는 역사적 계기도 만들었다.

지리적으로 북극권에 속하는 북구 국가는 〈겨울 왕국〉이라는 영화에서 소개된 원주민 사미 족과 북독일계의 백인들로 크게 인종이 구분된다. 핀란드에는 우랄어를 쓰던 동양계 이주 원주민도 존재한다. 아이슬란드에는 우리가 흔히 말하는 북극권의 이누이트Inuit 족이 있다. 하지만 인구 분포를 보면 백인이 94.5%로 크게 치우친다. 같은 위치에 사는 단일 민족에 가까운 성향을 이룬다는 의미로, 같은 가치의 문화를 존중했음을 알 수 있다.

각국의 역사적 영향력

유럽 본토에 위치한 덴마크는 유리한 위치여서 과거부터 제일 먼저 북유럽 지역에 문화를 공급한 국가이다. 10세기경 덴마크를 선두로 북유럽에 기독교가 유입되었으며, 그 외 국가들도 점차 기독교 국가가 되었다. 지리적인 이점은 덴마크를 비록 작은 영토에도 불구하고 강력한 힘을 지닌 국가로 만들었다. 덴마크는 16세기 스웨덴이 지역 패권국으로 등장하기 전까지 왕성한 주도권을 누렸다.

덴마크는 상업이 활발하여 바이킹 시대부터 무역으로 번영을 누렸고, 항상 대륙 쪽으로 눈을 돌렸다. 스칸디나비아 국가보다 영국과의 관계에 더 힘을 쏟았던 덴마크는 현재 스웨덴 남부 지역과 발트 해를 넘어 에스토니아 지역까지 영토를 확장하였다. 14세기 칼마르 동맹에서는 덴마크 왕조가 스칸디나비아 국가들을 통치하기도 했다.

노르웨이는 무척 넓은 지역을 가진 국가이다. 자율성이 강조되며 독립심이 크다. 노르웨이 왕조는 덴마크와 교류하던 영향력으로 국가를 유지하였고, 강력한 제국이 되려는 욕심은 가지지 않았다. 14세기부터 힘의 축이 점차 스웨덴으로 넘어가자 노르웨이는 그저 스웨덴의 영향을 묵묵히 받아들였다. 그전까지 아일랜드, 그린란드, 페로 제도는 노르웨이 영토였다. 1814년 키엘Kiel 조약으로 노르웨이는 스웨덴의 영향 아래 놓이면서 아일랜드, 그린란드, 페로 제도는 덴마크에 할양되었다.

그 후 스웨덴의 힘이 약해진 이후에도 왕권을 덴마크에 위임하는 등 노르웨이 역사는 무척 조용하고 심심한 면이 있다. 현재 노르웨이는 개발된 자원과 훌륭한 사회 기반 시설을 국민 생활과 자연 보호에 이용하고 있다. 인구가 적은 까닭에 국민 소득은 최고 순위를 유지하고 있다.

스웨덴은 노르웨이 역사와 일부 겹치는 부분이 있다. 쉽게 산 하나만 넘으면 나라가 바뀌는 이유도 있지만, 같은 북극권 국토와 남쪽의 발트 해를 가진 것도 이유 중 하나이다. 그럼에도 스웨덴은 관찰하고, 조심하고, 그러다가 행동할 때는 과감히 행동하였다. 이런 점은 노르웨이와 좀 다른 점이다. 현재의 핀란드를 거의 600년이 넘게 영유하여 중세 시대 핀란드는 존재하지 않았다. 종교 전쟁이었던 30년 전쟁에도 주도적으로 참여하여 프랑스와 더불어 큰 영향력을 거머쥔 적도 있다. 수차례 러시아와 전쟁을 치르면서 영토를 넓히기도 했다.

오랫동안 스칸디나비아 역사는 스웨덴을 중심으로 덴마크와 대결 양상을 띠었다. 이런 양상은 현재에도 찾아볼 수 있다. 중요한 점은 덴마크와 외부인의 입장에서 그렇게 느낄 뿐 스웨덴인들은 전혀 다르게 생각한다는 것이다. 스웨덴 사람들은 스칸디나비아 역사는 스웨덴 역사와 같다는 의식을 갖고 있고, 한편 일리도 있는 말이다. 그만큼 스웨덴의 영향력은 역사적으로 컸다.

핀란드, 아이슬란드, 그린란드, 페로 제도 등은 스웨덴과 노르웨이의 영유지였다. 국가로의 독립은 굉장히 최근이다. 핀란드는 스웨덴 영향권에서 다시 러시아로 편입되었다가 20세기 초에 들어와서야 독립하였다.

스칸디나비아와 세계 2차 대전

스칸디나비아 역사에서 가장 중요한 시기를 꼽으라면 주저 없이 바이킹 시대와 세계 2차 대전을 꼽을 것이다. 고대와 현대의 스칸디나비아가 사회, 문화적으로 중요한 가치를 가지고 존재할 수 있게 된 시기이다. 특히 두 번의 세계 대전은 이후 모든 북유럽 국가들이 복지 국가Welfare State, 또는 북유럽 사회 모델Nordic Model 이라는 개념을 비로소 실시하는 데 큰 역할을 하였다.

2차 대전은 스칸디나비아의 덴마크, 노르웨이, 스웨덴 등 당시 긴박했던 핀란드를 제외한 나머지 나라를 전부 중립국으로 만들었다. 1차 대전을 통해 중립국으로서 전쟁에 휘말리는 상황을 피한 것이다. 노르웨이는 독일의 공격으로 상선이 피해를 입기는 했지만, 스칸디나비아의 물자 공급 라인으로 큰 이득을 보았다. 덴마크나 스웨덴 역시 전쟁으로 간접적 이익을 누렸다. 사실 중립을 선언한 나라들이지만 전쟁으로부터 안전하지는 못했다. 전쟁 경험은 전후 복구 및 발전 과정에서 중립국일수록 전쟁에 더욱 대비하는 정책을 실시하는 계기가 되었다.

세계 대전을 치른 스칸디나비아 각국의 영향은 달랐다. 거의 영향이 없었던 스웨덴도 있고, 세 차례의 전쟁

↳ 스웨덴 병사

을 치른 핀란드도 있다. 스칸디나비아 국가들은 전후 중립이라는 정책을 한때 표명하였다. 스칸디나비아를 하나의 커다란 집단으로 인식하고 공동체 의식을 느꼈으며, 모두 눈부신 경제 성장을 이루었다. 같은 듯 다른 스칸디나비아 국가들, 어떻게 보면 서로 비슷한 각국의 문화는 같은 시기, 같은 영향을 받으면서 경험한 공동 유산이다. 세계 대전은 바이킹 시대의 선조들처럼 천 년이 지난 20세기 중반에도 스칸디나비아 각국을 서로 묶는 계기가 되었다.

스칸디나비즘

바이킹과 세계 대전에 관한 역사적 사실은 스칸디나비아에 기반을 둔 나라들의 공동 의식과 그에 따른 발전 상황을 비슷하게 만들었다. 이미 8세기 또는 그 이전인 고대 국가 시절부터 있어 왔던 일들이지만, 근대에 들어오면서 다시 한 번 지역 공동체적 통합 운동이 나타난다.

스칸디나비즘은 세계 대전이 발발하기 전인 19세기 중반 스카니아Scania 지역의 덴마크, 스웨덴 대학생들에 의해 불거졌다. 신화시대부터의 문화적 공통점, 언어 동질성, 바이킹의 후손이라는 공통점을 바탕으로 스칸디나비아 반도의 국가들은 정치와 경제를 막론하고 서

ㄴ 스칸디나비즘

로 통합하여 협력해야 한다는 운동이다.

스칸디나비즘은 19세기 독일과 이탈리아의 연합 움직임과 시기를 같이한다. 당시 스칸디나비아의 각 국가들은 산업화 시대에 맞추어 국가 발전 계획을 실천했으나 만족할 만한 성과가 나타나지 않는 상황에서 이웃인 독일의 연합 움직임에 자극을 받았다. 이런 상황에서 같은 스칸디나비아 문화유산, 신화, 언어의 뿌리라는 공통점을 기반으로 하나의 국가, 하나의 왕조를 이루어야 한다는 주의가 생겨났다.

스카니아 지방의 대학에서 1840년 시작된 스칸디나비즘은 덴마크와 스웨덴 대학생들에 의해 주도되었다. 다른 말로 판스칸디나비즘Pan-Scandinavism, 노르디즘Nordism(북구주의)으로도 불린다. 시간이 지남에 따라 스칸디나비즘은 문화와 관념적인 개념으로

Iceland.is

남았고, 노르디즘은 정치적인 성향으로 발전하였다. 1919년 스웨덴에 의해 주도된 북구연합Nordic Association은 정치적인 북구주의의 시작이며, 이후 많은 정치적 영향을 준다.

덴마크와 프러시아 전쟁, 덴마크와 독일 전쟁 들에 스웨덴과 노르웨이는 참전하기도 하고, 거부하기도 하는 등 스칸디나비즘은 정치적인 움직임에 영향을 주었다. 뉴질랜드의 데니버크Dannevirke 마을은 덴마크, 노르웨이, 스웨덴 이주자들이 세운 마을이다. '덴마크의 작품'이라는 뜻의 마을 이름은 1864년 덴마크가 독일 수중으로 떨어진 후 바이킹 시대의 영감과 공동체 의식을 가진 이주자들이 지은 것이다. 당시 사람들의 역사관을 엿볼 수 있다.

비슷한 개념의 노르디즘은 핀란드, 아이슬란드, 그린란드, 페로 제도를 포함한 개념이다. 그린란드와 페로 제도는 덴마크 영이어서 스칸디나비아 3국 외에 2개 국가가 합쳐져 모두 5개국이 된다. 노르디즘은 북유럽협의회, 북구연합 같은 정치적 단체의 탄생으로 이어졌고, 북구여권연맹Nordic Passport Union과 스칸디나비아항공SAS 등이 생겨났다. 노르디즘의 발전 과정이 국가주의의 성격과 비슷하다고 하여 공동 국가주의Collaborative Nationalism라고 부르기도 한다. 그 후 나토NATO, 유럽연합EU 등의 협력체 가입에도 영향을 주었다.

스웨덴 역사가이자 경제학자인 군나르 베테르베리Gunnar Wetterberg는 자신의 저서에서 북구연방국Nordic Federation의 탄생을 제안하며 외교, 국방, 경제, 노동 등의 국가 정책을 공동으로 시행하는 단일 국가를 주장하였다. 현 유럽연합에서 주도국으로 부상하며 막강한 영향력을 발휘할 단일 국가를 이룰 계획은 2030년경에나 실현될 것으로 예견하였다.

북유럽의 경제 발전과 비결

북유럽 국가는 모든 경제 관련 조사에서 항상 상위권을 유지하면서 국가 경쟁력, 교육, 청렴도, 신용 등급 같은 간접 지표도 마찬가지로 최상위를 기록하고 있다. 최근 세계 경제 위축에 따라 다시 대두되는 북유럽 경제 모델에 관한 기사들도 쏟아진다. 한국에도 알려진 디자인과 교육, 복지 사회로서의 가치 등 좋은 이야기만 쓰자면 한도 끝도 없다. 과연 그렇다면 배경은 무엇인지 몹시 궁금하다.

결론부터 말하자면 세계에서 찾기 힘든 경제 발전 모델인 것은 틀림이 없다. 하지만 이면에는 피를 깎는 노력이 숨어 있으며, 현재도 이어지는 상태이다. 어릴 적 유교주의, 일등주의, 경쟁주의 교육을 받은 한국 사람들, 같은 서양 문화지만 다른 가치를 추구하는 나라 사람들은 참 이해하기 힘든 부분이 있다. 결코 따라하기 힘들다는 것이 나의 판단이다.

경제 수치들은 인구에 비례하여 결정되고, 국가 만족도는 개인 의견도 반영된다. 북유럽 국가들이 하늘에 있듯 독보적이지는 않다. 한국 경제는 생산과 수출, 유동 자본에 관한 한 이미 북유럽 국가들을 넘어섰다. 국가 부채, 보유 자산 등도 어느 북유럽 국가보다 월등하다. 북유럽 국가를 리드하는 스웨덴과 비교해도 한국은 몇 배의 생산과 교역을 나타낸다. 한국 교육의 롤 모델이라는 핀란드, 노르웨이는 더욱 격차가 크다.

다시 말해 규모는 이미 문제가 되지 않는다. 한국이 이미 모르는 사이에 극복하였음에도 습관적으로 남아 있는 관념이다. 국방비, 개인 소득, 국가 총생산, 무역 규모, 외채 규모, 투자 자본 등 여러 비교 자료들은 경제학자나 경제를 담당한 실무자의 업무를 위한 자료이다.

한 국가의 국방비 지출이 높다고 해서 즉시 국력으로 연결되지는 않는다. 지역, 지형 등의 특수성과 군사 구조에 따라 많은 차이가 있기 때문이다. 달러 보유에서 세계 1위를 유지하는 중국을 아무도 선진국이라 부르지 않고, 따라 하려고 하지도 않는다. 문제는 사회 내의 구성원들의 가치이다. 경제나 규범 같은 것들은 구성원을 만족시키기 위한 장치일 뿐이기 때문이다.

북유럽의 경제 발전과 산업 구조 등을 알아보는 것은 스스로 시각을 좀 다르게 하는 계기가 되었다. 경제에 관한 궁금증은 단순 비교를 넘어서서 그동안 북유럽이 다른 나라와 차별화한 경제 가치의 기본은 무엇인가 하는 생각이 계속 들게 하였다. 숨은 경제 발전의 비밀 같은 개념 말이다.

19세기 영국의 정치인이자 기업가였던 세실 존 로즈Cecil John Rhodes는 '영국인으로 태어나는 것은 인생이라는 도박에서 1등을 한 것과 같다'는 말을 한 적이 있다. 당시 영국의 국력과 영국인으로서의 품격, 존중 등을 잘 나타낸 말이다. 아울러 영국인으로서의 자부심, 오만, 선민의식 등이 엿보인다.

세실 존 로즈의 말은 요즘 북유럽 국가 사람들에게 적용되는 듯한 인상을 받는다. 마치 세계의 경제 문제는 이미 자신들의 영역이 아니라고 여기는 것처럼 북유럽 국가들의 모든 경제 지표들이 양호하다. 미국과 아시아뿐 아니라 유럽에서도 북유럽을 본받자는 여러 움직임은 세기 전 일찍이 복지 국가를 건설하고 지켜 온 북유럽 모델이라는 개념과 함께한다.

북유럽 모델은 복지 국가와 자유 시장 경제를 합한 개념이다. 북유럽은 서로 다른 나라지만 공유되는 문화로 인해 시행 시기를 같이 맞출 수 있었다. 복지 정책이라는 공통된 사회 안에서 개인 자치성, 사회 개혁, 자유 무역, 인권, 평등, 노동을 이루는 것이다. 아울러 사회주의와 민주주의 이념을 동시에 실시하는 사회민주주의Social Democracy를 시행한다. 자유 경쟁에 방해가 되지 않는 한 사회주의 정책을 실시한다.

불평등을 최대한 낮추고 고소득 또한 줄이는 스웨덴의 정책은 불평등을 높이더라도 고소득을 많이 만드는 미국의 정책과 비교하여 초기 성과를 냈다. 현재는 신자유주의 정책으로 수정하여 고소득을 높이는 방향으로 전환되고 있다. 지난 십 수년간 경제협력개발기구OECD 국가 내에서 불평등 지표가 가장 빠르게 늘어나는 국가가 스웨덴이다. 놀라운 점은 그럼에도 다른 국가들

중 가장 적은 불평등을 유지한다는 것이다.

사회민주주의는 사회주의 및 민주주의 국가 모두가 관심을 갖는 시스템이다. 미국 상원 의원 버니 샌더스Bernie Sanders나 러시아의 미하일 고르바초프Mikhail Gorbachev는 북유럽 모델이 앞으로 나아갈 길이라 생각하고 있다.

북유럽 국가 발전의 바탕 중 다른 하나는 실용주의Pragmatism이다. 문화나 역사에도 깊숙이 자리 잡은 실용주의는 노동, 봉사, 절약 등을 소중히 여기며 결코 허세나 쓸데없는 자존심이 적다. 비록 국가 정책이어도 잘못된 점을 인정하고 개선하는 점이 돋보인다. 실용주의는 스웨덴의 사회민주주의 정치인들이 어쩌면 그렇게 빨리 정책을 수정하는지, 왜 북유럽 국가들이 때때로 사회주의와 민주주의 사이에서 오락가락하는 것처럼 보이는지에 대한 이유이다.

그럼에도 북유럽 국가들은 아직도 많은 문제들을 안고 있다. 정부는 개인에 비해 너무 크고, 돌아오는 복지보다 세금은 너무 많다. 덴마크는 노동 시장의 유연성보다 보존하기에 더 집중하고 있으며, 노르웨이의 산유 붐은 기존 노동 시장을 경직시키고 있다. 이런 단점에도 실용주의는 북유럽 국가들이 많은 희생을 줄이고 발전을 거듭하는 데 큰 역할을 한다. 인적 자원에 대한 투자와 자본주의 시스템으로 탄생한 부작용 등을 계속해서 개선하고 있으며, 국민은 정부를 지원한다.

실용주의와 맞물려 또 하나의 위대한 북유럽의 개념은 투명성

이다. 국가의 정책 시정에 동조하고, 높은 세금을 감내하는 국민들의 믿음은 국가에 큰 힘이 된다. 개인적으로 어느 지표보다 국가 투명도가 높이 평가된다. 북유럽의 모든 국가는 투명도 조사에서 최상위에 위치한다. 자금, 정책, 결과 등의 정보 공개는 국민과 정부 간의 문제를 벗어나 개인 간에도 작용한다. 개인 간의 관계에서도 신용은 기본적인 덕목이며, 모든 법과 규범을 앞설 정도의 가치를 지닌다.

투명도는 현재까지 이어질 뿐 아니라 해외에서도 지켜진다. 19세기와 20세기 초 스웨덴 인구의 30%였던 1백30만여 명이 미국으로 이주하였다. 미국에서는 '바보 같은 스웨덴 사람Dumb Swedes'이라는 단어까지 만들어질 정도로 스웨덴 사람들의 준법정신을 비꼬았다. 바보 스웨덴 사람들은 미국 내에 가장 청렴하고 깨끗한 거주지를 건설했으니, 미네소타 주가 그 하나이다. 현재 미국 내에 거주하는 북유럽계 이주민들은 약 10% 정도인데, 가장 믿을 만한 사람들로 여긴다.

기독교 국가에서는 12월로 접어들면 성탄절을 준비하며 기다린다. 강림Advent
의 촛불로 12월을 시작하는 북유럽에는 또 하나의 큰 기념일이 성탄절 전에 있
다. 바로 12월 13일 성녀 루시아의 날St. Lucia's day이다. 우리나라의 동지와도 같
이 밤이 제일 긴 날이라는 의미도 갖는 날이다. 가톨릭 성녀인 루시아지만 '빛'의
성녀로 전해 온다. 루터교를 따르는 북유럽에서 특별히 루시아가 밝혀 주는 빛
의 큰 의미를 기념하고 감사한다.

성녀 루시아는 4세기경 로마의 기독교 박해 시대에 시칠리아에서 귀족의 딸
로 태어났다. 부유했지만 아버지를 일찍 여의었고, 어린 시절에 이미 하느님께
동정서원(결혼하지 않고 믿음의 삶을 살아간다는 맹세)을 하여 호민관과의 정혼을 거부
한다. 결국 기독교인으로 고발되어 극심한 고문과 화형에 처해지지만, 그녀의
믿음으로 전혀 해를 입지 않았다. 특히 눈을 잃은 고문 뒤에도 다시 볼 수 있었
다는 이야기가 전해진다. 일생을 봉사와 복음 전파에 힘쓰다 304년 순교했다. 성
녀 루시아는 제일 공경받는 동정 순교자로, '빛'을 상징하는 성녀로, 앞을 보지
못하는 이들을 돌봐 주는 성녀로 상징되고 있다.

가장 어둠이 긴 12월 13일에 북유럽인들은 성녀 루시아를 노래하고, 성녀가
가져다 준 빛을 온 나라에 밝힌다. 비록 공휴일은 아니지만 북유럽 전체가 성녀

↳ Lena Granefelt, imagebank.sweden.se

루시아로 하나가 된다. 하얀 드레스에 빨간 허리띠를 두르고 머리에는 촛불 왕
관을 쓴 '루시아'가 이끄는 행렬은 루시아 데이의 상징적인 전통이다.

　스웨덴은 루시아 데이를 화려하고 규모 있게 치르는 나라이다. 그해의 루시아
데이 행사를 개최하는 교회도 뽑고, 각 동네의 루시아 중에서 국가를 대표하는
루시아를 뽑는다. 루시아 데이 행사는 저녁 6시부터 TV 중계로 모든 국민이 함
께한다. 그해의 루시아를 중심으로 촛불을 밝히며, 교회를 가득 채운 순백의 소
녀들은 성탄 캐럴을 합창한다. 루시아 전통은 각 학교나 회사, 기관에서도 기념
한다. 아침부터 루시아 모습으로 단장하고 어둠 속에 촛불을 밝히며 전통적인
'루시아 빵Lussekatt'을 나눠 준다.

촛불의 루시아 소녀만큼 루시아 데이를 풍요롭게 하는 루시아 빵도 오랜 전통이면서 의미 있는 상징이다. 세계에서 가장 귀하고 비싼 금색 가루 사프란saffraan을 넣어 구운 루시아 빵은 오로지 루시아 데이 전후로만 먹는다. 상점에 하나둘씩 구워 나오는 루세카트를 발견하면서 북유럽인들은 성녀 루시아를 맞을 준비에 설레고 겨울이 깊어 감을 느긴다. 아름다운 빛깔과 모양만큼 맛도 부드럽고 향기롭다.

빛과 음식을 가져다준다는 성녀 루시아 전통은 스웨덴에서 1927년에 처음 갖취졌다. 그 후 주변 북유럽 국가들로 퍼졌다. 기독교 박해 시대에 머리에 촛불을 얹고 두 손을 모두 써 가며 열심히 어려운 사람을 돌본 성녀 루시아란 이야기도 전해진다. 루시아 데이 이후로 매일 일 분씩 해가 길어지는 희망과 기쁨을 즐긴다. 지루하고 답답할 수도 있는 겨울을 서로 따뜻하게 녹여 주는 북유럽인들의 마음이 느껴진다.

루시아 데이와 관련하여 재미있는 이야기가 있다. 루시아 데이가 열리는 기간에 스웨덴에서는 '노벨상 시상식'이 열리고, 수상자들은 스톡홀름 중심가의 그랜드 호텔에 묵는다. 루시아로 뽑힌 소녀와 일행들이 루시아 데이에 루시아 빵을 수상자들에게 대접하는 전통도 이어지고 있다. 가끔 어둠 속에 촛불 들고 나타나는 소녀들에 놀라는 수상자들도 나오곤 한다. 개인적으로 머리에 올린 촛불들이 예쁜 소녀를 다치게 하지 않을까 걱정이다. 하지만 아직까지 그런 일은 없었다고 한다.

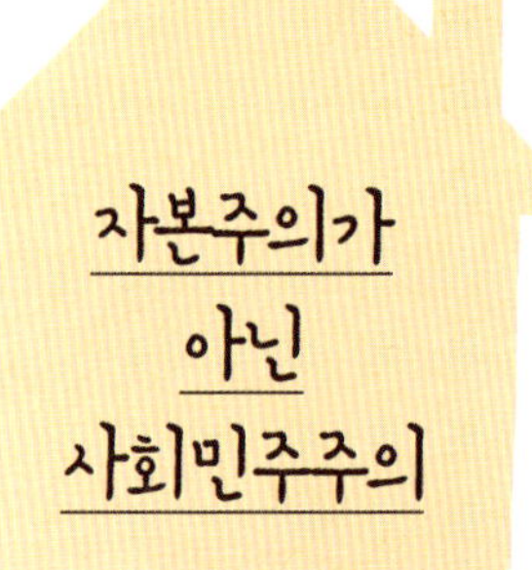

자본주의 VS 사회주의

흔히 자본주의와 비교되는 의미로 사회주의가 있다. 학자들이 학문적인 이론에 근거하여 200여 년 전부터 존재해 온 이론들이다. 전 세계의 단 한 나라도 사회 구조를 완벽하게 구축하지 못했으며, 실패와 성공을 증명할 역사적 근거도 없다고 생각한다. 구소련의 붕괴, 동서 독일의 통일, 동유럽 국가들의 독립, 중국의 개방 정책 등 역사적인 사건들이 각각의 사회 구조와 장단점들을 적나라하게 보여 준다. 하지만 단순히 사회주의가 실패했고 자본주의가 완벽히 승리했다고 볼 수는 없다. 오히려 자본주의와 개인주의를 사회 이념으로 삼는 다수의 나라들이 실패를 교훈 삼아 보완해야 할 시점이다.

1,800년대 영국에서 시작된 사회주의와 공산주의 이론은 마르크스와 엥겔스 등에 의해 확고히 정리되었으며, 국가 이념으로 당당히 시험대에 섰다. 공산주의라는 인류의 낙원을 이루는 초기 이념쯤으로 사회주의를 이용했고, 종국에는 공산주의로 성장한다고 생각했다. 자본주의는 능력과 노동에 따라 다르게 일하고 다르게 분배받지만 나중에는 국가의 분배 과정을 통해 필요에 따라 일하고 필요에 의해 분배받는 공산주의가 이루어진다고 이해했다. 작은 영역의 공산주의나 국가 분배 통치의 전 단계쯤으로 사회주의를 구분 지었다.

인간의 특성상 사회주의는 자본주의보다 자연스럽다. 재화보다 노동 가치를 우선하고, 필요에 따라 분배받는 사회. 개인 능력에 따라 생활은 좀 다를 수 있으나 국가로부터 복지와 노후를 보장받고 정당한 시민으로 차별 없이 살아가는 사회. 상상만 해도 달콤한 유혹이다. 미국 자본주의처럼 자본의 지배나 종속 없이 떳떳한 노동과 능력만으로 대접받는다는 사실 하나만으로도 노동자들은 큰 기대를 한다. 하지만 세계의 어느 나라도 그대로 실천한 예가 없다. 이미 언급한 바와 같이 실제 검증된 적도 없다. 그렇다 보니 사회주의라는 이론이 도대체 실천 가능한지 의문이 남는다.

자본주의 미국에 비해 유럽 국가들은 오래된 역사를 가지고 있다. 속된 말로 이것저것 다 해본 나라들이다. 왕권을 기초하여 실시한 사회주의도 있었고, 순수한 왕권 통치도 있었다. 자본주의,

수정자본주의 등 이념의 시험대처럼 많은 이론들이 실천되었고, 지금도 실천되는 중이다. 그중 눈을 끄는 점은 항상 인간 중심으로 체제를 이어 간다는 것이다. 인간, 즉 사회 구성의 기본 셀인 인간을 중심으로 자유, 의무, 의식, 문화, 정치 등의 이념을 정하여 흘러간다.

미국의 자본주의는 말 그대로 자본에 의한 정책과 개인주의를 대표한다. 국가의 세금은 필요한 만큼만 적게, 개인의 자유는 최대한 보장한다. 극빈자를 국가에서 보조해 주거나 생활을 꾸리게 해주기는 하지만, 결국 다른 자본을 지키기 위해서다. 박애주의에 입각한 것은 절대 아니다. 개인의 행복은 능력과 노동보다 자본의 양으로 결정되며, 곧 성공의 척도가 되기도 한다.

유럽의 사회주의는 개인 생활에 영향을 안 주는 한도 내에서 최대한 세금을 걷는다. 애기는 안 하지만 내가 보기에는 걷을 수 있는 만큼 많이 걷는 것 같다. 아마 한국서 이런 세금을 요구하면 정권에 심각한 문제를 줄 법한 상황이다. 혹독한 세금 대신 무상 복지라는 유혹이 있다. 이것도 노동을 하면 더 주고 안 하면 덜 주는 단계가 있다. 열심히 해서 더욱 많은 혜택을 가져갈 수도 있다.

북유럽의 사회민주주의

북유럽 국가들은 이전부터 북유럽 모델이라 불리는 사회를 건설했다. 한국에서는 '요람에서 무덤까지'라는 복지나 '포기하는 아이는 없다'라는 교육 시스템을 더 잘 알 것이다. 스웨덴과 덴마크를 주축으로 노르웨이, 핀란드, 아이슬란드를 포함하는 북유럽 국가들은 현재에도 상당한 복지 제도를 실시하고 있다. 교육, 의료, 보험, 연금, 생활 보호 및 보조 등 꿈의 정책들이 많이 있다. 나도 거주 당시 혜택을 받았다.

스웨덴에서는 국영 의료 기관에서 태어나 영아부터 대학원에 이르기까지 무상 교육은 물론 학습비까지 받는다. 학교에서는 평균 이상의 식사를 할 수 있다. 의료 보험과 생활 보조는 기준 소득 이하의 사람들을 실질적으로 도와주기 위한 혜택이다. 강력한 노동법으로 고용을 보장하고, 은퇴 후에는 연금과 정부 지원 아파트가 기다리고 있다. 주당 근무 시간은 OECD 국가 중 가장 적은 편에 속하고, 일 년에 적어도 한두 달 이상의 유급 휴가가 있다.

잠시 상상만으로도 즐거운 스웨덴의 복지 혜택들은 모두 스웨덴 사회민주노동당Sveriges socialdemokratiska arbetareparti(사민당)의 작품이다. 1889년 설립된 사민당은 2010년에 이르기까지 40~55%의 꾸준한 지지를 받았고, 현재 약 10만 명의 당원과 2,540개의 지역 조합, 약 500개의 노동조합이 가입돼 있다. 2006년부터 지금까지는 보수 우파 정당의 득세로 절대 다수라는 영광은 없지만, 여전히 큰 지지 기반을 가진 정당이다.

스웨덴이 공식적으로 발표하는 국가 이념과 사회 시스템은 '자유 시장 경제를 기반으로 하는 사회민주주의 국가'이다. 스웨덴뿐 아니라 북유럽 모든 국가에서 공통적으로 표방하는 이념이다.

2012년 기준 덴마크는 운스트레Venstre 정당이 47석이고, 사회민주당이 44석이었다. 좌파를 뜻하는 운스트레는 사실 진보 우파인 점을 생각하면 스웨덴과 비슷한 경우이다. 2011년 기준 노르웨이는 사회민주주의 이념의 노동당이 273석으로 다수당이고, 우파인 보수당이 210석이다. 핀란드는 우파인 국민연합당이 44석이고, 사회민주당이 42석이다. 2013년 기준 아이슬란드는 사회민주당 19석, 우파인 독립당이 16석이다.

북유럽 모든 국가들은 스웨덴과 마찬가지로 과거 사회주의 이념을 표방하였지만, 현대로 들어서며 자본주의가 많이 가미된 우파적 이념을 표방한다. 그러면서 사회주의의 부분적인 정책들은 그대로 시행한다. 대한민국이나 미국의 이념과는 조금 다르다고 하겠다. 비교가 극단적이지만 구소련이 갈망하고 이룩하고자 했던 사회 시스템이 북유럽 시스템이다. 지금도 절대 다수의 러시아인들이 목표로 하는 시스템이다.

사민당이 설립될 당시의 기반 이념은 당연히 마르크시즘이다. 그러나 북유럽 국가들은 사회주의 이상을 실현하기 위해 수정에 수정을 거듭하여 자유의 개념을 확대하면서 자유 시장 경제를 바탕으로 하는 정책을 추구하였다. 한마디로 좋은 점은 취하고 나쁜 점은 줄인 것이다.

사회주의 국가에서 볼 수 있는 특이한 정책이 바로 보편적 복지라고 불리는 평등한 복지 정책이다. 북유럽의 복지 정책은 추가로 말할 필요가 없을 정도로 잘 알려진 세계적 모델이 되었다.

복지의 기본 개념은 평준화이다. 기준에 못 미치는 사람을 평등에 근거하여 일정 기준까지 올려놓는다. '뒤처지는 아이는 아무도 없다'로 설명되는 교육 정책, 성적표 없는 교실, 상장이나 개인 기록 하나 추가하지 않는 교실은 모두 평등을 이루는 개념이다. 학교에서 포기한 아이를 사회가 책임질 수 없다는 계산과 나중에 생길 문제는 어려서 조절하는 편이 보다 경제적이라는 생각에서 기인한다.

사실 북유럽식 복지 정책은 돈이 많이 든다. 인구가 증가하면 기하급수적으로 늘어나는 재정을 필요로 한다. 세금은 어느 국가나 절대적인 요건이다. 사회주의에서 세금은 공동체 개념이 있다. 국가를 운영하는 각종 정책을 위하여 필수이고, 더 나아가 보편적인 평등을 이루려는 가치를 더한다.

북유럽 국가들은 노동을 신성하게 생각한다. 사회주의가 특성상 노동을 신성시하기도 하지만, 그보다는 세금을 늘리기 위함이다. 그러기 위해 강조되는 것이 있다. 평등과 인권, 여성의 권리 등이다. 여자의 혜택은 남성과 동일하며, 의무도 같다. 육체노동도 남녀 모두 똑같다. 당연히 남녀 차이는 존재할 수도 없고, 누가 누구를 대신한다는 말조차 우습다.

북유럽 국민들은 세계에서 가장 높은 세금을 내고 있다. 소득세가 미국이 30% 정도라면 북유럽은 50%를 넘을 때도 흔하다. 여기에 25%에 달하는 판매세, 부가가치세 등을 따지면 훨씬 체감 세금은 높다. 매년 재산세도 내야 한다. 계산대로라면 한국의

월 3백만 원 받는 직장인은 매월 1백5십만 원의 소득세를 내야
한다. 3억짜리 아파트를 소유하고 있다면 1년에 6백만 원, 매월
약 5십만 원의 재산세를 내야 한다.

스웨덴의 소득세는 기초 생활 기준까지의 소득은 31%이다. 그
것이 넘으면 51%, 중상 수준이면 56%의 세금을 낸다. 물론 세
금은 은퇴 후 연금 혜택으로 되돌아온다. 좀 시간이 길긴 해도.

꿈만 같은 복지는 재정 확립을 떠나서는 생각조차 할 수 없다.
거기에 국정을 담당하는 봉사자의 노력을 무시할 수 없다. 북유
럽 국가의 정부 투명도는 세계 최고이며, 정치인은 곧 봉사자라
는 이미지가 강하다. 국회의원의 약 1/3 정도가 임기 중 그만두
는 것을 심각하게 고민하며, 대부분은 실제로 퇴임을 한다. 국회
의원의 월급이 적고 비서, 수행원, 차량 지원조차 생각할 수 없다.
국회의원들은 스스로 또는 일부 자원 봉사자의 도움을 받아 수
많은 정책과 자료를 검토하고 입법 업무를 맡는다. 더하여 일상
생활을 위해 개인 직업도 그만둘 수 없다. 농촌은 더욱 심하여 자
신의 생계를 위해 국회의원을 그만두는 일이 흔하다.

국가 재정을 그동안 투명하게 경영하였기에 북유럽 국가들은
그나마 적은 재원으로 아직까지 보편적 복지를 고집할 수 있는지
도 모르겠다. 국민의 정직성도 한몫한다. 복지를 누리고 받는 것
은 당연하지만 정직을 바탕으로 해야 한다. 서류 한 장이나 간단
한 인터뷰로 이루어지는 절차를 악용하여 거짓으로 생활 보조금
을 신청하지 않는다. 이리저리 머리를 써서 더욱 많은 보조를 받

는 행위는 상상할 수도 없고, 국민 스스로 범죄라고 생각한다. 북유럽 국가가 한정된 재원으로 세계 최고의 복지를 만드는 바탕은 정부의 투명한 봉사와 국민의 정직성이라고 해도 과언이 아니다.

Tip

**북유럽 크리스마스
만남의 축배,
스납스와 글뢰그**

북유럽도 연말을 맞이하면 만남과 쇼핑 등 분주한 거리 분위기가 이어진다. 크리스마스가 다가오니 친구들, 동료들과의 만남이 잦아진다. 크리스마스이브를 즐기려는 가족들과 한자리에 모이기 위해 휴가도 내고, 파티를 위한 여러 가지 준비도 한다. 그맘때면 한국이든, 미국이든, 북유럽이든 세계 모든 사람들은 즐거운 자리를 기념하며 축배를 든다. 한잔 술에 그동안 밀린 얘기와 정감 어린 추억을 만들어 가는 것은 세계 공통인 듯하다.

스납스 Snaps

북유럽은 유럽 전통대로 와인을 즐기며, 좀 더 편안한 만남에서는 맥주도 많이 마신다. 동시에 북유럽에서만 전통적으로 사랑받는 '한잔' 문화도 있다. 춥고 긴 겨울에는 러시아에서 전해 내려온 보드카를 비롯, 스칸디나비아의 브렌빈 Brännvin 등 아주 독한 증류주를 즐겨 마신다. 그중 곡물이나 감자로 만든 하얗고 맑은 증류주를 북유럽에서는 '스납스'라고 한다.

좀 더 자세히 말하면 높은 도수의 강한 술이 담긴 글라스 한잔을 칭하는 말이다. 전통적으로 북유럽인들의 만남과 식사 자리에는 스납스가 마련된다. 한국인들이 흔히 보드카 잔이라 부르는 작고 투명한 글라스가 스납스 잔이며, 크리스

↳ Tuukka Ervasti, imagebank.sweden.se

마스에는 산타클로스가 장식된 특별한 잔에 마신다. 술병 자체를 아주 차게 냉동시켜서 시원한 글라스에 따라 마신다.

북유럽 전통은 스납스를 마시며 노래를 함께 부르는 것이다. 제일 유명한 노래는 〈Helan går〉이다. 권주가라고 이해하면 빠르다. 헬란Helan은 첫 번째 잔이라는 뜻으로 쓰이고, 고르går는 비우라는 의미이다. 핀란드에도 같은 문화가 있다. 언제부터 시작되었는지는 기록이 없지만, 19세기 초 오페레타Operetta에서 처음 불린 기록은 남아 있다.

글뢰그Glögg

북유럽에서 마시는 또 다른 문화 전통으로는 '글뢰그'가 있다. 영어로는 멀드 와인Mulled Wine이라고 표현한다. 와인에 설탕과 향신료를 첨가하여 만든 달콤한 음료이다. 알코올 성분이 들어 있는 것과 알코올 성분이 들어 있지 않은 것 두

↳ Helena Wahlman, imagebank.sweden.se

가지 중에 고를 수 있다. 스납스와 다른 점은 오로지 크리스마스 시즌에만 구할 수 있다는 것. 이때만 꼭 챙겨 마신다. 60~70°C 정도로 따뜻하게 데워서 마시는 특징이 있다.

영국과 독일에서도 즐겨 마시지만, 북유럽인들이 크리스마스 때마다 아주 좋아하는 한잔의 즐거움이다. 계피, 생강 등의 매운맛과 건포도, 아몬드 등을 살짝 곁들이는 맛이 북유럽 글뢰그의 매력이다. 대부분 손잡이가 있는 머그잔에 준비한다.

함께 먹는 음식

유럽 음식과 음료에는 서로 궁합이 맞아 오랫동안 따라다니는 단짝 조합이 있다. 스납스의 단짝은 청어이다. 북유럽에서 많이 나는 청어는 아주 신선하고 맛이 좋다. 고기부터 알까지 다양한 절임 방법으로 매우 즐겨 먹는다.

북유럽 지역에서 유독 절임 형태의 요리 기법을 많이 보는데, 옛날 바이킹 시대부터의 전통이다. 뱃사람이었던 바이킹은 많은 양의 생선들을 오래 저장하고 운반하기 위해, 신선한 맛을 계속 즐기기 위해 절임 방식을 이용하였던 것이다. 식초와 설탕, 소금을 이용한 절임 방법에 양파, 콘 페퍼Cone pepper, 월계수 잎 등으로 맛을 낸다.

독특하고 신선한 바다의 맛인 청어 절임을 더욱 맛있게 먹는 접대 방법이 있다. 북유럽에 와서 감동한 전식 메뉴 중 하나이다. 일종의 '카나페Canapé'라고 부를 수 있으며, 유럽에서는 일반적으로 식사 전에 꼭 먹는 코스이다. 여러 가지 절인 청어를 북유럽 특유의 얇고 바삭한 빵과 치즈를 곁들여 먹는다. 북유럽의 맛있는 식재료 중 하나인 감자를 삶아 꼭 같이 옆에 곁들인다. 삶은 계란과 사워크림을 함께 내기도 한다.

크리스마스 와인 글뢰그에는 청어를 내지 않는다. 스웨덴에서는 따뜻한 글뢰그에 크리스마스 과자인 생강 쿠키나 루시아 빵으로 불리는 루세카트를 낸다. 덴마크에서는 동그란 모양의 덴마크 팬케이크로 알려진 에이블레스키베르Æbleskiver를, 노르웨이에서는 크리스마스 전통 음식 리스크렘Riskrem(Rice Pudding)을 곁들여 마신다. 북유럽의 화려한 크리스마스 정찬인 율보르드Julbord(Christmas dinner)에 글뢰그를 곁들여서 크리스마스이브 식사를 더욱 따뜻하고 달콤한 분위기로 만들기도 한다.

북유럽의 '건배'

사람들은 즐거운 만찬 모임에 놓인 달콤한 술과 음료를 두고 '건배!'를 외치며 만남을 기뻐한다. 건배하는 문화도 각 나라와 지역마다 특색을 가진다. 다른 지역에 적응하며 살아가려면 꼭 알아 두어야 할 예절 중에 하나이다. 오랜 역사를 가진 유럽에서는 식사 예절에 대한 자연스러운 교육과 지식이 스며드는 분위기이다.

북유럽에서 '건배'라는 말은 '스콜Skål'이다. 바이킹 때부터 이어진 말이라고 하는데, '건강을 위하여Good Health'라는 의미를 가진다고 한다. 꼭 기억해야 할 중요한 점은 반드시 건배 시작의 선창은 모임을 주최한 사람, 즉 호스트Host만이 할 수 있다는 것이다. 호스트가 잔을 들기 전에는 먼저 잔을 들어서도, 마셔서도 안 된다.

더욱 중요한 점은 서로의 눈을 꼭 마주쳐야 한다. 눈 마주치기를 북유럽인들은 건배 중에 매우 중요하게 생각한다. 작은 그룹이라면 모든 사람과 눈을 한 번씩 마주쳐야 하며, 결혼식 피로연같이 큰 그룹이라면 양옆의 사람과 시선을 한 번씩 마주치고 난 후 마신다. 서로서로 마음을 전달하는 방법이다.

'스콜!' 선창이 있으면 모두 따라 외치고, 눈을 마주치고, 가볍게 한 모금씩 마신 후, 잔을 내려놓기 전에 다시 한 번 시선을 교환한다. 식사 중에 건배를 원하는 건배사가 있으면 먹던 식기 도구를 조용히 내려놓고 모두 같이 응해 준다. 식사 중에 크게 떠들거나 자리를 떠났다가 앉았다가 하는 것은 매우 실례로 여긴다.

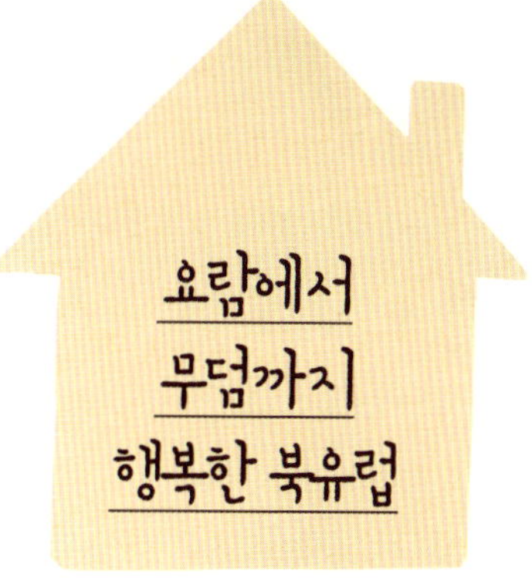

북유럽 모델의 변화

북유럽 모델은 세계 대전 이전부터 나온 북유럽식 경제와 사회 구조를 일컫는 말이다. 인간의 기본권과 평등권을 최대한 존중하고, 시장 경제와 보편적 복지를 시행하는 시스템이다. 무슨 주의를 나타내는 이념은 아니고, 사회 구조를 설명하기 위한 단어이다. 과거 소련과 미국뿐 아니라 수많은 국가들의 경제, 사회적 모델이 되어 왔다. 사회주의 국가들로부터는 사회주의가 가야 할 종착역이라는 찬사를 받았고, 미국과 한국 같은 시장 경제 국가들에게는 보편적 복지 개념의 출발점이 되었다.

기본 개념을 알아보면 하나도 문제가 없을 것 같은 시스템이다.

현재 행복, 소득, 환경 등의 지수에서 최상위에 랭크된 스칸디나비아 국가들이 실시하고 있으니 더욱 신뢰가 간다. 북유럽 모델을 북유럽 국가에서 실시하고는 있으나 정도나 정책이 동일하지는 않다. 나라 사정이나 특성에 맞추어 변화를 준다. 특히 스웨덴은 지난 수십 년간 신자유주의Neoliberalism라는 수정 이론을 도입하여 전통적인 북유럽 모델을 계속 수정하고 있다.

스웨덴은 과거 덴마크와 더불어 북유럽을 리드하는 국가였다. 전후 강력한 국가 정책에 힘입어 스칸디나비아 국가들 중 문화, 경제, 국방 등에서 강력한 힘을 발휘한다. 그런 스웨덴이 새로운 정책을 편다는 것은 분명 무언가 이유가 있다.

북유럽 모델은 시장 경제와 보편적 복지를 바탕으로 하는 시스템이다. 사회주의 개념인 노동 평등을 강조하고, 인력을 가장 큰 자원으로 삼아 강력한 세금 정책을 실시한다. 독자들이 부러워하는 요람에서 무덤까지 이르는 복지를 펼치려면 재원 조달이 필수이다. 그래야만 각종 연금, 의료, 교육과 급식, 주택, 육아 등에 대한 지원과 생활 보조가 무상으로 이루어진다.

아이들은 국가 의료 기관에서 태어나 육아 보조를 받으며 길러진다. 국가 보조는 대학까지 이어진다. 학습 교재비라는 용돈까지 받으며 무료로 대학을 다닌다. 취직 후에도 개인이 원하면 국가가 소유한 영구 임대 주택에서 시장 가격보다 싼 임대료로 아파트를 분양받을 수 있다. 육아 보조비는 학비와 아이를 위한 한 달 식료품을 구입하는 데 쓰인다. 쉽게 말해 학비는 공짜가 아니다. 유치원의 경우 한 달에 한화 약 7만 원 정도의 학비를 내야 하나, 정부에서 아이 앞으로 매달 현금을 지급하는 형식이다. 물론 보조는 학비보다 훨씬 많다.

북유럽 모델의 복지 시스템은 평등 기준으로 볼 때 상당히 안정적이다. 빈곤층 자체가 존재할 수 없게 만들었다. 모두가 일하는 국민, 능력에 따라 다르게 보수를 받지만 가난이라는 말이 생기지 않는 구조, 세금을 당연한 의무로 받아들이는 대기업, 투명한 정책으로 봉사를 몸으로 실천하는 정치인 등이 모여 성장뿐 아니라 국민 행복도 이룬 시스템이다.

그럼에도 스웨덴이 신정책으로 수정에 수정을 가하는 이유는 새로운 성장을 위해서다. 생활 수준이 높아지고 EU 통합으로 각종 이민자들이 유입되는 상황에서 과거의 북유럽 모델로는 한계가 있음을 깨달았다는 의미이다.

최저 임금제와 고용 안정으로 노동력의 질이 과거에 비해 떨어지고 있다. 기업 경쟁력이 떨어질 정도로 대기업은 누진세에 골머리를 썩고 있다. 그래서 대기업으로의 성장 기피가 나타난다. 전통적인 스웨덴 국제 기업인 사브Saab나 볼보Volvo 같은 대기업의 흡수 합병은 스웨덴 사람들을 혼란에 빠뜨렸다.

신규 이민자의 유입으로 복지 혜택도 줄어들었다. 이민자가 요구하는 육아 관련 복지가 크게 늘었기 때문이다. 대학에서 두세 개의 전공으로 10년 넘게 수학하는 모순이 나타났다. 유리한 직장을 위해 일부러 취업을 미루거나, 불필요한 전공을 복수로 택한다.

북유럽 사람들은 세계 최고나 세계 제일을 위해 노력하는 사람들이 아니다. 오로지 이윤 창출에 목숨을 거는 기업 정신도 없다. 가정 행복과 자기 일을 정말 좋아하는 사람들이 그저 묵묵히 길을 걸어가는 스타일이다. 국민들은 그런 태도로 지난 수십 년간 일해 왔고, 정치인은 서로 하기 싫어할 정도로 투명한 봉사를 했다. 눈에 띄는 부국은 아닐지언정 국가 권위와 국민 품격을 지키는 사회의식, 문화는 북유럽 국가들의 큰 자부심이고 행복이었다.

그러다 세계와 묶여 있는 시장 경제의 혹독함으로 인해 국민 기업을 해외에 매각해야 하는 처지를 맞았고, 그 정신적 충격은 엄청났다. 그리하여 나만 조용히 살면 된다는 지극히 소박한 꿈은 공허하게 날아갈 수밖에 없음을 느꼈다. 결국 새로운 성장을 위한 정책으로 점점 변화하고 있다.

한국, 일본 등은 무한 경쟁을 통해 가장 밑에서 가장 높은 곳으로의 성장을 직접 경험한 문화이다. 경쟁이 자연스러운 문화와 북유럽의 문화는 애초에 태생부터 다르다. 경쟁 본능은 정면을 피해 약하고 병든 상대부터 먼저 제압한다. 덩치 크고 경쟁력이 적은 기업부터 부담을 가질 수밖에 없다.

스웨덴의 신자유주의 정책은 국제 경쟁력을 갖춘 기업을 육성하고 신동력을 달기 위한 것으로, 이미 성과가 나타나고 있다. 산업과 기계, 토목 같은 기존의 전통 산업에 IT, 게임 등의 첨단 기술을 합한 것들이다. 북유럽 국가의 세계적인 기업들은 이미 게임과 IT를 이끌고 있다. 다만 눈에 보이는 성과가 특정 집단에만 알려지

다 보니 과거 사브나 볼보의 영광을 재현할 수 있을지는 아직 의
문이다. 과거 북유럽 모델로 큰 성장을 이룬 북유럽 국가들의 재
성장이 신자유주의로 또 한 번 도약의 계기를 맞을지 궁금해진다.

북유럽 국가의 복지 정책

북유럽 나라들은 복지 국가라는 말을 들을 정도로 국민 복지 정
책을 시행한다. 덴마크, 노르웨이 등의 북유럽 5개국은 약간 다르
지만 큰 맥락은 같이하는 정책을 시행하는 국가이다. 복지 재원
은 물론 세금이다. 임금, 소득, 소비, 기업 운영 등과 관련하여 세
금을 납부한다. 즉, 북유럽에서는 합법적인 형태로 거주 및 활동
을 해야 하고, 그에 근거하여 복지 혜택을 받는 것이다.

북유럽 국가 중 특정한 나라가 더욱 복지가 잘되어 있거나, 세
금 비중이 과도하게 높거나 하지는 않다. 같은 세기, 같은 문화를
일정 부분 공유하는 나라들이 복지 정책을 시행한 시기와 이유
가 같을 뿐 아니라, 범위나 결과도 비슷하기 때문이다. 여기에서
는 노르웨이를 통해 북유럽 국가의 복지를 설명하고자 한다. 다
른 국가들의 정책은 약간 다를 수 있음을 미리 밝힌다.

노르웨이의 복지 정책, 그러니까 사회 보장 제도의 책임은 중
앙 정부와 자치 정부에 분산되어 있다. 전 국민이 해당되는 의료
보험도 중앙 정부 재원과는 별도로 자치 정부에서 예산을 처리한
다. 자치 정부는 의료 보험에 관하여 계획을 수립하고 시행한다.

Per Pixel Petersson, imagebank.sweden.se

또한 의료 서비스 외에도 아동 복지, 알코올 및 약물 중독자 수용 시설, 실험실, 방사선 서비스, 지적 장애인을 위한 건강 관리, 연금 수혜자용 주택, 장애인 교통 시설, 가정 방문 간병인과 도우미 등의 세세한 사회 보장 서비스를 운용한다. 중앙 정부는 공공 지출의 약 14%에 달하는 의료 서비스의 구성, 자문, 지침 규정, 자치 정부의 의료 서비스 감독 등 중요한 일만 담당할 뿐 세세한 시행은 자치 정부가 진행한다.

노르웨이는 중요한 두 가지 복지 제도를 갖고 있다. 국민 보험 Folketrygden이라는 사회 보장 제도와 가족 수당 제도이다.

1년 이상의 합법적 체류자는 노르웨이 거주자로 간주되어 비록 직업이 없어도 의료 서비스를 받는다. 의료비는 최대 본인 부담금이 정해져 있다. 매년 결정되는 상한선을 넘는 진료비나 의약품, 교통비 등은 정부가 부담한다. 최소 14일 이상의 근무 기록이 있으면 질병으로 일을 할 수 없을 경우 일일 수당을 받는다. 다만 일정한 연간 수입 등의 지급 조건이 있다.

부모 중 한 명이 사망한 아동에게는 18세까지 아동 연금이 지급된다. 학업 중에 부모 모두가 사망하면 아동 연금은 20세까지 나온다. 아동 지원금Barnetrygd은 16세 이하의 모든 아동을 지원한다. 아동의 모친에게 지급되며, 혼자 아기를 돌본다면 추가로 한 명분을 더 신청할 수 있다. 출생과 동시에 자치 정부의 사회 보장 사무소에서 신고를 하고 아동 지원금을 신청하여야 한다.

아동 지원금 외에 아동 관련 제도는 아동복지국의 지원이다.

주로 저소득층의 자녀에게 지원되는 최소한의 아동 복지 환경을 유지하기 위함이다. 18세 미만의 생활 조건을 살펴 자문과 직접적인 재정 지원을 알선한다. 아동 간호는 아이의 간호를 위해 1년간 최대 10일간 유급 휴가를 주는 제도이다. 한 부모라면 10일을 추가로 쓸 수 있다.

아이를 출산 후 부부는 월급의 100%를 받는 49주 또는 80%를 받는 59주의 육아 휴가를 낼 수 있다. 그중 14주는 남자가 무조건 써야 한다. 사용하지 않으면 휴가도 수당도 사라진다.

실업 수당은 실직자를 위한 것이다. 국민 보험에 해당하며, 지역 고용사무소에 신청하여 수당을 받는다. 기간은 최대 2년(일정 소득 이하는 1년)인데, 기간 중에 고용사무소는 새 직장을 찾아 주는 서비스를 제공한다. 18세 이하 부양가족에게도 부가적 지원이 있고, 26주가 넘어가면 지원은 늘어난다.

노르웨이의 연금 수령 연령은 67세다. 특정 직업군은 더 일찍 지급된다. 노령 연금은 기본금, 추가 연금, 자녀나 배우자를 위한 특별 연금이 있다. 70세 이후에는 고용 여부와 관계없이 연금이 지급된다.

의무 교육도 북유럽 국가들의 자랑거리이다. 유아원부터 고등학교를 거쳐 대학까지 거의 모든 학비는 무료이다. 일부 사립 대학이나 특수한 경우는 학비가 있으나 그리 많지 않은 액수이다. 국공립 대학은 학비 지원 외에 책이나 참고서 등을 위한 지원도 있다.

북유럽의 사회 분위기상 많은 사람이 대학에 가지는 않는다. 일찍 사회에 발을 들여 경력을 쌓다가 전문성을 높이기 위해 대학에 진학하는 사람이 흔하다. 북유럽 사람들은 직장에 다니며 각종 단체나 지역 모임, 대학의 부설 강좌 등을 통해 새로운 지식과 예술, 취미 등을 평생 배우며 산다고 이해하면 쉽다.

2014년 5월 현지 신문에 재미있는 기사가 났다. 한국에서 온 포미닛4minute이라는 그룹이 스톡홀름에서 공연을 한다는 기사이다. 포스터를 보면 스페인 바르셀로나와 스웨덴 스톡홀름에서 공연한다고 되어 있고, KPOPNONSTOP이라는 이름이 있다. KPOPNONSTOP은 스웨덴 사람들이 한국 문화, 특히 K-pop을 교류하기 위한 목적으로 만든 단체이다. 첫 출발 목적은 영리가 아니었던 것이다.

북유럽에서 '한류'나 'K-pop'이라는 말이 새로운 것은 아니다. 미국에서 방송 프로듀서로 있을 당시 단지 한국계라는 이유로 일본과 중국, 드물게 미국 현지 언론과 인터뷰를 한 적이 있다. 〈겨울 연가〉의 큰 히트와 한국 연예인의 해외 진출에 대한 현상을 'Korean Wave'라는 단어로 말하였다. 한국에서 접근성이 좋은 일본과 중국, 문화적 교류가 익숙한 미국의 반응에 관한 내용이었다.

사실 한류에는 경제적 계산이 깔려 있다. 한류 초기에 일본, 중국, 미국 순으로 퍼진 이유도 혹시 모를 경제적 손실을 줄이려고 한국인이 제일 많이 살고 있는 지역으로 한정했기 때문이다. 일본, 중국은 말할 것도 없고, 미국에는 공식적으로 1백만 명이 넘는 한국인이 살고 있다. 비공식적인 인구를 합하면 2백만 명 가까이 된다. 한국인의 대도시 집중 현상은 한국인만으로도 소기의 목적을 이룰 수 있다는 자신감이 되었다.

그 후 아시아에서는 중국이 큰 축이 되었고, 중국 영향을 받는 동남아시아도 한류에 휩싸였다. 아메리카 대륙에서는 미국 영향을 받는 중남미로 퍼졌다. 비슷한 시기에 유럽에서는 에스엠 타운SM Town의 파리 공연이 열리면서 영국, 독일 같은 주변국으로 번진다. 위에서 소개한 스웨덴 공연도 한류가 확산된 결과이다.

일반적으로 한류의 첫걸음인 드라마에서 방송과 DVD, 공연으로까지 발전되어 사랑을 받고 있다. 대형 기획사와 배급 회사에서 이루어 낸 마케팅의 성공이다. 치열한 국내 경쟁에서 조금 자유롭고, 큰 손실도 아닌 도전이다. 미국에서는 한국인이 주로 위치한 로스앤젤레스를 베이스캠프로 삼아 '고국에서 온 공연' 향수를 마케팅으로 썼다. 미국 공연 초기의 관객은 대부분 한국인이었다. 그야말로 한국인을 대상으로 해외 공연을 한 것이다. 이어진 본격적인 진출은 '싸이' 열풍 전까지 성공하지 못했다.

유럽은 조금 다른 비하인드 스토리가 있다. 일본, 중국, 미국에서는 계획된 한류라면 유럽은 자생적인 것이었다. 2011년 '소녀시대'의 파리 공연은 팬클럽이 한국을 방문하면서 기획된다. 유럽에 사는 몇 명의 소녀시대 팬들이 한국을 방문했다. 그들은 바람대로 기획사 대표를 비롯하여 회사 관계자를 만나 공연을 제안한다. 공식적인 제안은 아니었지만 관계자들이 굉장히 놀랐다고 한다. 바로 가능성 조사에 들어갔고, 손해는 아니라는 결론을 내리고 공연을 준비하게 되었다. 그 후 영국, 독일 등으로 퍼졌고, 월드 투어라는 말까지 나왔다.

이번 스페인, 스웨덴 공연도 현지에 있는 팬들이 기획한 공연이다. 유럽 내에 거주하는 한국인은 전혀 염두에 두지 않았다. 만일 한국인만 염두에 두었다면 해서는 안 되는 공연이었다. 그만큼 인구도, 감흥도 부족하기 때문이다.

한류는 한국 관련 행사에서도 나타난다. 2010년부터 매년 두세 번씩 큰 한국

축제가 스웨덴 스톡홀름에서 열린다. 주최자는 물론 현지인들이다. 한국 기관과 단체의 협조로 음료, 주류, 음식 등도 공급받는다. 이번 포미닛 공연을 기획한 곳도 사람들로 북적이는 축제를 열어 보고 나서 본격적으로 한류 알리기에 나섰다고 한다. 북유럽 내 한류 팬들은 자생적으로 탄생했고, 시간이 지나면서 점점 늘어나는 추세이다.

3
북유럽에서
살고 싶다

Synöve Borlaug Dufva, imagebank.sweden.se

어떻게 북유럽에서 살 수 있을까

이민 목적

이민이란 단순히 나라를 옮겨 생활을 하는 것만은 아니다. 더구나 가족과 함께하는 이민이라면 더욱 신중해질 필요가 있다. 가족의 절대적인 동의가 있어야 함은 물론이고, 가족 모두가 수혜자가 되어야 한다. 부부는 가족의 중심이고, 실지로 가족을 이끌어 가는 구성원이다. 그런 점에서 부부의 목적이 가장 중요하다.

나에게 직접적으로 질문하는 가장 큰 주제는 '어느 나라가 살기 좋은가?'이다. 나는 항상 똑같은 답을 한다. 질문자의 목적에 잘 맞는 나라이다. 생활 양식이나 가치관이 비슷한 우리나라라고 해도 집안의 풍습, 습관, 교육 등에 따라 사람들은 모두 다르다.

직업, 개인 경험, 가족, 소득 등을 감안한다면 더욱 많은 조합이 발생한다. 그중에 제일 이상적인 조합을 어떻게 찾을 수 있을까.

북유럽은 중산층의 나라들이다. 저소득층과 부유층 일부를 제외하면 거의 대부분이 중산층으로 이루어져 있다. 세금 과세를 통해 복지라는 이름으로 저소득층을 상향 평준화하는 나라이다. 이민자들은 중산층의 범주에 꿈을 갖기를 바란다.

북유럽은 무한 경쟁과 치열한 생존 경쟁을 하는 나라가 아니다. 각자 개성과 꿈을 가지고 평등과 존중이라는 사회적 가치를 목숨보다 소중히 지키며 조용히 사는 나라이다. 열정과 근면은 존경을 받지만, 지나치면 속물로 오해를 받는다. 자산과 사회적 영향력이 사람의 지위를 대신해 주는 미국 문화와는 많은 차이가 있다.

한 가지 일에 열정적이고 자연과 이웃을 사랑하는 이해심을 가진 사람은 언제든 북유럽에서는 환영이다. 큰 성공을 거두어 회사를 키우거나 유명인이 되려는 욕심을 가질수록 북유럽에서는 외로워질 것이다. 비록 큰 업적을 이루었다 하더라도 사회와 이웃의 도움으로 이룬 것이라는 겸손함을 잃지 않아야 한다.

노르웨이나 핀란드에는 아직까지 전통적인 보수주의자들이 많이 남아 있다. 그들은 외국인이라고 다른 눈으로 바라보지는 않지만, 외국인이 자신들의 전통적 가치를 이해하고 존중해 주면 무한한 감사와 애정을 보낸다. 그들의 전통적 가치란 다름 아닌 겸손과 평등이다. 더하여 근면, 열정, 이해심을 보일 줄 안다면 이미 북유럽인이 된 바나 다름없다.

평소에 차갑게 보이는 북유럽인들이라 할지라도 애정을 보여 줄 때는 진심이 느껴진다. 그들이 존중하며 좋아한다는 표현을 하면 진심으로 그런 것이다. 앞으로도 그런 애정은 계속될 것이다. 이민 목적을 고민할 때는 자신의 일이나 목표와 함께 항상 해당 나라의 문화와 사회를 감안한다면 좋겠다. 다만 자녀들의 교육에 관한 한은 걱정할 필요가 없으니까 걱정거리 하나는 줄어들 수도 있겠다.

외국인은 어떻게 북유럽에서 살 수 있을까

북유럽 나라들은 독자적인 법이 있다. EU의 회원국들은 EU의 법을 지켜야 한다. 그러나 그보다 상위 개념이 존재한다. 과거 바이킹 시절부터 교류하고 이어 오던 스칸디나비아의 관습이다. 스칸디나비아 관습은 상식을 벗어나지 않은 선에서 교류를 인정하고 누구나 평등하게 생각한다. 북유럽인들의 기능주의 성격이 더해져서 이유와 목적을 중요하게 생각한다.

간단히 말해서 북유럽 어느 나라에 살아야 할 이유가 충분하다면 이민 신청을 할 수 있다. 단, 누구나 공감할 상식에서 출발하여 합법적이고 정직해야 한다. 자신이 잘하는 언어를 증명하기 위해 시험을 보거나, 세금 서류를 어렵게 마련할 필요가 없다. 전 회사에서 경력 증명서를 받거나 지난 프로젝트를 서류로 만들지 않아도 된다. 북유럽의 기본 정신은 정직함이 당연하다고 여긴다.

학교 성적표, 자신이나 사업 파트너가 적은 사업 일지, 기타 사진 들로도 충분히 그들은 만족한다.

이민 신청이란 자신이 바라는 것을 상대국에 요청하는 일이다. 당연히 상대국은 상대국의 문화 가치로 이민 신청을 판단한다. 단순히 성적을 증명하기 위한 무수한 서류들은 혹시나 하는 오 해를 불러일으킬 수도 있다. 이민 신청 시 언어에 관한 내용을 묻 는 이유는 신청자를 위해서이다. 이민자가 어렵지 않게 적응을 할지 국가가 물어보는 것이다. 마찬가지로 경력은 사업 시 일어 날 문제를 줄이고, 서로 상충되는 문화는 없는지 알아보려는 절 차이다. 따라서 이민 신청 자체를 시험이나 극복할 난관으로 이 해해서는 안 된다. 오히려 이민국의 눈으로 자신의 목적을 컨설 팅 받는다고 생각하면 편하다.

어느 나라에 거주해야 하는 이유에 해당하는 범주에는 우선 결 혼, 입양, 종교, 망명, 난민 구제, 유학, 취업, 사업 등이 있다. 적어 도 이런 일들은 그 나라에 거주해야만 하는 일이다. 북유럽 국가 들은 거주의 권리를 허용한다.

일부 독자들은 이민국과 비이민국을 혼돈한다. 이민국은 이민법 의 규정 아래 외국인들을 이민이라는 통로로 계속 받아들이는 나 라이다. 대표적으로 미국, 캐나다, 호주, 뉴질랜드, 영국 등이 있다. 비이민국은 이민을 안 받는다는 것이 아니다. 영구 거주할 권리를 한 번에 주지 않고 필요에 따라 거주권이나 단기 영주권을 준다. 그러다 일정 기간이 지나면 영구 영주권으로 바꾸어 주는 나라이다. 대부분 유럽과 북유럽, 아시아 나라들이 비이민국에 속한다.

북유럽 이민과 이민국들의 이민이 서로 다른 점은 이민 신청자를 점수로 평가하지 않는다는 것이다. 자산이 얼마 이상이면 몇 점, 언어를 잘하면 몇 점, 나이가 어리면 몇 점 등으로 이민 신청자를 점수화하는 방식을 말한다. 북유럽 국가들은 합계가 몇 점 이상이면 이민 신청을 받아들이는 정책을 펴지 않는다. 신청자의 능력에 따라 결정되는 이민은 차별적이어서 북유럽의 평등 정신에 위배된다.

미국이나 영국의 이민 자격을 보면 공공연히 투자 이민이란 카테고리가 있다. 최소 약 5억 원부터 자산 손실 면에서 보다 안정적인 10억 원 정도의 금액을 정부가 운용하는 투자처에 투자한 후 이민을 받는 카테고리이다. 소위 부자가 이민하는 방법이라 아시아의 자산가들이 애용하고 있다. 북유럽이나 유럽 국가들은 속물 취급을 하지만 정작 미국의 눈으로는 아무렇지도 않다. 자본주의 관점에서 대규모 자산 투자를 미국에 하였으면 대가를 주어야 하는 것은 너무나 당연하기 때문이다.

비슷한 예로 소액 투자라는 카테고리는 지역, 업종에 따라 투자를 증명하는 액수가 모두 다르다. 신청자의 국적에 따라 판단하는 눈높이도 다르다. 이민 신청자가 많은 나라일수록, 대도시일수록 투자 액수가 커지며, 허용되는 확률 역시 높아짐은 당연하다. 그럼에도 이 카테고리는 이민으로 이어지지 않는 비이민 비자이다. 평생 투자하여 수익을 올릴 수도 있지만 영구 영주권

Cecilia Larsson Lantz, imagebank.sweden.se

이라는 기회는 주어지지 않는다.

북유럽은 이민 이유를 설명하는 것만으로도 가능하다. 북유럽의 중심국 스웨덴의 이민 항목을 보면 개인 사업 분야를 통해 이민 신청이 가능하다. 700년 넘게 스웨덴과 역사를 함께한 핀란드도 마찬가지이다. 노르웨이도 그렇다.

다만 덴마크는 조금 다르다. 최근 개정된 이민법에서 새롭게 이민 점수제를 도입했다. 정확히 말하면 캐나다나 호주에서 시행하는 이민 요구 항목을 만들어 이민 신청인의 점수를 합하여 결정을 내리는 방식이다. 북유럽의 관점을 위배하는 방식같이 보인다. 하지만 역사상 우수하고 능력 있는 무역상으로서의 덴마크를 이해한다면 충분히 그럴 만도 하다고 생각한다.

아이슬란드는 불행히도 개인 사업 분야가 없다. 회사가 그리 많지 않은 이유도 있지만, 신청자가 몰릴 만한 매력이 아직 없어서이기도 하다. 만일 필요하다면 기꺼이 아이슬란드도 서류 심사를 해주리라 믿는다.

유학 후 취업

대부분 유학이나 취업, 사업 같은 개인 결정으로 이민을 생각할 것이다. 북유럽 나라들은 모두 복지를 바탕으로 하는 사회로 이루어져 있다. 학비가 무료이거나 다른 나라에 비해 저렴하다는 의미이다. 덴마크, 스웨덴에서는 EU 국가 출신이 아닌 한 무료 혜택을 기대할 순 없지만, 미국이나 다른 국가에 비해 학비는 저렴하다. 과거에는 다른 나라 학생들 모두에게 무료인 적이 있었으나 지금은 그렇지 않다.

유학을 결심했다면 각 학과에 따라 넓게 주어지는 장학 제도에 주시할 필요가 있다. 나의 유학 경험을 보면 선진국일수록 장학 제도가 다양하고 신청도 쉽다. 단순히 성적으로만 장학생을 선발하는 것이 아니라 출신, 학과, 봉사, 경력 등에 의해서도 장학생을 뽑는다. 특정한 나라 출신만을 위한 장학 제도도 있다. 오로지 신청자의 넓은 눈과 정보력이 가장 중요하다.

노르웨이나 핀란드, 아이슬란드는 아직까지도 대학 교육에 학비를 내지 않는다. EU 내의 학생이 아닐지라도 동일하다. 북유럽 대학의 학사, 석사, 박사 학위는 대부분 각 3년으로 교육 과정이 마련되어 있다. 북유럽 대학들은 과거부터 존재해 온 역사 속의 상징이다. 왕권을 존중하는 덴마크, 노르웨이, 스웨덴은 왕립 학교를 비롯해 특정 왕의 이름으로 된 학교들이 많다. 한국 유학생들이 많이 찾는 학과는 예술, 공학, 사회학, 언어학 등이다. 특히 디자인이나 미술 관련 학과나 해양, IT, 조선, 환경, 건축 등의 학과는 매우 우수하고 세계적인 경쟁력이 있다.

핀란드와 스웨덴의 경우 유학을 마치면 자국민과 동등한 권리로 취업할 수 있다. 북유럽 국가들은 사회민주주의 정책을 펴고 있다. 그에 따라 노동조합의 입김이 막강하고, 자국의 노동 인력을 보호하는 정책을 실시한다. 어느 직종에서 인력이 필요하면 북유럽 회사들은 먼저 자국 내의 구직 대기자 명단에서 찾고, 여의치 않으면 구인 광고를 내거나 인력 센터에 연락한다. 그것이 불가능하면 EU 내에서 같은 수고를 반복한다. 이후 세계로 넓혀 인력을 찾는다.

단계마다 노조는 이와 같은 사실을 알고 있으며, 실수가 있으면 다시 단계를 밟을 것을 회사에 요구한다. 이런 절차에 따라 머나먼 한국까지 북유럽의 구인 광고가 날아오기란 사실상 불가능하다. 관심 있는 독자들이 인터넷으로 볼 수 있는 아주 일부의 구인 광고들은 대부분 EU 내의 구직자를 위한 광고이다.

만약 해당 나라에서 정식 학위를 취득하면 자국민과 동등한 순위를 갖는다. 순위라고 이야기했지만 눈에 보이는 순위는 사실 없다. 다만 노조와 회사의 인사 관리 시스템에 걸릴 문제가 없다는 의미이다. 한국인이 같은 직종에 응시한다면 회사는 오랜 시간을 기다리라고 할 것이다. 결정 단계에 이르는 시간이 한국 시스템보다 느리기도 하지만, 위와 같은 절차를 밟기 때문이다.

보통 지역 구직 센터나 노동조합에 채용 의사를 알리면 2주에서 한 달의 시간이 걸린다. 그 후 자국 내의 구직 광고를 EU 내와 같이 내고 다시 한 달 정도의 시간이 걸린다. 적어도 한국 응시자는 두 달 후에나 심사 차례가 온다. 그때부터 두세 주가 더 소요되어 한국 응시자는 최소 석 달 동안 기다려야 한다.

외국인으로서 취업

북유럽인들의 가치는 좋은 학벌과 지식이 아니다. 현실주의자인 동시에 기능주의자인 북유럽인들은 자신이 좋아하며 평생 할 수 있는 일을 찾는다. 만일 학위를 요구하는 일이라면 기꺼이 대학에 가고, 아니면 고등학교 졸업 후 바로 시작한다. 관리자 자리로 승진하기 위해 학위가 필요하면 야간 대학에 다닌다.

북유럽인들은 공부에 나이나 시기를 따지지 않는다. 내게 필요하다면 해야 하는 또 다른 일이다. 일단 어느 길로 들어선 직업인들은 전문가라고 봐도 무방하다. 단지 돈을 벌기 위해 일을 평생 하는 것으로는 도저히 보이지 않는다. 고등학교를 마치고 임시 아르바이트로 시작해서 팀장이 되고, 야간 대학을 졸업하여 관리자가 되고, 다시 이사나 부사장으로 승진하는 과정이 전혀 이상하지 않다. 북유럽에서 대학 자격을 요구하는 직종이라면 이미 고등학교를 졸업하고 경력을 쌓다가 야간 대학을 마친 지원자들이 찾는 자리일 수도 있다.

북유럽 기업들은 세계적으로 알려진 기업들이 많다. 과거 조용하고 천천히 자신의 일을 즐기던 전통 가치로는 더 이상 발전하기 힘들다는 사실을 북유럽 회사들은 깨달았다. 이제는 외국과의 관계나 새로운 프로젝트에 관심을 갖는다. 덴마크가 이민 정책을 일부 펴고 있는 이유도 같은 맥락이다. 북유럽 대기업들은 이미 해외의 우수한 인력들을 고용하기 위해 노력하고 있다. 기회를 잡기가 아주 어려운 일만은 아니다. 꾸준한 관심과 약간의 외국어 실력만 있으면 된다.

북유럽뿐 아니라 서구 문화권의 기업은 오픈하여 항시 채용을 한다. 대기 명단도 따로 마련된 곳이 많다. 원하는 회사에 미리 응시를 해 놓고 기다린다는 말이다. 회사에 연락하여 혹시 비어 있는 자리가 없는지 직접 물어본다. 혹시 있을 경우를 대비하여 미리 요구 사항을 알아보는 것은 너무나 자연스럽다.

인사 담당자도 결국 같은 동료이고 감정을 가진 사람이다. 구직자가 친절과 관심으로 정보를 요청하면 기꺼이 기쁜 마음으로 응대한다. 가끔 재확인을 한다면 근면함과 열정을 보여 줄 수 있다. 나중에 기회가 오면 당연히 유리하게 작용한다. 무뚝뚝해 보이는 북유럽인이지만 자신을 솔직하게 표현하는 행동을 존중하며 무척 좋아한다. 그런 면에서 어느 회사나 자신이 채용을 원하는 이유와 열정, 경험 등을 솔직하게 표현한다면 기회는 반드시 올 것이다.

주로 외국인을 고용하는 회사들은 자신들에게 부족한 활동성과 정열적인 모습을 구직자가 갖고 있길 바란다. 서로 다른 면을 이해하고, 다른 조건에서 회사를 이끌 인재를 원한다. 거기에 가장 필요한 것은 외국어이다.

북유럽 언어는 적어도 한두 개의 외국어에 익숙하면 배우기에 어렵지 않다. 사실 핀란드어는 단어의 격에 있어서 여러 개로 나뉘는 복잡한 구조를 가진다. 러시아어와 함께 가장 배우기 어려운 언어라고도 한다. 스웨덴어나 비슷한 구조의 노르웨이어는 익숙하게 듣지 못한 언어란 점에선 여전히 낯설다. 북유럽 국가가

Miriam Preis, imagebank.sweden.se

각자의 언어를 가진다는 점에서 공부하기에 맥이 빠지기도 한다.

방법이 있다. 다행히도 북유럽 나라들은 영어에 능숙하고 항상 관심 있어 한다. 과거부터 미국이나 영국에서 유학한 사람이 많고, 아직도 영어로 된 방송을 그대로 내보낸다. 북유럽인에게 능숙한 영어는 무척 당연하며, 오히려 영어를 자국어보다 더 쓸 때도 있다. 따라서 우선 영어에 능숙할 필요가 있다. 영어를 바탕으로 자신이 원하는 직종과 회사에 꾸준히 연락을 취해 보도록 한다.

사업과 기타 항목

이 항목은 특히 유심히 보아야 한다. 취업이 아닌 이상, 사실 사업으로 북유럽에 정착하는 길만이 일반인으로서는 유일한 방법일 수도 있다. 북유럽 국가들은 이민 희망자에게 개인 사업을 할 기회를 주고 있다. 다만 사회 공헌을 먼저 감안할 것이고, 사업 가능성이 있는지, 그래서 세금을 충분히 납부할 수 있는지 판단할 것이다. 자국 문화와 충돌을 일으키지 않고 더욱 발전시킬 독창적인 아이디어나 첨단 기술, 또는 고유 문화를 이용하는 사업을 선호한다.

덴마크나 노르웨이는 개인 사업을 희망하는 사람들에게 개인 사업 비자를 부여한다. 다만 덴마크는 기술이나 독특한 아이디어가 가미된 회사 형태를 선호한다. 식당, 커피숍 등의 단순한 사업은 거부되기 쉽다.

최근 덴마크는 이민을 확대하는 추세이다. 이민 심사를 통하여 개인이나 가족을 점수화하여 심사한다. 기술직 같은 특수 업종을 물론 선호하고 고유문화 관련 직종도 포함한다. 대기업 임직원이나 고액 연봉자의 취업도 영주권 발급 대상자이다. 언어, 학력, 기술, 경력 등 여러 항목에서 점수를 모두 더하여 일정 점수 이상이면 영주권을 준다. 영주권은 단기 영주권으로 최장 4년짜리이다. 갱신을 거치는 동안 독립적인 사회생활을 하고 세금도 납부하여야 한다. 귀화나 영구 영주권을 받기 전까지는 심사가 계속된다.

노르웨이는 개인 사업 이민에 관해 두 가지로 문을 열어 놓고 있다. 하나는 해외에서 개인 사업을 등록하고 운영하는 상태에서 노르웨이 회사와 협업이나 계약의 이유로 들어오면 개인 사업 영주권을 주고 있다.

다른 하나는 장기 운영 계획을 가지고 노르웨이에서 운영할 예정인 개인 회사이다. 신청자가 직원의 한 사람으로 근무하면 영주권을 허용한다. 사업 자금과 생활비 계획을 요구하며, 일정 금액의 수입을 발생시켜야 영주권 자격이 유지된다. 일 년에 한 번 영주권은 갱신되고, 3년 후 영구 영주권을 준다.

그 외에는 연구원이나 최근에 대학 학위를 받은 학생을 위한 구직자 비자도 있다. 특정 직종에 한해 구직자에게 약 6개월간 체류 비자를 준다. 기간 중에 취업을 위해 노르웨이에서 생활하며 직장을 찾을 수 있다.

스웨덴과 핀란드는 거의 비슷한 법률 조항을 가지고 있다. 오랜 기간 같은 나라였기 때문에 상당히 비슷한 정서가 남아 있다. 두 나라에서는 개인 사업을 시작하려는 사람들에게 임시 영주권을 준다. 개인 사업이란 회사라는 법률적 형태를 갖추고 수익을 발생시킬 수 있는 일을 의미한다. 비영리 기관일 수도 있지만, 그럴 경우 어떻게 생활과 운영을 할지에 대한 계획을 포함하여야 한다. 어떤 업종이라는 제한은 없다. 심지어 그들의 오랜 전통대로 가정집에 차린 소규모 공방 규모의 사업도 기꺼이 환영할 것이다.

아무리 작은 사업이라도 계획과 자금은 반드시 필요하다. 자금은 지극히 상식선에서 요구되며, 가족이 동반한다면 가족 수대로 필요한 생활비를 산출하여 증빙 서류를 요청할 것이다. 회사도 마찬가지여서 운영에 필요한 첫 일 년치의 운영 자금을 증빙해야 한다.

자금 계획을 너무 부풀리거나 거짓으로 말해서는 안 된다. 자금 운용이나 세금에 관한 한 북유럽은 날카로울 정도로 치밀하다. 임시 영주권을 받고 1~2년 기간 중에 운용된 자금 기록은 모두 은행이나 회계사가 가지고 있으며 즉시 정부에 보고된다. 문제점이 발견되면 영주권 취소는 물론이고 무척 곤란한 일을 겪을 수도 있다. 자금에 대한 정직성이야말로 북유럽인들이 가장 당연하다고 생각하는 점이다.

아이슬란드는 유학과 취업 모두를 허용하지만 개인 사업은 인정치 않는다. 워낙 사업장의 숫자가 적기도 하거니와 국제화된 업무가 아직 별로 없다. 단기 노동직의 수요가 커서 계절에 따라

노르웨이나 덴마크 노동자들이 단기 취업을 하고 돌아가는 곳
이기도 하다.

북유럽 나라들은 지극히 상식적인 나라들이다. 법에 문제가 없
고 애정이 담긴 이야기라면 언제든 들을 준비가 되어 있다. 이민
법이나 이민국이라는 위엄 앞에 너무 주눅 들거나 비굴할 필요
가 절대 없다. 자신의 강점을 이해시키고, 조건을 솔직하게 물어
보는 자세가 중요하다. 스칸디나비아 속담 중에 '단 한 번'이란 말
이 있다. 잘못도 단 한 번이고, 요청도 단 한 번은 이해한다는 말
이다. 심지어 법을 어겼어도 단 한 번이라는 간곡한 요청이 받아
들여지기도 한다.

이해가 잘되지 않는
상황을 만나면 자신의
입장을 정직하고 솔직
하게 이민국 담당자나
대사관 직원에게 털
어 놓고 해답을 기다
려 보자. 어찌 보면 염
치없고 체면 구겨지는
듯이 보여도 북유럽인
들의 눈에는 도와주어
야 할 상대로 인식된
다. 어려운 사람을 만

↳ Henrik Trygg, imagebank.sweden.se

나면 절대 그냥 못 지나가는 사람들이다. 어쩌면 얼굴을 가까이 대고 조용하고 나지막한 목소리로 새로운 조항이나 대체할 서류를 알려 줄 것이다.

Tip

북유럽의
워킹 홀리데이

워킹 홀리데이Working Holiday는 각 나라의 규약에 따라 여행자와 학생들에게 일정 기간 체류하며 일을 할 수 있도록 하는 비자 제도이다. 얼마 동안 스스로 생활 가능하다는 자금 증명을 요구하고, 나라마다 취업 업종에 제한이 있다. 보통 나이와 기간에 제한이 있지만, 단기적으로 취업과 경험을 원하는 경우 비교적 간단한 서류 심사로 체류한다는 장점이 있다. 북유럽도 예외는 아니어서 우리나라는 각 나라들과 워킹 홀리데이 조약을 맺었다.

덴마크는 한국과 조약을 맺고 1년에 한해 입국을 허락한다. 덴마크는 타입 D의 비자를 발급한다. 나머지 쉥겐Schengen 조약국(유럽연합 가입국의 대부분)을 여행할 때는 180일 이내 90일간 체류 기간을 준다. 나이 제한은 18세 이상 30세 미만이다.

스웨덴은 호주와 뉴질랜드, 한국과 조약을 맺었다. 덴마크와 마찬가지로 타입 D의 1년 비자와 쉥겐 조약 규정을 지킨다. 18세에서 30세까지 신청할 수 있다.

노르웨이는 호주, 뉴질랜드, 일본에만 워킹 홀리데이를 허락하여 한국과는 관계가 없다. 핀란드도 호주와 뉴질랜드에만 허락한다.

아이슬란드는 워킹 홀리데이 제도가 없다.

워킹 홀리데이는 학생이나 막 사회생활을 시작한 사람들이 눈을 넓히고 실제 체험을 해보도록 특별히 만든 비자이다. 스웨덴에서는 한국에서 온 학생들이나 졸업생들을 심심찮게 보이며, 아르바이트와 직장을 구하는 일을 동시에 한다.

어느 나라에서 생활하든 구직에 가장 필요한 것은 자신감과 언어이다. 스웨덴어를 전공하거나 영어에 능통한 학생들은 우수한 능력과 지식을 바탕으로 별 어려움 없이 취업한다. 자신이 일할 환경과 회사를 직접 찾아보고 업무 환경을 미리 알아보는 것도 큰 장점이다. 회사 입장에서도 구직자를 직접 인터뷰하여 미리 인턴으로 채용한다는 장점이 있다. 젊거나 북유럽에서 취업하고 싶다면 반드시 도전해 볼 프로그램이다. 스웨덴과 덴마크만 실시하여 안타깝지만, 두 나라가 그만큼 국제화되었다는 의미이다.

취업에 성공하여 영주권을 받으면 EU 내의 모든 나라에 다시 도전할 수도 있다. 북유럽 기업에 한번 적응하고 애정을 가지면 사실 다른 나라 회사에 가긴 힘들다. 그만큼 평등과 수평적 구조를 갖는 회사를 찾기 힘들기 때문이다.

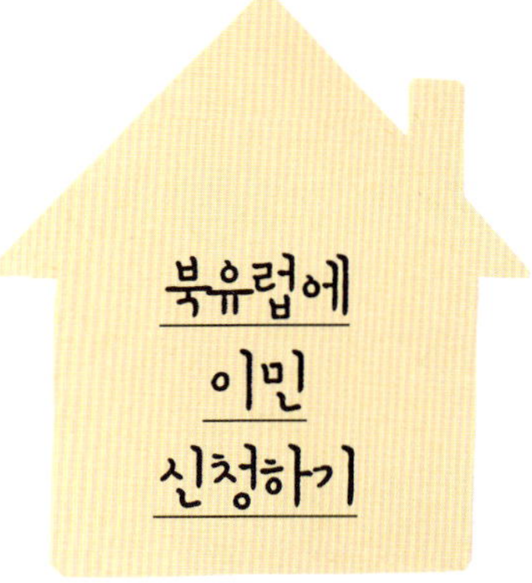

북유럽의 모든 나라들은 유학에 관한 아무런 제약도 없다. 원하는 학교나 교육 기관에서 허락한 입학 예정서를 비자 신청서와 함께 각국 대사관에 제출하면 된다. 나라에 따라 최종 학교 졸업장이나 간단한 소개서를 요구하기도 하지만 대체로 무난하다고 생각하면 된다.

덴마크와 스웨덴은 유학생에게 저렴한 학비를 받으며, 노르웨이와 핀란드, 아이슬란드는 이마저도 없다. 학과와 교육의 질을 따져 보면 상당히 우수하고, 특정 학과는 세계적인 경쟁력마저 갖추고 있어서 한국에서 아직 주목을 못 받는 것이 이상할 정도다.

다음 이야기는 유학 외의 이민 방법인 일반적인 취업과 사업 이민에 관한 내용이다. 각 나라의 조건과 정책들은 수시로 바뀐다. 이민을 예정하는 시기에 맞춰 어느 조건에 해당하는지 반드시 확인해야 한다.

덴마크

덴마크는 최근 일반 이민국과 비슷한 정책을 보이고 있다. 북유럽에서는 처음이라고 할 수 있어 많은 사람들이 관심을 갖는다. 덴마크의 그린 카드 프로그램은 세 가지로 나뉘어 구분된다. 고액 연봉자 부문, 대기업 부문, 일반 영주권 부문이다.

고액 연봉자란 덴마크에서 취업하여 연봉 375,000크로네(한화 약 6천4백만 원) 이상의 소득을 올릴 예정인 사람을 말한다. 세금 전 액수이며 고용 계약서에 금액이 명시되어야 한다. 신청서와 함께 고용 계약서를 이민국이나 대사관에 제출하면 된다. 보통 4년 기간을 주고, 계속 고용 계약을 하는 한 영주권 기간은 무기한으로 연장된다.

대기업 부문은 덴마크 회사가 국제적으로 인력을

덴마크 국기

고용, 전보, 교육, 파견을 쉽게 하도록 만든 정책이다. 덴마크 회사는 일정 규모의 자격이 있으면 '승인'을 미리 받고 해외 인력을 받아들일 수 있다. 영주권 기간은 무기한이다.

일반 영주권은 덴마크에서 취업을 원하는 경우 미리 덴마크에서 생활하며 더 익숙해질 수 있도록 시행하는 정책이다. 거주 기간 동안 생활비는 본인 부담이다. 일반 영주권을 받기 해서는 100점 이상의 점수를 받아야 한다. 교육 정도, 언어, 실무 경험, 적응력, 나이 등에 따라 점수를 받는다.

교육 정도

- 학사 학위 : 30점
- 학사 학위와 1년 이내의 석사 학위 경력 : 50점
- 석사 학위 : 60점
- 박사 학위 : 80점

보너스 점수는 졸업한 학교가 세계 400위 이내의 대학이면 주어진다.

- Top 400 : 10점
- Top 200 : 15점
- Top 100 : 20점

덴마크가 현재 권장하는 직종은 30점의 가산점을 받는다. 2015년 6월 기준이며, 각 직업군으로 나뉘어 있다. 요구되는 학력은 비슷한 직종도 같이 적용된다.

덴마크 권장 직종 리스트

- **엔지니어**

기계, 생산, 건축, 환경, 에너지, 전기, IT(전문 학사)

- **의사, 치과 의사, 수의사**

의료 고문, 의사, 치과의, 상담의, 주치의(석사 + 덴마크 정부 허가)

- **건강, 보건**

외과 간호사, 마취 간호사, 일반 간호사, 건강 관리사, 방사선사, 임상병리사

(전문 학사 + 덴마크 정부 허가)

- **IT 및 통신**

IT 설계자, 프로그래머, 시스템 개발자, IT 컨설턴트(3년 이상의 IT 교육 수료)

- **고등학교, 전문대학, 문화 학교(한국의 특목고와 유사) 교직**

자연 과학 및 체육 교육, 인문학 및 창의 과목(석사 학위 + 덴마크 정부 허가)

- **교사**

중학교, 초등학교 교사(전문 학사 + 덴마크 정부 허가)

- **교육계**

유치원 교사, 사회복지사(전문 학사)

- **기타 전문직**

측량사, 약사, 변호사(석사 학위 + 덴마크 정부 허가)

회계사, 법률 카운슬러, 경제학자(석사 학위)

비즈니스 전문가, 재무금융 전문가, 사업 분석가(대학이나 비즈니스 스쿨에서 3

년 이상 수료)

- **건축, 건설**

건축 기술자, 건설 관리자(전문 학사)

언어는 가능한 언어에 따라 합산 점수를 준다. 스칸디나비아 언어와 그 외 언어로 나누어 각 영역 중 한 개의 언어만 인정한다. 덴마크어와 영어, 스웨덴어와 독일어 식으로 영역이 달라야 한다. 영어와 독일어, 덴마크어와 스웨덴어는 하나의 언어만 인정한다. 최대 두 개의 언어를 인정받는다.

- 덴마크어 능력 시험 레벨 1 : 5점
- 덴마크어 능력 시험 레벨 2 : 10점
- 덴마크어 능력 시험 레벨 3 : 20점
- 덴마크어 능력 평가 통과 : 40점

적응력은 덴마크에서 빠르게 적응이 가능할까를 심사한다.

- EU/EEA 국가나 스위스 내에서 1년 이상 고등 교육을 수료 : 5점
- EU/EEA 국가나 스위스 내에서 3년 이상 고등 교육을 수료 : 10점

- EU/EEA 국가나 스위스 내에서 연이어 1년 이상 합법적으로 거주하고 근무 : 5점
- EU/EEA 국가나 스위스 내에서 연이어 2년 이상 합법적으로 거주하고 근무 : 10점

추가로 덴마크어 능력 시험 레벨 2 이상이면 5점의 보너스가 있다.

요구 서류로는 여권 카피, 최종 학교 졸업 증명, 경력 증명, 언어

능력 증명, 은행 잔고 증명 등이다. 공식적인 수속 기간은 덴마크 권장 직종 취업, 고액 연봉자 부문, 연구원, 체육인 및 코치, 대기업 부문, 일반 영주권 부문, 그 외의 취업자는 약 1개월을 요구한다. 학생 비자, 보모 비자, 인턴 등은 약 2개월이 걸린다. 봉사자, 워킹 홀리데이, 영주권 연장 신청은 3개월이 소요된다.

그린 카드 프로그램 외에는 개인 사업 이민이 있다. 덴마크는 다른 북유럽 나라에 비해 규모가 있고 아이디어가 넘치는 사업을 선호한다. 이민에 관해 개방적인 정책을 펴는 덴마크는 개인 사업 이민에 호락호락해 보이지 않는다. 아예 단순한 식당이나 커피숍 등의 소액 비즈니스는 거부될 것이라고 공식적으로 명기하고 있다. 그렇다고 어떤 분야가 환영을 받는지 자세히 명시하고 있지는 않다. 그러나 덴마크도 다른 북유럽 국가들과 생각을 공유하고 있다. 문화 관련 사업, 비공해 사업, 덴마크 국익에 도움이 되거나 덴마크를 알리는 사업 등은 비교적 환영받을 것으로 본다.

인턴, 단기 취업, 워킹 홀리데이 등의 자세한 정보는 다음을 참조하기 바란다. 직접 서류 제출이나 수수료 납부도 가능하다.

덴마크 이민국 http://www.nyidanmark.dk/en-US/

노르웨이

노르웨이는 EU 가입국이 아니다. EU의 공통된 개념이 통용되는 곳이 아니란 의미로, 노르웨이만의 독자적인 이민 정책을 취하고 있다. 공식적인 이민이 없다는 사실도 포함된다. 혈연 관계, 결혼, 입양 등의 특수 상황 외에 허용된 이민 창구는 없다. 다만 노르웨이가 해양 강국인 만큼 해양 관련 업종에 취업하면 영주권을 허용한다. 해양 관련이란 선박 조종, 엔지니어, 도선사, 관제사, 항구 관리 인력 등을 포함한다.

그 외 단기 취업 부문이 있다. 해양 부문과 같이 비교적 쉽게 신청할 수 있는 업종들이다. 경험을 위하여 우선 노르웨이를 알아보고 싶다면 알맞으며, 후에 정식 취업을 하면 경력으로 인정된다. 단기 취업 업종은 삼림 관리, 농업 및 원예, 수산물 가공, 요식 서비스업, 관광 서비스업 등이다. 단순 기능직인 목수, 페인트공, 단순 무역업 등은 해당하지 않는다.

취업 이민에는 언어 관련 수업을 대학 수준 3년 이상 수학한 자로 대학 학위를 요구한다. 오랜 경력자는 학력을 보지 않으나 단지 한정된 분

↳ 노르웨이 국기

야에만 취업이 허용된다. 노르웨이 기업에서 고용 관련 서류와 신청서를 제출하면 된다. 따로 면허를 필요로 하는 보건, 의료 분야는 노르웨이 정부의 면허를 획득하여야 한다. 영주권은 1년에서 3년까지의 임시 영주권을 허용하고, 3년 후 영구 영주권이 발급된다.

노르웨이 기업의 해외 지사 근무자, 노르웨이 내의 기업과 장기 프로젝트를 위해 방문하는 해외 파견 근무자에게도 취업 영주권을 준다. 우수한 운동선수와 코치, 종교 지도자와 종교 관련 업종에도 영주권을 허용한다. 고유 음식 조리사에게도 영주권을 준다. 다만 경력 10년이 넘어야 하며, 호텔이나 식당에서 근무한다는 고용 계약이 있어야 한다.

개인 사업 이민에 관해 노르웨이는 두 가지로 문을 열어 놓고 있다. 하나는 해외에서 이미 개인 사업을 등록하고 운영하는 상태로, 노르웨이에 위치한 회사와 협업이나 계약을 필요로 할 때, 그리하여 노르웨이에서 회사를 운영하여야 할 때 개인 사업 명목으로 영주권을 준다.

다른 하나는 장기 운영 계획을 가지고 노르웨이에서 사업을 계획하며, 무한 책임을 갖는 개인 회사 형태를 요구한다. 주식회사는 허용하지 않는다. 사업체는 신청자가 직원으로 일하는 것을 포함하며, 다른 사업을 동시에 운영하는 것은 허용하지 않는다. 초기 사업 자금이나 생활비를 증명하여야 하며, 사업 수익은 적어도 세금 전 234,684크로네(한화 약 3천4백만 원)의 연 수익을 발생시켜야 한다. 영주권은 일 년에 한 번 갱신되고, 3년 후 영구 영주권으로 교체된다. 약 3개월의 수속 기간을 요구한다.

그 외 연구원 비자, 구직자 비자 등의 자세한 정보는 다음을 참고한다. 서류는 온라인으로 제출할 수 있다.

노르웨이 이민국 http://www.udi.no/en/

스웨덴

스웨덴은 북유럽에서 가장 국제화된 국가 중 하나로, 많은 외국인들이 고용된 나라이기도 하다. 핀란드와는 역사를 오랜 기간에 걸쳐 공유하여 일반적으로 법과 절차가 비슷하다. 이민에 관한 한 핀란드와 구분하여 전달코자 한다.

우선 스웨덴은 영주권이라는 Resident Permit이라는 말을 취업 이민에 쓰지 않는다. 스웨덴의 개념을 설명하자면 취업에 필요한 취업 허가 Work Permit가 영주권이 되지, 단지 거주하기 위한 영주권은 일과 관계가 없다는 것이다. 북유럽 특유의 이유와 결과에

↳ 스웨덴 국기

정확히 해당하는 사례이다. 나도 미국식으로 생각하여 이민국에 영주권을 문의하자 왜 영주권이 필요한지, 왜 스웨덴에 거주해야 하는지를 되물었다.

스웨덴 상식으로 보면 영주권은 단지 거주를 위한 서류이다. 영주권이 무엇을 해도 된다는 만능이 아니다. 더구나 스웨덴의 영주권이란 미국처럼 영구하지 않고, 북유럽 상식에 따라 일정 기간이 적힌 단기 영주권이다. 일정 기간 내에 계속 갱신하여 발급받는다. 그러다 나라에 따라 3년 또는 4년이 되면 영구한 영주권, 그야말로 미국식의 영주권Permanent Resident이 되는 것이다.

스웨덴의 취업 허가가 사실상 영주권 개념을 담고 있다고 보아야 한다. 취업을 위해서는 거주가 당연하기 때문이다. 실지로 취업 허가를 받으면 영주권 카드가 지급되며, 카드에는 '무슨 분야에 일하는'이라는 약간의 직업 정보가 기록되어 있다. 직장을 옮길 시 같은 분야라면 신고만 하면 되지만, 전혀 다른 분야라면 취업 허가를 다시 신청하여야 한다.

취업을 위하여 구비할 조건은 여권, 스웨덴 노동 규약에 의거하여 근로 조건을 충족시키는 취업 계약서, 임금이 월 13,000크로나(한화 약 200만 원)를 넘을 것, 근로자에게 건강·생활·고용 등의 보험을 제공하는 회사일 것 등이다. 취업 희망자에게 오히려 보호의 벽을 둘러 주는 느낌을 받는다. 스웨덴은 아직까지 박애와 평화 정신이 살아 있는 곳이고, 노동의 신성함을 강조한다. 취업 중에는 자국인과 똑같은 대우와 환경이 당연하다고 여긴다.

접수 방법은 취업에 동의한 회사에서 스웨덴 이민국에 신청자의 이름, 생년월일, 국적, 학력, 이메일 주소를 신고한다. 이메일 주소는 상당히 중요한데, 앞으로 이메일을 통하여 이민국과 서로 연락을 주고받기 때문이다. 약 15일 후 스웨덴 이민국에서 어떤 서류를 보내라는 이메일을 준다. 요구 서류는 온라인으로 작성하거나 종이로 출력하여 직접 작성해도 되며, 보통 다음과 같다.

- 신청서
- 여권 카피
- 동반자 여권 카피(동반자가 있을 경우)
- 결혼 증명서
- 가족 증명서, 출생 증명서(자녀가 있는 경우)
- 신청비 영수증

공식적으로 약 10개월의 시간이 소요되며, 취업 허가와 함께 영주권 카드를 발급하거나 스웨덴 입국 후 받게 된다. 만일 스웨덴 입국 시 비자가 필요한 국민이면 스웨덴 대사관에서 승인해 준다.

개인 사업 이민 신청은 상당히 간단하다. 비교적 개인 사업을 쉽게 유지하며 생활하는 사례를 몇 번 보았다. 스웨덴이 공방 중심의 작은 회사를 주로 운용하던 시절부터 사업에 관한 제약이 거의 없었다는 의미이다. 개인 주택에서 시작하여 세계적으로 유명해진 수많은 디자이너와 거대 기업들은 실용적으로 회사를 시작하고 운영하는 문화를 말해 준다.

개인 사업 이민에 무슨 거대한 자본이 투입되어야 하는 것으로 상상하지 않길 바란다. 얼마의 운영비가 필요하고, 생활비가 얼마나 필요할 것이라는 개념은 지극히 상식적이다. 이민국에서 신청자에게 물어볼 텐데, 너무 많은 자금을 소지하면 장점보다는 오해의 소지를 부를 우려가 있다. 스웨덴 이민국의 공식 입장은 스웨덴 내에서 개인 사업을 3개월 이상 하려는 신청자와 동반자에게 개인 사업을 하는 조건의 영주권을 발급한다. 요구 서류는 다음과 같다.

- 신청서
- 사업 계획서
- 현재 운영하는 회사나 관련 업계 내의 경력 증명
- 영어와 스웨덴어 능력 증명
- 신청자가 스웨덴 내 설립 회사의 지분을 50% 이상 소유한다는 증명
- 업종, 형태, 상품 등의 소개
- 신청자의 사업 추정 가능한 자금 및 생활비 증명

* 생활비는 신청자 20만 크로나(한화 약 3천만 원) 이상, 배우자는 10만 크로나(한화 약 천오백만 원), 자녀는 1인당 5만 크로나(한화 약 700만 원)

특히 2년간 신청자와 동반자가 생활이 가능하다는 사업 계획이 있으면 다음 서류도 요구한다.

- 사업용 은행 기록
- 사업 장부
- 회사의 납품, 구매 계약서
- 지난 2년간 세금 서류
- 학력 증명
- 직장 증명
- 사업자 등록증

그 외 단기 취업, 체육 특기자, 워킹 홀리데이 프로그램도 있다. 더욱 자세한 정보는 다음에서 참고한다.

스웨덴 이민국 http://www.migrationsverket.se/English/Private-individuals.html

핀란드

핀란드는 북유럽 내에서도 무척 간단히 서류 접수가 가능한 나라이다. 취업을 위한 영주권 서류 중 고용하는 회사가 작성하는 것이 있는데 역시나 무척 간단하다. 범죄 기록도 스스로 체크할 정도이다. 회사에서 제출하는 서류도 무슨 일로 언제부터 누구를 고용할 것이라는 비교적 간단한 작성으로 마무리된다. 위에서 스웨덴과 같은 상식을 공유한다고 하였으나, 스웨덴보다도 더욱 단

순한 서류를 요구한다.

이민국 웹사이트도 몇 번의 클릭으로 모든 정보를 얻도록 되어 있다. 모두 정직과 신용을 바탕에 깔고 있는 정책이다. 북유럽 나라들이 다 그렇지만, 특히 핀란드는 정직을 무척 중요하게 생각한다. 처음 이민 신청뿐 아니라 생활하는 모든 것이 그렇다. 요구 서류가 적고 간단한 만큼 신중하고 정직하게 작성해야 한다.

취업은 모든 분야에 걸쳐 가능하다. 특히 전문가들은 따로 취급될 만큼 대우가 좋다. 전문가 자격은 대학 학위가 필요한 업종이거나 매월 3천 유로(한화 약 400만 원) 이상의 임금이면 인정받는다. 전문가 취업은 일반 취업과는 다르게 신청서를 작성하여야 한다.

특이한 점은 핀란드 학위 소지자에 한하여 영주권을 연장하여 준다는 것이다. 기간은 명시되어 있지 않으나 자국에서 정규 교육을 마친 인재를 이용하겠다는 취지인 것이다. 취업 시 스웨덴과 마찬가지로 자국의 교육 이수자에게 자국민과 동등한 자격을 주는 것은 물론이고, 임시로 거주할 영주권도 준다. 이 시기에 일자리를 구하면 된다.

그 외 아래에 해당하는 직종은 취업 허가를 받을 필요 없이 영주권을 바로 신청하면 된다.

- 대기업의 중간 또는 고위 관리직
- 1년 미만의 계약에 의한 방문 교사, 강사, 컨설턴트
- 과학자, 문화 관련, 예술가
- 국제 조직 근무원
- 핀란드에 아직 없는 언론사의 직원
- 핀란드에 아직 없는 회사의 시장 조사원
- 핀란드에서 수입·수출 예정인 기계, 시설, 생산 관련으로 6개월 이상의 기간을 요하는 경우

취업 영주권은 신청 후 4개월의 수속 기간을 필요로 한다.

개인 사업도 간단히 신청할 수 있다. 하지만 핀란드는 온라인이나 우편 접수가 불가능하다. 정확히 말하면 이서비스E-Service라는 온라인 신청을 했다 하더라도 핀란드 국외에 있으면 반드시 핀란드 대사관을 방문해야 하며, 핀란드 내에 체류 시는 경찰서를 방문해야 한다. 여권과 사진을 반드시 지참하고, 원본 서류를 함께 제출한다. 다시 말해 온라인과 직접 방문으로 두 번 제출하며, 온라인으로 보낸 서류와 원본 서류는 동일해야 한다. 보통 바이오메트릭Biometric 정보라고 하는 지문 날인과 신상 정보를 입력한다.

서류는 두 단계로 심사한다. 사업 계획서, 계약서, 자금 서류 등을 바탕으로 사업 타당성과 추가 요구 서류는 없는지 판단한다. 승인되면 이민국으로 넘어가고 보통 A-Permit이라는 영주 허가가 승인된다. 개인 사업 이민의 요구 서류는 여권과 사업 계획서,

수익 예상 보고서이다.

　핀란드도 스웨덴과 마찬가지로 단기 취업, 체육 특기자, 워킹 홀리데이 프로그램을 운용한다. 자세한 정보는 다음을 참고바란다.

핀란드 이민국 http://www.migri.fi/frontpage

아이슬란드

아이슬란드는 유학과 취업을 허용하나, 개인 사업은 허용하지 않는다. 취업은 고용 계약서와 신청서를 제출하면 된다. 취업 영주권은 1년마다 갱신되는 단기 영주권이고, 4년이 되면 영구 영주권으로 교체된다.

아이슬란드 국기

아이슬란드 이민국 http://www.utl.is/index.php/en/?lang=en

↳ Helena Wahlman, imagebank.sweden.se

　공통된 상식과 문화를 공유하는 북유럽이라 할지라도 막상 자세한 이민 규정으로 들어가니 다른 규정들이 무척 많이 눈에 띄었다. 하나하나 모두 적자니 지면이 모자르고, 그렇다고 무시할 수도 없는 노릇이었다. 다시 말하지만 특정한 나라에 대한 정확한 정보는 공식적인 이민국 웹사이트를 방문하여 천천히 읽어 보기를 바란다.

북유럽 국가들이 기념하는 명절들은 오랜 역사를 거쳐 전해 내려오고 있다. 국민 다수가 기독교 신자인 북유럽 국가의 명절은 종교적인 기념일이 많다. 아래 나열하는 주요 명절들은 북유럽 국가들의 공통된 명절이다. 국가 전체가 종교적 의미를 떠나 축제의 장으로 즐기고, 가족과 함께하는 시간을 갖는 큰 행사들이다.

부활절Easter

예수가 죽은 지 사흘 만에 부활하였음을 기념하는 날이다. 북유럽에서는 매우 큰 국가 명절이다. 긴 겨울을 끝내고 모두들 쉬어 가는, 일 년 중 제일 긴 공식 연휴이다. 매년 춘분 후의 만월이 지난 다음 일요일이 부활절이다. 기독교적 의미를 떠나 길고 어두웠던 겨울이 끝나면서 낮이 길어지고 따스한 햇살을 즐기는 첫 휴가로 부활절 연휴를 즐긴다.

스웨덴과 핀란드 달력에는 부활절 전 금요일부터 월요일까지, 덴마크와 노르웨이는 하루가 더 많은 부활절 전 목요일부터 월요일까지 공휴일로 쉰다. 특히 노르웨이는 부활절 전 수요일 오후부터 다음 주 화요일까지 쉬는 사람들이 대부분이어서 북유럽 국가 중 제일 긴 연휴를 갖는다.

아이들은 이미 부활절을 기다리는 주간 내내 방학 기간이어서 부모들은 부활절 휴가를 오래전부터 계획한다. 각 국가마다 조금씩 다른 부활절 전통에 따라 집도 꾸미고, 아이들에게는 특별한 부활절 이벤트와 파티도 마련해 준다. 북유럽인들은 부활절에 자연으로 뛰어나와 봄이 오는 것을 기뻐하고 즐긴다.

하지|Midsummer

미드섬머는 일 년 중 낮이 가장 길다는 '하지'를 뜻한다. 유래는 예수보다 6개월 먼저 태어난 세례자 요한의 축일이지만, 북유럽에서는 종교적인 기념일이라기보다 한여름의 절정을 즐기는 축제일이다.

스웨덴과 핀란드는 6월 25일 전 세 번째 금요일과 토요일을 하지 연휴로 즐긴다. 덴마크와 노르웨이는 6월 23일로 정하여 한 주를 즐긴다. 대부분 일주일 동안 축제로 즐기기 때문에 나라마다 다른 기간은 큰 의미가 없다.

북유럽 국가들은 해가 지지 않는 하지의 백야에 본파이어Bonfire 라는 커다란

↳ Carolina Romare, imagebank.sweden.se

나무 장작불을 태우면서 풍요와 행운을 기원한다. 오래전 농경 사회부터 전해진 전통으로, 불길이 마을 액운을 모두 떨쳐 버리고 막아 준다고 믿는다. 스웨덴에서 하지를 보낸다면 다른 국가들보다 성대하고 다양한 축제를 구경할 수 있다.

북유럽 대다수는 하지 연휴 동안 가까운 고향이나 다른 나라로 휴가를 즐기러 떠난다. 일 년 중 가장 긴 백야의 하지는 한여름 밤 축제를 즐길 수 있어 북유럽에서는 가장 에너지 넘치는 명절이다.

성녀 루시아의 날 St. Lucia's Day

밤이 제일 길다는 12월 13일에 북유럽인들은 성녀 루시아를 노래하고, 성녀가 가져다준 빛으로 온 나라에 촛불을 밝힌다. '빛의 성녀'로 상징되는 성녀 루시아는 어둡고 긴 겨울을 보내는 북유럽인들에게 특별한 빛과 희망의 수호성인이다. 비록 공휴일은 아니지만 12월 13일에 북유럽 전체가 성녀 루시아로 하나가 된다. 하얀 드레스에 빨간 허리띠를 두르고 머리에 촛불 왕관을 쓴 '루시아'가 이끄는 행렬은 루시아 데이의 상징적인 전통이다.

성탄절 Christmas

12월에 접어들면 북유럽의 연말은 본격적으로 시작된다. 성탄절에 앞서 12월 1일 강림절 Advent을 알리며 창가마다 촛불을 밝힌다. 강림절은 예수 탄생을 기다리는 시기로, 성탄절 축제의 시작이기도 하다. 성탄절이 다가오는 한 주 전에 아이들은 겨울 방학을 맞이한다.

겨울 동안 흰 눈이 가득한 북유럽 설원 풍경은 다른 나라들처럼 특별히 요란한 성탄 장식이 없더라도 연하장 카드에 올려놓아도 좋은 한 폭의 그림이다. 산타클로스의 고향이기도 한 북유럽은 성탄절 전야에 가족들이 한자리에 모여 음식들로 가득한 정찬을 즐긴다. 덴마크에서는 구운 오리를 주 요리로 한 정찬을,

스웨덴과 핀란드는 스뫼르고스보드Smörgåsbord과 요울루푀이타Joulupöytä라고 불리는 뷔페식 정찬을, 노르웨이에서는 핀네쇠트Pinnekjøtt라 불리는 양고기 등으로 마련한 정찬을 준비한다. 기독교 신자가 대부분인 북유럽 국민들은 성탄 전야와 성탄 아침에 가족과 함께 교회를 찾으며 연말연시 휴가를 즐긴다.

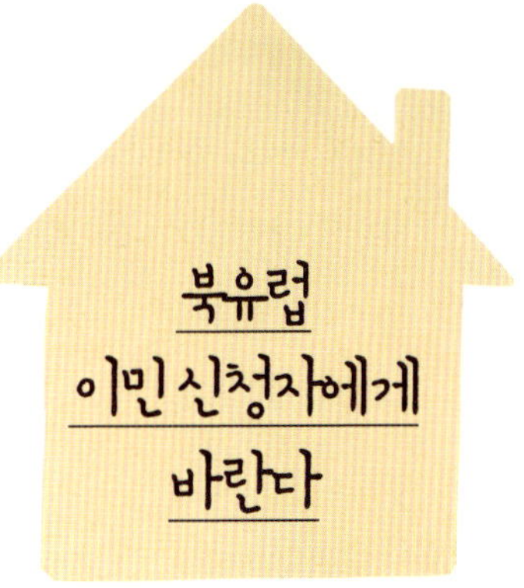

북유럽은 누구나 아는 나라이지만 어느 누구도 잘 알기 힘든 나라들이다. 그만큼 한국과는 많은 거리가 있어 잘못 알려진 것이 사실이다. 북유럽 입장에서는 당연한 것들이 이민자 입장에서는 이상하게 보인다. 한국 문화뿐 아니라 다른 서구 문화와도 다른 점이 있다.

나는 북유럽 문화를 빨리 이해하고 싶었다. 이민 생활의 실수담을 우스갯소리로 이야기하기에는 너무 오래 외지 생활을 했고, 무엇보다 북유럽 생활을 제대로 누리고 싶었기 때문이다. 이웃에 물어 가며, 책을 뒤져 가며 모은 정보들 중 가장 중요하다고 생각하는 것들을 적으려고 한다. 이민자들이 북유럽 문턱을 밟기 전에 미리 알고 왔으면 하는 것들이다. 하지만 결국에는 스스로 알아내고 느껴야 한다는 것을 아울러 전한다.

언어

언어는 서로 의사를 교환하는 데 효과적인 도구이다. 언어보다 더욱 효과적인 방법이 있다면 대신하고 싶을 때가 한두 번이 아니다. 특히 북유럽 5개국은 모두 다른 언어를 쓴다. 통용된다는 말과 고유 언어라는 말은 다르다. 핀란드에서는 스웨덴어가 공용어로 사용되고, 어느 때는 스웨덴어가 더 각광을 받던 시기가 있었다. 덴마크와 노르웨이, 스웨덴 언어들은 국경으로 가까이 갈수록 억양이나 발음이 비슷해진다. 언어학 측면에서 같은 고대 북독일어 계열인 까닭에 비슷한 단어들이 많고 공부하기에도 그리 어렵지 않다.

북유럽 국가들은 모두 영어 선호국이기도 하다. 제1외국어를 영어로 하는 것은 물론이고, 방송이나 언론에도 영어가 그대로 노출된다. 학교에서 의무적으로 영어를 교육하여 아주 나이가 많은 노인들이 아닌 한 전 국민이 영어를 잘한다고 생각해도 무방하다.

이민을 생각하는 모든 독자에게 반드시 한 개 이상의 언어에 능통할 것을 부탁한다. 언어는 단지 생각을 전달하는 도구 이상의 가치를 지닌다. 언어를 잘하는 방법은 열심히 공부하는 만큼 해당 나라의 문화에 익숙해지는 것이다. 그 나라 사람같이 생각하고 문화를 즐겨야 자연스럽게 언어가 따라온다.

다른 언어를 잘할 정도의 이해력이 생기면 눈이 넓어지고 이질감이 줄어든다. 이런 과정을 여러 번 거칠수록 다른 문화를 객관적이고 이성적으로 바라보는 능력이 생긴다. 이민자에게 가장 중요한 점은 자신이 세운 이민 목표를 꾸준하게 바라보며 생활할 수 있는 지속성이다. 끈기, 참을성 등도 훌륭한 조건이다. 매사에 이질감을 느끼거나 눈에 안 찬다면 아직 그 문화를 받아들이지 못했기 때문이다.

자산

항상 자산에 관한 질문을 듣는다. 얼마가 필요한가라는 질문이다. 누구를 기준으로 말해 주어야 하나. 한국식으로 몇 평짜리 집과 무슨 자동차를 굴리며 살려면 얼마가 있어야 한다고 얘기하기에는 나도 한국 실정을 잘 모른다.

공식적으로 북유럽 나라에서 개인 사업을 하기 위해 필요한 액수는 온 가족이 1~2년간 지낼 생활비, 사업체를 1~2년간 유지할 자금이다. 한 가족의 약 2년간 생활비는 대략 5천만 원에서 시작한다. 사업체 비용은 독자들이 상상하기 바란다. 중산층이 살기에 그리 모자라지도 않고, 그렇다고 사치도 아닌 금액이다. 생활비에 자신이 하고 싶은 사업의 액수를 더한 금액이 초기 사업 이민을 가기 위해 이민국에 제출해야 할 자금 증명이다.

학력 및 경력

북유럽 나라들은 대부분 무료 교육의 혜택을 받는다. 무료일 뿐 아니라 책값 등의 명목으로 돈을 받기도 한다. 3년 또는 4년 과정의 대학과 대학원은 무척 많이 진학하는 편이다. 기술직이라면 대부분 고등학교 졸업 후 바로 사회에 나간다. 대학에서 엔지니어링을 공부하는 학생들은 상당히 뜻이 있거나 사회 경험 후 다시 진학한 경우이다. 공학, 엔지니어링 계열을 비롯한 전 학과가 마찬가지이다.

반드시 필요에 의해 대학을 가기 때문에 나이나 경력은 입학에 전혀 제한이 없다. 사회에서 경력을 쌓고 중견 간부로 승진하기 위해 대학에 입학하는 고등학교 졸업 직장인이 무척 많다. 은퇴 후 다시 공부를 시작하는 사람도 있다. 따라서 직장인들은 자기 일에 관한 한 굉장한 전문가들이다. 학사 학위를 받으면 초급 전문가는 된다고 생각하며, 석사 학위를 받으면 해당 분야를 스스로 이끌 능력이 된다고 여긴다. 여기에 박사 학위는 연구와 개발로 스스로 분야를 개척하는 능력을 연상시킨다.

조용하고 되도록 필요 없는 말을 안 하는 북유럽인이지만 자신의 전공이나 관심 있는 분야가 나오면 수다쟁이가 될 정도로 열정적이다. 신청자들은 미리 북유럽인들의 교육이나 경험 등을 조사하여 솔직하고 정직하게 다가갈 필요가 있다. 취업이나 사업도 결국 사람과의 관계에서 이루어진다. 정직과 신용은 법이 아니더라도 반드시 지키는 덕목임을 생각하기 바란다.

　아주 일부를 제외하고는 북유럽의 영주권 신청은 국외에서 하도록 되어 있다. 부득이한 경우 자국 내에서 접수할 수 있지만 신청 방법 자체가 다르다. 신청 목적은 같아도 심사 절차가 다르다. 보다 까다롭거나 오래 걸리기도 한다.

　북유럽의 이민 심사는 다른 나라에 비해 오래 걸리지 않는다. 단지 한두 주인 아이슬란드에서 최장 10개월인 스웨덴이 있다. 보통 3개월 정도면 심사가 거의 마무리되는 게 보통이다. 그동안 국외에서 기다리며 혹시 있을지 모를 추가 서류에 대비하는 것이 좋다. 미비한 서류와 불확실한 설명으로 추가 질문을 받아서 심사 기간이 늘어나기보다 처음부터 정확하게 신청을 마무리하는 것이 최선이다.

시간 및 계획

　이민 절차는 단지 신청서 심사만 계산해서는 안 된다. 온 가족이 생활할 거처를 옮기는 큰일이라 그에 따른 준비가 무척 많다. 짐을 배로 운송하는 시간만 두 달이 훌쩍 넘는다. 집을 알아보고, 사업체를 준비하거나 정리하고, 학교 일정을 잡고, 은행과 관공서 일을 처리하다 보면 몇 달은 훌쩍 넘겨 버린다. 정확하고 치밀할 만큼 꼼꼼한 북유럽이지만 오랜 시간이 걸린다는 점을 항상 명심하자. 한국의 서비스 시스템과는 비교도 되지 않고, 미국의 시스템보다 오래 걸리기도 한다. 이민 계획 중에 시간 계산은 대단히 중요하다. 하나가 틀어지면 모든 계획이 늦어져 해외에서의 첫 발자국이 순조롭지 못할 수 있다.

이민을 결정하였으면 신청서 접수와 동시에 집과 자동차, 학교 등을 찾기 시작해야 한다. 시세와 지역 등은 이민 결정 전에 미리 알아보아야 한다. 집을 구하는 일이 이민 심사보다 어려울 것이다. 자주 이사를 가지 않는 북유럽인들이라 매매가 아닌 임대는 순식간에 나가 버릴 수 있어 항상 신경을 써야 한다. 다행히 거의 모든 북유럽은 학교 시스템이 한국과 같다. 성적표나 예방 접종표 등은 미리 받아 놓아야 한다.

이민이 쉽지 않은 결정임을 잘 알고 있다. 그만큼 용기와 결단

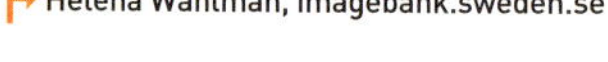
Helena Wahlman, imagebank.sweden.se

력이 필요한 일이다. 그렇다고 앞으로의 계획에 너무 신경 쓰다 보면 바로 앞의 일이 잘 안 보인다. 아무리 좋은 계획이나 꿈도 결국 가까운 당장의 일이 쌓여서 이루어진다는 사실을 명심하자. 이민 시작에서 가장 필요한 것은 안착Smooth landing이다.

북유럽 거주나 이민을 계획하다 보면 제일 먼저 떠오르는 일이 아마 자금일 것이다. 사업이나 투자를 계획하는 사람이든, 유학이나 취업으로 길을 정한 사람이든 마찬가지이다. 자금 계획은 지금까지 우리가 해 왔던 틀에서 크게 벗어나지 않는다. 평소 꼼꼼하게 지출 일지를 작성하는 습관을 가지고 있다면 해외 생활에서도 큰 도움을 얻는다.

머물게 될 지역의 물가는 한국과 다름을 미리 이해하여야 한다. 특정 상품에 치우친 소비 습관을 가지고 있다면 현지에서도 가능한지를 미리 알아보아야 한다. 수많은 초기 이민자들의 실수는 어이없게도 현지 물가가 싼 곳에서 발생한다. 자동차나 고급 브랜드가 한국보다 싼 곳에서 과소비로 인한 문제가 많다.

조금은 아이러니하지만 그만큼 해외에서는 자신의 습관과 생활 방식에 너그러워지는 경향이 있다. 적게 느껴지는 소비라도 시간이 흐르면서 눈덩이처럼 불어나 큰 문제가 되는 것을 많이 목격한다. 대략적인 지출 계획은 현지인이나 전문가에게 상의하는 것도 좋은 방법이다.

자금의 근거

이민 자금은 신청 시부터 필요하므로 미리 준비하였을 것이다. 자료는 생활비와 단기 정착비, 초기 사업 자금 등의 근거로 대사관에 제출되었을 것이다. 북유럽의 기본 상식은 정직이다. 개인이 가지고 있는 자금에 어떤 의심도 없다. 혹시 자금 서류가 누군가에게 단기로 빌린 자금이거나, 오랜 시일이 지나 이미 존재하지 않는 금액이라고는 누구도 생각하지 않는다. 만약 빌린 돈이라도 당연히 차용증을 쓰거나 계약에 의해 이자 지불을 약속한 자금이라고 생각한다. 친척은 물론이고, 부모 자식 간에도 당연한 것이다.

만에 하나 인터뷰에서 어떤 이유에 의해 좀 더 자세한 서류를 요청한다면 정직하고 당당하게 임해야 한다. 사소한 실수로 전체의 신용을 의심받는 일은 피해야 한다. 가장 중요한 원칙은 가용 자금에 대한 근거를 마련하는 것이다. 현재 자금을 100% 이용하지 못할 상태라면 언제, 어떤 이유로 가능해질지에 대한 계획을 아울러 준비하여야 한다. 자금에 대한 근거라 하면 '어떻게 마련하였지, 그것이 합법인지'이다. 국가에 신고가 된 서류를 첨부하고, 빌린 돈은 차용증과 이자 계획서를 첨부하여야 한다. 기록이 있으면 세계 대부분의 국가는 해외 자금의 반입, 반출에 관대하다.

보통 신용을 주는 자금 운용처는 일반 은행과 주식, 증권 등의 투자 계좌이다. 일반 은행에 보관된 현금은 문제가 없다. 부동산으로 자금을 증명해야 하면 해당 부동산의 평가 금액을 은행이 보증토록 하고, 일정 금액의 대출에 관해 승인을 미리 받도록 한다. 북유럽 대부분의 국가에서 사업 이민을 신청하는 자금 요건이 그렇게 많지 않으니 다행이라 생각한다.

소비 생활

이민이 승인되어 송금해야 하는 경우는 반드시 은행을 이용한다. 만일 본인 계좌가 준비되지 않았다면 회사나 친인척의 개인 구좌도 상관없다. 송금 내역은 상당히 확실한 근거로 송금자를 보호해 준다.

주택은 정착 초기에 가장 많은 금액을 감안해야 한다. 싱글은 상관없겠으나 가족과 함께하는 이민이라면 현지 사정에 따라 주택을 구입해야 할지, 그냥 월세 거주를 해야 할지 고민하게 된다. 한국 같은 전세는 존재하지 않는다. 월세도 한국에 비해 상당히 비싸게 느껴진다. 한국 개념으로 월세는 그냥 버리는 돈으로 이해되나, 재산세와 주택 보험 등의 유지비를 생각하면 터무니없게 월세 금액이 정해질 수는 없을 것이다.

아무리 현지 주택이 마음에 들고 싸더라도 처음 일 년은 무조건 월세를 권한다. 우선 아무리 현지를 잘 알아도 막상 살면 다르기 때문이다. 살다 보면 현지에 눈이 떠지면서 좋고 모자람이 더욱 잘 보이기 마련이다. 우리 가족은 아무리 이사를 다니면서도 이 원칙을 고집했고, 덕분에 집에 관한 고생을 덜 했다.

자동차도 현지를 고려하여 구입하기를 권한다. 북유럽의 '부족하지도 넘치지도 않게'의 전통은 외국인에게도 적용된다. 외국인이 자국 전통을 지키면 북유럽인은 존중을 보인다. 특히 덴마크는 분에 넘치는 차에 경멸적인 시선을 직접적으로 보내기도 한다.

이민의 시작은 어떤 사람이 공항에 마중 나오느냐에 따라 달라진다는 우스갯소리가 있다. 세탁소 주인이 마중 나오면 그의 생각과 사업을 그대로 따라 하기 쉽다는 의미이다. 허무맹랑해 보이지만 사실에 상당히 가깝다. 정착기에 각종 질문과 생활 방식을 배울 곳은 현지의 지인, 친인척, 친구, 종교 관련 이웃, 직장 동료 등이다. 이미 현지에 적응한 그들을 무조건 따라 하거나 무엇인가 배우려는 자세는 당연하다. 그들이라고 정답을 가지고 있지는 않다. 다만 조금 먼저 온 사람에 불과하다면 어떨까.

주택과 자동차는 할부나 월세로 구매한다 해도 가구나 생활용품 등에 쓸데없는 소비를 하는 경우도 많이 있다. 나중에 쓰겠지 하는 막연한 계획으로 구입한 덩치 큰 가구들, 한식 주방에서는

Iceland.is

일 년에 한 번 쓸까 말까 한 전기 기구들은 골칫거리이다. 들뜬 마음에 한국에선 하지도 않던 무리한 생활 계획도 일 년이 지나다 보면 왜 그랬을까 하는 후회로 밀려온다.

북유럽 생활은 가능한 적은 소유를 하고, 기능적으로 이용하는 것이다. 필요하면 빌려 쓰거나 중고 시장에서 싼값에 사면 된다. 새것, 유명한 것, 고급을 추구하는 사고를 버리길 바란다. 조금만 생각하여 주위에 물어보면 빌려 쓰라는 말은 물론이고 그냥 가져가라는 사람들로 넘친다. 빌려 사용하다 정말 필요하면 그때 질 좋은 제품들을 하나하나 구입하면 된다. 평생 쓰는 물건이 정말 많은 북유럽 주방은 이런 식으로 수십 년에 걸쳐 마련되었다.

반드시 필요한 소비라면 신경 써서 잘하라고 권하고 싶다. 가정에서 필요한 소비란 식품, 외식, 문화, 여행, 스포츠 등이다. 해외에서 적응하는 기간 동안에는 크건 작건 스트레스가 있기 마련이다. 학업이나 사업이 겹쳐지면 더욱 심해진다. 이때 개인과 가정의 윤활 작용은 음식과 여가 생활이 한다. 더욱 좋은 음식과 문화를 접하길 바란다. 음식과 문화는 현지를 빨리 이해하고 적응하는 데도 큰 역할을 한다.

북유럽이 다행인 점은 학비, 의료, 노후 등에 자금이 거의 필요 없다는 것이다. 자녀들이 방과 후에 특별한 수업을 듣기 원하여도 문제가 되지 않는다. 여행이나 스포츠 같은 여가 활동에 큰돈을 들이지 않아도 된다. 북유럽 각지를 찾아보면 캠핑장이나 스포츠 시설들이 넘쳐 나고, 상당히 저렴하게 이용할 수 있다.

북유럽 사람들이 생각하는 여가 활동은 가족과 같이 좋은 시간을 보내는 것이다. 그 목적에 충분히 부합되도록 각국 정부는 여가에 신경을 쓴다. 유명한 호텔이나 모든 시설이 한곳에 들어선 대형 리조트는 북유럽에 없다. 대신 지역마다 특색을 갖춰 문화 상품으로 내세우는 각종 페스티벌과 스포츠를 위한 시설은 참 많다. 예약은 필수이다.

자금 관리

도착 후 몇 달이 지나면 충분히 현지 정보가 쌓인다. 어디서 장을 보고, 대중교통을 어떻게 이용하고, 어디로 놀러 가야 할지 같은 정보도 쌓인다. 매월 또는 격월로 나오는 각종 공과금, 월세, 자동차 유지 비용, 식료품비, 의류비, 생활용품비 등 필수적인 소비에 대한 대략적인 지출을 알게 된다. 초보 이민자들은 자신의 계획보다 많은 지출을 하고 있다는 사실을 깨닫는다. 특히 주택 관련 지출이 크지만 어떻게 줄일 방법도 없어 고민에 빠진다.

결론부터 말하자면 '이미 때는 늦었다'이다. 자금 계획 단계에서 이미 하였어야 할 고민이거나, 무시하였던 결과이다. 지금 바로잡기에는 그만한 시간과 노력이 필요하다. 다행히 불편을 느끼지 않을 정도면 현지 정보를 충분히 공부하고 계획한 사람들이다. 스스로 칭찬을 해주길 바란다.

지출 정보는 아이템마다 하나의 파일에 저장하기를 권한다. 파일을 일 년 단위로 바꾸면 일 년에 한 박스의 파일 묶음이 생긴다. 나는 유학 시절부터 해 온 오랜 습관이고, 식구가 늘었어도 같은 방법을 고집한다. 간단히 언급해도 월세, 유류비, 전기, 수도, 전화, 모바일, 인터넷, 은행, 보험, 식품, 잡비 등의 파일이 만들어진다. 은행이나 보험은 다시 몇 개로 더 나뉜다.

합계는 컴퓨터 어플리케이션으로 입력하여 일 년에 한두 번 회계사와 세무 담당자에게 보낸다. 서구의 공식적인 서류 보관 기간은 7년이고, 10년 이후부터는 자동 폐기된다. 굳이 룰을 따르지 않더라도 몇 년의 자동차 리스, 일 년간의 월세 계약, 2년간의 모바일폰 계약 등은 상당히 중요한 서류들이다.

자료들이 한 달 후 한 장의 표로 만들어지고 자신의 소비가 한눈에 보이면 그때부터 줄일 곳이 보이기 시작한다. 어떤 항목은 나중에 세금 환급으로 돌려받을 수도 있다. 당연히 회계사나 세무 담당자가 잘 알겠지만, 그들이라고 박스에 뒤죽박죽 섞인 서류를 정리하며 정보를 걸러 내는 일이 기분 좋은 경험은 아닐 것이다. 전산으로 된 정보는 알기도 쉽고 일을 덜어 준다는 점에서 자신에게 유리한 세금 정보를 찾는 일로 돌아온다. 세금 환급과 미납 세금에 대한 계산이 즉시 가능하고 일 처리도 빨라진다.

서구와 북유럽은 한국과는 달리 재산 소유에 대한 세금이 무척 많다. 서구는 대개 공시 가격의 1%부터 일 년 세금이 책정되고, 지역이나 국가에 따라 더 높은 경우도 허다하다. 북유럽은 0.6%의 덴마크, 0.7%의 노르웨이, 0.75~2.2%의 스웨덴, 0.75~1.2%의 핀란드 등 모두 다르다. 건물과 재산에 의무 보험이 붙고, 대출을 받아 구입했다면 지불 보장을 하는 보험이 또 붙는다. 새로운 지역 개발에 붙는 개발 세금, 자연 보호 및 오염물 방지에 관한 세금, 의무적인 지역 규율에 따른 유지 비용 등을 합하면 한국 정서로 잘 이해가 되지 않을 정도로 유지비가 많이 든다.

북유럽은 큰 집을 구입하는 사람이 부자가 아니라 유지하는 사람이 부자이다. 한화 몇 억 원의 주택은 적어도 매년 몇 백만 원의 세금과 유지비가 필요하다. 만약 서울 강남의 20억 원짜리 아파트에 매년 3천만 원의 세금이 나온다면 무척 놀랄 것이다.

마찬가지로 자동차나 의류, 식료품은 현지 사정에 따라 무척 저렴할 수도, 구매가 아예 불가능할 수도 있다. 물보다 싼 유유나 계란, 버터 등이 있는가 하면 무, 배추 같은 한국식 채소는 북유럽에서 구매가 안 된다. 한국 식단을 식구 모두 고집한다면 북유럽에서 쓰는 식료품 비용은 한국보다 몇 배 더 들 것이다. 반대로 아예 비용이 안 드는 경우도 있어 초기에는 예측하기 힘들다.

이런저런 비용들이 정리되면 일정한 패턴이 만들어진다. 절약이 안 되는 항목과 일시적인 일로 지출한 항목 등이 보이고 계획한 항목도 보인다. 나는 일시적인 목적으로 지출한 항목을 가능한 줄이고, 고정 비용은 다른 장소로 이사 갈 때까지 신경 쓰지 않았다. 보통 고정 비용은 생활의 질에 직접적인 영향을 주므로 그 역시 스트레스가 되기 때문이다.

음식은 어떤 경우에도 제일 앞서는 문화 상품이다. 해외 생활, 심지어 간단한 해외여행 중에도 사람들은 음식에 민감하다. 아무리 경치가 좋고 놀라운 유적이 앞에 있어도 음식이 입에 맞지 않아 며칠 괴로움이 이어지면 그곳이 마음에 들지 않게 된다.

북유럽 생활을 시작할 때 식생활 환경은 관심거리 중 하나였다. 아직 여러 가지 먹거리를 다양하게 챙겨야 하는 아이들도 있었고, 원하는 재료를 맘껏 누리며 요리를 편하게 했던 미국에 비해 고충이 많으리라 생각했던 것이다. 생활은 처음이지만, 25년 전에 북유럽을 둘러보면서 느낀 제한적인 음식 환경이 걱정거리였다.

스웨덴 스톡홀름에서 생활을 시작하면서 25년 전과는 완전히 다른 별천지 북유럽을 만났다. 이곳 사람들은 EU 회원국이 된 후의 현상이라고 분석한다. 또한 인본주의를 바탕으로 난민과 망명을 세계에서 제일 많이 받아 주는 스웨덴 정책으로 예전보다 훨씬 다양한 인종을 만나게 되었다. 25년 전만 해도 거리에 나가면 까만 머리인 나를 다들 주목하는 분위기였다. 사람들 마음도 훨씬 개방적이고, 이민이나 망명, 난민을 통해 들어온 다양한 문화가 섞이는 중이다. 북유럽의 변화는 20년 전 미국 생활을 시작하던 때로 돌아간 느낌도 들게 한다.

다양해진 생활 변화가 드러나는 첫 번째는 언제나 식생활이다. 식품법이 세계에서 가장 까다로운 북유럽에서 미국식 크림 도넛, 오레오 쿠키 등을 과거에는 찾기 힘들었다. 현재 북유럽은 놀랍게도 미국화 현상이 곳곳에 나타나고 있다. 동시에 난민으로 왔던 중동인들을 통한 음식 문화도 활발히 유입되고 있다.

그렇다면 아시아 음식은 어떠한지가 나에게는 중요한 이슈였다. 북유럽에 제일 먼저 발을 디딘 아시아 국가는 흥미롭게도 태국이다. 정치적, 문화적 교류를 통해 태국인과의 결혼이 많아졌다. 결혼을 통해 먼저 이민 왔던 태국인들이 기반을 잡았다. 현재 어떤 스타일의 아시아 식당이든 대부분 태국인이 경영하는 이유이다.

특별 이민 제휴로 예전부터 많은 일본인이 들어왔지만, 활발하지 못한 성향 때문인지 아직 일본 문화는 크게 눈에 띄지 않는다. 태국을 배경 삼아 동남아인들의 진출 기회가 많아졌고, 2000년대에 들어서면서 해외 이민에 발이 넓은 중국인들의 진출도 빨라지고 있다. 한국은 결혼과 입양 이외에 근래 들어 유학생, 주재원, 계획 이민 사례가 늘고 있다.

다양한 아시아인들이 진출하면서 아시아 식당들은 많아졌지만, 대부분 메뉴가 섞여 있다. 아직 전문화된 식당은 그리 많지 않다. 맛집 뒤지기를 좋아하는 내가 굉장히 애석해하는 점이다. 주로 태국식 식당에서 스시부터 중국 만두까지 전천후로 만들어 낸다. 그만큼 각각의 맛은 떨어진다.

주목할 부분은 현지인의 관심과 소비이다. 미국에 있는 아시아 식당들은 스시집을 제외하곤 주로 현지 교포들을 상대로 한다. 그곳에서 백인이 식사하면 주목을 받는다. 그만큼 각 음식들을 익히 잘 알지만 관심은 제한적이다. 이민 사회라도 다른 문화끼리는 서로 쉽게 받아들이지 못하는 미국의 단면이기도 하다. 북유럽인들은 생각보다 아시아 음식을 적극적으로 좋아한다. 태국 음식은 이미 백인들의 일상 외식 메뉴 중 하나가 되었다. 인도식 카레와 중동식 음식도 인기가 높다. 일식과 중식, 한식에도 열광하는데 아직 전문 식당이 많지가 않다.

미국과 다른 큰 차이는 이곳 사람들이 새로운 음식을 직접 만들어 먹기를 좋아한다는 것이다. 얼마 전 스웨덴 지인이 한식이 좋아서 한식 요리책을 샀다고 보여 주었다. 집에서 만들어 먹고 싶어 하는 열정으로 구입한 것이다. 아시아 음식 레시피가 소개되면서 자연스럽게 요리를 만드는 각종 재료도 현지 마켓에 등장하기 시작했다. 일본식 간장을 동네 마켓에서 발견하고 놀랍고 신기했다. 기대도 못 한 일이었다. 한동안 아시아 전문 상점에서 구하고 있었기 때문이다. 간장을 발견하고 나니 한국어로 분명하게 '곰'이라고 적힌 빵가루 봉지도 보였다. 삼립식품 제품을 수입해 온 한국산이었다. 그 밖에도 다양한 중국, 동남아 소스와 가공 통조림들이 즐비하여 요리를 한층 편하게 해주었다.

북유럽 현지인들이 구매하는 아시아 제품들을 조사해 보니 놀랍게도 현지인이 제조하고 수입하는 것이었다. 미국처럼 현지 교포가 본토 음식을 상품화하여 어렵게 이민 생활에서 성공한 케이스가 아니었다.

스웨덴 현지에서 팔리는 제품 중 눈에 띄는 두 가지 브랜드는 미시즈 쳉Mrs. Cheng's과 리스베리 임포트Risberg Import이다. 미시즈 쳉은 20개가 넘는 식품 브랜드를 소유한 북유럽 최대 식품 회사 오르클라 푸즈 스베리예Orkla Foods Sverige의 브랜드이다. 오랜 역사를 지닌 전통의 북유럽 식품 회사가 직접 아시아 식품 제조에 뛰어들었다는 점이 매우 흥미롭다. 마치 케첩으로 유명한 미국 회사 하인즈Heinz가 직접 간장을 제조하는 것과 같은 획기적인 발상이다.

리스베리란 회사도 재미있다. 비욘 리스베리Björn Risberg가 30년 전에 창업하여 꾸준히 아시아의 맛을 찾아 북유럽에 소개하고 있다. 그의 이름 비욘이 스웨덴어로 동물 '곰'이란 뜻이다. 리스베리가 한국에서 수입한 제품에는 한글로 '곰', 중국에서 수입한 제품에는 한자로 '熊'을 표기한다. 그 전략은 나에게도 맞아떨어졌다. 마켓에서 '곰'이란 한글을 보고 너무 반가워서 바로 제품을 구매한 것이다.

한국 라면도 북유럽에 들어오고 있다. 삼양 라면이 직접 북유럽 수출용으로 판매되고 있는데, 아쉬운 점은 현지인들이 원하는 라면 맛을 충분히 연구하지 않은 점이다. 반가운 마음에 종류별로 맛을 보았지만, 한국인이 늘 먹는 삼양 라면을 기대하면 절대로 안 된다. 미국 현지에서 생산되는 '이치방Ichiban 라면'처럼 종잡을 수 없는 맛이다. 느끼하고 밋밋한 국물과 뻣뻣한 국수여서 본래의 질 좋고 맛있는 장점을 왜 살리지 않았을까 답답했다.

북유럽인들은 한국의 진짜 라면 맛을 좋아한다. 매운맛도 중독성이 있다며 즐긴다. 김치도 한번 맛을 보면 완전히 매료된다. 이곳에서 리스베리가 수입한 '이금기Lee Kum Kee' 회사의 핫소스가 사랑받는 현상을 보아도 알 수 있다.

얼마 전 스웨덴 유명 쇼핑센터에 비빔밥 전문점이 문을 열었다. 비빔밥은 한식 메뉴 중에 북유럽에서 제일 사랑받는 메뉴이다. 각자 기호와 취향대로 소스 농도와 재료를 구성하여 먹을 수 있기 때문이다. 새로 문을 연 비빔밥 전문점도 각자 골라서 만들어 먹는 아이템으로 중점 개발하여 사랑받고 있다.

아시아의 다양한 음식은 이제 북유럽에서도 큰 주목을 받으며 하루가 다르게 영향력이 커져 가고 있다. 한식을 알고 싶어 하고 먹고 싶어 하는 이곳 사람들의 관심에 좀 더 마음을 쏟아서 개발한다면 무궁무진한 기회가 펼쳐질 것이다. 북유럽인들이 직접 재료를 찾아 만드는 열정을 보면 한국인들이 성의 있게 응답해 주어야 하지 않을까 싶다. 대한민국 요리계와 식품계에서 희망 있는 도전을 북유럽에서 펼쳐 보길 기대해 본다.

외국 생활을 위한 여러 도전 중 가장 스트레스를 주는 도전이 집 구하기일 것이다. 아이들이 함께 있는 가족이라면 더욱 신중해질 수밖에 없다. 나의 경험을 바탕으로 스웨덴을 예로 들어 이야기해 보도록 하겠다.

스웨덴은 사회민주주의 국가이다. 구매가 아닌 임대 주택은 개인 임대, 일반 임대로 나뉜다. 일반 임대는 정부의 주택 조합으로부터 살아도 된다는 권리를 갖는 것이다. 주택 구매도 마찬가지로 '그 집에서 살아도 된다는 권리'를 구매하는 것이다. 권리라 해도 자기 집이나 마찬가지지만 '개념'적으로 국가 소유라고 생각하면 된다.

북유럽 스웨덴에는 싸고 좋은 집이 있다. 아무리 부자 동네라도 공공 아파트를 건축해야 하는 의무가 있다. 최고 부자 동네도 저소득층 임대 아파트가 있다는 말이다. 대신 들어가기는 무척이나 힘들다. 누구나 원하기 때문이다. 개인이 빌려주는 집에 비해 30% 이상 싸서 누구나 신청하기에 오랜 시간이 걸려야 순위가 돌아온다. 짧아도 몇 년, 길게는 십 년 이상 걸리는 집도 있다.

- http://www.blocket.se/
- http://www.studentlya.nu//
- http://bostadsportal.se/
- http://akelius.se/websida/index.asp
- http://bovision.se/
- http://www.bostaddirekt.com/

어쩔 수 없이 개인 임대를 찾게 된다. 집이 개인 소유라면 임대는 문제가 없다. 다만 어떤 사유로든 2년 이상 같은 공간에서 거주하면 거주자는 소유권을 요구할 수 있다. 쉽게 말해 집을 구해서 2년 넘게 살면 그냥 내 집이 된다. 당연히 2년 계약은 없다. 1년 6개월도 좀 애매하다. 세입자가 이 핑계, 저 핑계로 몇 달을 안 나가고 버티다가 시간이 갈 수도 있어서 보통 1년 임대가 가장 많다.

일반 임대, 즉 정부 주택은 재임대 자체가 불법이다. 알려지면 세입자는 강제 퇴거 명령을 받고, 원래 세입자는 거주 권리를 박탈당하는 처분을 받기도 한다. 염두에 꼭 두어야 할 항목이다. 다음은 스웨덴에서 생각해야 할 사항들이다.

- **치안** : 미국처럼 생명까지 걸고 지켜야 하는 건 아니다. 치안은 대체로 한국보다 좋으며, 총기는 규제한다.
- **이웃** : 스웨덴은 이민을 공식적으로 받지 않는다. 생활해야 할 이유가 있으면 허락해 주는 것에 불과하다. 대부분의 외국인은 두 종류이다. 합법적인 직장이나 노동을 위해 왔거나 잠시 머무는 경우, 두 번째는 망명이다. 망명이라고 정치적인 이유로만 연결하지 말길 바란다. 박애주의 북유럽은 굶어 죽어 가는 나라에서의 망명도 받는다.
  문제는 교육이 부족하여 문화적인 이해나 언어, 양보, 사회의식, 질서, 예의 등이 존재하지 않을 확률이 크다는 사실이다. 굶어 죽거나 처형된 가족사를 갖고 있는 사람들도 존재한다. 인간적으로 측은하고 이해해 주어야 하는 마음은 당연하지만, 자신의 이웃일 경우도 생각해 보길 바란다.
- **예산** : 사회민주주의 내에서도 자본은 역시 위대하다.

스웨덴은 적어도 1년 이상 임대를 하는 미국과 달리 단기 임대가 훨씬 성행한다. 한 달 내의 기간만 빌려주는 초단기 임대도 많다. 가구도 물론 포함해서이다. EU 가입국 사람들이 휴가나 방학 등의 이유로 돌아다녀서 가능한 현상이라 본다.

앞장에서 이야기했듯이 일정 기간 동안 생활하고 나면 지역이나 이웃에 눈이 떠진다. 가족이 어떤 생활 패턴을 가지고 있고,

어느 지역이나 무엇을 좋아하는지 알게 된다. 그에 따라 살 집과 지역을 선택하면 된다.

다행히 북유럽에는 바다, 호수, 강, 산 등이 골고루 섞여 있어 자연으로 둘러싸인 곳은 부지기수이다. 자신의 일이나 시간 사정이 괜찮다면 시내에서 좀 떨어진 지역에서 살아 보는 것도 나쁘지 않다. 한국 어느 시골의 풍경과 공기보다 좋으며, 분명 따뜻한 이웃을 만날 것이다.

북유럽에는 의외로 세계 제일을 자랑하는 산업이 꽤 있다. 대부분 경제 개발과 정책적인 결과라기보다 오랜 세월 북유럽의 환경, 생활 방식, 가치관에서 자연스레 다져 온 결과들이다. 그중 하나가 가구와 조명이다. 디자이너인 나로서는 가장 흥미진진한 분야이다.

한국이나 미국에서 살 때만 해도 북유럽 가구가 세련되고 독특하다는 감동만 느끼면서 그저 좋아하는 스타일로 머물러 있었다. 북유럽에서 직접 생활하다 보니 북유럽 가구가 재료, 실용성, 편안함 등에서 뛰어날 수밖에 없는 이유를 깨달았다. 이곳은 겨울이 길고 춥다. 짧아지는 낮 시간으로 점심만 먹고 나면 어둑어둑해진다. 대부분 자신의 공간에서 편안히 머무르며 하루 생활을 실내에서 즐기게 된다. 하루 중 많은 시간을 함께하는 가구는 생활 편리성과 안락함, 밖의 어둠에 맞설 시각적인 즐거움과 생기를 주어야 한다.

북유럽 가구는 소박하고 장식 없이 심플하다. 화려함은 오히려 마음을 지치게 한다. 북유럽인들은 엔도르핀이 돌 만한 기분 좋고 적절한 컬러 적용에 정말 뛰어나다. 감성을 적시는 따뜻함이 있다. 검소하고 실리를 추구하는 북유럽인들은 가구를 자랑거리나 물질적 투자로 여기지도 않는다. 그들은 자연에서 얻은 튼튼한 목재와 패브릭Fabric을 가지고 제일 적합하고 실용적인 가구를 만드는 것이다.

좋은 재료, 오랜 장인 정신을 바탕으로 한 견고한 품질, 세련되고 지루하지 않은 색상과 디자인, 사람을 편안하게 해주는 기능성, 환경을 최우선으로 생각하는 소재와 마감 처리까지, 모든 요소가 현재 세계 제일의 북유럽 가구를 있게 했다. 또 하나 덧붙이는 뛰어난 특징이 있다. 바로 모듈화 콘셉트다. 모듈러 시스템Modular System이라고 하는데, 컴퓨터 공학과 엔지니어링에서 시작된 모듈 개념이 북유럽의 실용적인 가구에 적용되었다.

모듈은 전체를 구성하는 파트Part의 개념과는 다르다. 각각의 모듈은 독립성을 지닌 하나의 완전체로써 더 큰 전체를 구성하는 연결성을 갖는다. 중요한 요소는 규격화Standardization인데, 전체 구성을 빠르고 정확하고 완벽하게 이루고 유지하며, 문제점을 쉽게 분리해 해결할 수 있다.

가구에 모듈이 도입되면서 얻는 가장 획기적인 장점은 다양한 조건에서 무리 없이 대응하며 적용하는 유연성Flexibility이다. 모듈로 구성된 가구는 소유자의 공간 조건, 목적, 취향에 따라 끝없이 적용되는 디자인이 나온다. 큰 투자 없이도 일부를 새로 바꾸거나 변형하면서 새 가구처럼 쓸 수 있다.

홀로 사는 사람들이 증가하면서 한국에서도 모듈 가구의 인기가 높다고 들었다. 모듈 가구는 간단한 디자인과 가벼운 소재로 만들어서 직접 만들고 활용해 나가는 DIY 개념으로 시작되었다.

선구자인 이케아IKEA가 철저한 규격화를 성공시키면서 북유럽부터 혁명적으로 몰고 온 문화이다. 다만 저렴한 가격, 기능 등의 만족도에 비해 내구성, 다양성, 품질에 아쉬움을 남긴다.

북유럽에 살아 보니 아쉬운 부분까지 보완한 놀라운 제품들이 많았다. 북유럽인들은 사무 공간의 모듈화 혁신을 일으키더니, 주거 공간까지 다양하고 아름다운 모듈의 집합으로 이루고 있다. 소재, 컬러, 아이템, 디자인의 제한이 존재하지 않는다. 특히 모듈로 이루어졌다는 느낌을 별로 느끼지 못할 만큼 지루하거나 획일적이지 않다. 북유럽 가구가 가진 깊이와 세련되고 감성적인 모습을 고스란히 가지고 있으며 고급스럽다. 경우에 따라 책상으로, 의자로, 책장으로 바뀌며 실리를 따르는 북유럽인들의 유연하고 크리에이티브한 감각이 놀랍다.

웅장하고 화려한 가구에서 점차 모던하고 실용적인 가구를 찾는 것이 한국 추세이다. 모듈이지만 가구로서의 기본을 꿋꿋이 지켜 나가는 북유럽의 견고하고 세련되고 다양한 모듈 시스템을 눈여겨봐 주길 바란다.

거주자로서의 개인 인식 번호

북유럽의 개인 번호는 한국 주민등록번호와 유사하다. 개인 번호의 시작이 탄생과 사망을 교회에 알려 신자 관리를 쉽게 할 목적으로 처음 만들어졌다는 점에서 조금 다르다. 실제로 수십 년 전까지만 해도 개인 정보는 지역 교회에서 관리하였다. 북유럽이 사회민주주의 체제를 도입하면서 세무 업무의 중요성이 강조되어 모든 개인 정보를 현재는 세무서나 경찰서에서 관리한다.

개인 인식 번호Personal Identification Number는 한 사람에 관한 모든 정보를 갖고 있는 열쇠이다. 탄생, 거주, 귀화 등으로 인한 실제 거주자에게 각자 다른 번호를 부여하여 납세, 투표, 사회 보장, 신용, 신분 등의 개인 상태를 한눈에 보고자 하는 목적으로 시행된다.

덴마크

덴마크의 개인 번호personnummer는 국민 인식 번호로, 시민 등록 시스템Det Centrale Personregister에 저장된다. 1968년부터 실시되었으며, 여러 곳에 나누어 저장된 개인 정보를 한군데에 통합하여 보관하고 있다. 총 10자리 번호로, 앞자리 6자리의 생년월일과 4자리의 고유 번호로 이루어진다. 4자리의 고유 번호 중 첫째 자리는 출생한 세기century 번호, 마지막 자리는 남녀 구분으로 정해져 있다. 가운데 두 자리의 숫자는 인식 번호이다. 개인 번호를 발급받으면 자동적으로 세금 신고와 납세할 의무가 생긴다.

한국의 주민등록등본에 해당하는 개인 인식 번호 증명서Personal Identification Number Certificate는 최근 건강 카드Sundhedskort로 대치되어 인정되는 상황이다. 개인 인식 번호는 덴마크 사회에서 아주 중요한 부분이다. 이 번호 없이는 어떤 정부 서비스나 혜택도 기대할 수 없다. 심지어 은행 업무나 공공요금 처리 같은 개인 생활 업무도 볼 수 없다.

노르웨이

노르웨이의 개인 번호도 덴마크와 비슷하다. 국가 ID 번호로 불리는 11자리 번호는 6자리의 생년월일과 나머지 숫자로 이루어진다. 6개월 이내의 거주자는 D 번호라는 임시 번호를 받는다. 경찰서에서 신청을 받고, 발급과 동시에 자동적으로 노르웨이 세금 시스템에 등록된다. 신청서를 접수하면 시민 등록 사무소 Folkeregisteret에서 심사를 거쳐 발급한다.

스웨덴

스웨덴의 개인 번호 제도는 1947년부터 시작되어, 아마도 세계에서 제일 먼저 실시된 전 국민 등록 시스템일 것이다. 미국의 사회 보장 번호Social Security Number가 시기적으로 더 오래되긴 했으나 전 국민을 상대로 하지는 않았다.

스웨덴의 개인 번호는 세무서Skatteverket에서 발급받는데, 인구 등록Folkbokföring의 한 부분이다. 건강 보험, 학교, 은행, 관공서 등에서 증명을 위해 필요하다. 개인 신용이나 부채 정보 조회를 위해서도 필요하다.

번호 발급은 시민 등록이나 인증 서류 등의 절차를 거쳐 가능하다. 10자리의 번호는 6자리의 생년월일과 고유 번호로 이루어진다. 7번째의 번호는 9번으로 외국 출생자를 구별한다. 7자리와 8자리는 지역을 나타낸다. 마지막 10번째 자리는 컴퓨터상의 나머지를 나타낸다.

개인 번호는 정보이용법에 따라 누구나 요청하면 상대의 정보를 알 수 있다. 은행이나 세무서에 어떤 사람의 개인 번호를 알려 달라고 요청하거나 심지어 신용 조사도 가능하다. 만약 개인의 투명도를 높이는 제도를 악용하면 상당히 심한 처벌을 받는다.

번호는 평생 유지되지만 경우에 따라 바뀌기도 한다. 예를 들어 생년월일이 다르거나 성별이 잘못 기재된 경우, 성전환 수술로 성이 바뀐 경우에는 번호를 바꿀 수 있다. 2009년 새롭게 바뀐 제도는 세무 기관의 연구원과 의학 연구원, 스웨덴 통계청, 건강 복지 부서에서 공동으로 제안되고 시행되었다.

개인 번호를 아직 발급받지 못한 사람들은 임시 조정 번호 samordningsnummer를 신청할 수 있다. 임시 조정 번호는 일 년 안에 스웨덴을 출국할 계획이 있거나, 스웨덴에 거주한 적이 없는 스웨덴 국민이 임시로 발급받는다. 세무 업무는 물론 은행과 관공서에서도 개인 번호처럼 이용할 수 있다.

그 외에 개인 번호나 임시 조정 번호 없이 의료 혜택이 필요한 외국인 관광객, 신분 취득 절차 진행자, 갓난아기, 국가 전염병 치료 대상자 등은 예약 번호Reservnummer를 신청할 수 있다. 오직 병원 같은 의료 시설에서만 이용되는 번호로, 개인의 신분을 증명하는 용도로는 이용하지 못한다.

관공서나 회사에서 발행하는 조직 번호Organisationsnummer도 있다. 관공서나 대기업에 취업 후 임시로 신분을 증명하고 세금을 추징할 용도로 발행한다.

핀란드

핀란드의 개인 인식 코드Henkilötunnus(HETU)는 1964년부터 시행

↳ Finland ID

되었다. 11자리의 번호는 생년월일과 7번째 자리의 세기 번호, 그다음 3자리의 개인 번호, 맨 마지막 자리의 컨트롤 번호로 이루어진다. 개인 인식 코드는 핀란드 국민이거나 핀란드 영주권을 받은 외국인, 또는 거주 기간이 1년이 지난 경우 신청할 수 있다.

다른 북유럽 국가와 같이 신분증명서, 운전 면허증, 여권 등에 이름과 함께 쓰인다. 1970년까지는 미국과 같은 사회 보장 번호 Sosiaaliturvatunnus(SOTU)로 불렸지만 이후 명칭이 바뀌었다.

아이슬란드

아이슬란드의 개인 인식 번호Kennitala는 다른 북유럽 국가들의 시스템과 유사하다. 번호는 모두에게 공개되어 있어 비즈니스나 학교, 은행 등에서 신분 증명 용도로 통합되어 쓰인다. 6자리의 생년월일과 두 자리의 무작위 번호, 9번째 자리의 컨트롤 번호,

마지막 세기 번호 등 10자리로 구성된다.

북유럽 국가들은 각자 다르지만 커다란 의미에서 공통적인 목적으로 개인 번호를 부여한다. 그것은 다름 아닌 세금 납부이다. 국가 입장에서 보면 보편적 복지를 이루는 가장 큰 재원은 세금이다. 세금 징수 없이 복지 정책이 이루어질 수 없다. 국가 입장에서는 세금 징수와 신분 증명이라는 이유로 개인 번호가 필요하며, 거주자 입장에서는 복지 정책의 수혜를 위해 필요하다.

스웨덴에는 의료 혜택을 위해 발급하는 임시 번호가 있을 정도로 북유럽은 관대한 편이다. 아마 미국이나 아시아 국가에는 긴급 의료를 위해 주민 번호를 임시로 발급하는 '박애'는 없을 것이다. 그만큼 재정이 필요하고, 납세 의무는 거주자가 진다.

북유럽의 복지 범위는 생각 이상으로 넓고 크다. 학교에서 수업을 받는 의무 교육부터 대중교통, 의료 혜택, 자녀 양육비, 학용품 및 수업 보조금, 주거와 생활 지원, 연금, 양로 요양 등 생활에 밀접하게 연결되어 있다.

단순히 혜택을 받기 위해서만 개인 번호가 필요한 것은 아니다. 북유럽 국가 자체가 모두 이와 같은 시스템 내에서 움직이고 있어서 누군가 아직 개인 번호가 없다면 서비스 자체가 불가능하다. 돈을 지불하더라도 받을 서비스가 없다는 말이다. 그 대가가 차마 상상하기 어려운 금액이 되기도 한다. 최소한 미국에서는 비싸더라도 돈을 내면 서비스를 받는다. 돈을 준다는데도 못해 준다는 일은 북유럽 교포들이 많이 겪는 문제이다.

　개인 번호는 어찌 보면 어느 사회 내에 자신이 존재한다는 것
이다. 세금을 얼마나 내는가 하는 문제보다는 합법적인 거주자
라는 증명이고, 사회의 시스템 안에 있다는 증명이기도 하다. 그
렇다면 이런저런 공공 서비스를 해주어야 한다. 잠시 머무는 관
광객으로서 공공 서비스가 필요하다면 절차를 밟으라고 북유럽
정부에서 요구할 것이다.

　북유럽에 거주 신청을 했거나 승인을 기다리는 중이라면 반드
시 세무서 또는 경찰서에 가서 개인 번호를 신청하는 시점에 대
해 상담해야 한다. 나라에 따라 개인 번호를 같이 신청하게 해주
는 경우가 있고, 그렇지 않더라도 임시 번호를 신청할 수도 있다.

↳ Lena Granefelt, imagebank.sweden.se

모든 기록이 중요하지만 북유럽의 고지식함은 특히 기록과 밀접하다. 한번 임시 번호를 받으면 다시 심사하는 시간을 상당히 단축시키고, 심지어 그 자리에서 증명서만 바꾸어 주기도 한다.

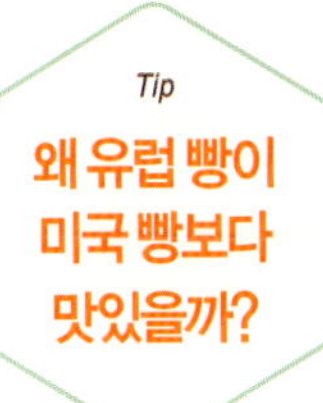

서양 식사는 빵을 중요하게 생각한다. 아시아 국가처럼 주식이라는 개념은 없지만, 식사의 시작과 마침으로 애용한다. 빵도 무척 종류가 많아서 바게트 하면 먼저 프랑스가 생각나고, 프루트 브래드Fruit Bread 하면 웨일스가 생각날 정도로 독특한 개성이 있다.

미국도 서양 식습관을 가지고 있는 나라이다. 오랜 역사와 전통으로 식습관이 굳어졌다기보다 사람과 사람들 사이에 퍼진 전통이다. 초기 이민자들이 많이 정착한 동부와 북부 지역은 그런대로 다양한 빵이 존재한다. 유대인에게서 시작되어 미국을 대표하는 빵으로 알려진 베이글Bagel은 식감이나 종류의 다양함이 다른 빵에 절대 뒤지지 않는다. 북유럽에서 오히려 베이글 찾기 힘들듯 북유럽 빵도 미국에서는 찾기 쉽지 않다.

종류와 희소성은 문화에 따라 다르다 하더라도 품질이 많이 다른 것에 놀란 적이 있다. 북유럽 마켓에서 아무리 싸구려 빵을 사도 품질은 우수하다. 한 가지 음식을 꾸준히 먹어 보면 다른 점을 금방 알게 된다. 나는 빵 맛에 굉장히 민감하게 반응하는 편이다. 중간 품질을 가진 같은 이름의 빵을 비교했음에도 미국은 북유럽에 비교가 되지 않았다. 아무리 훌륭한 미국 베이커리에서 파는 빵이어도 북유럽 어느 시골 잡화점의 빵이 훨씬 맛있다.

↳ Tina Stafrén, imagebank.sweden.se   ↳ Jakob Fridholm, imagebank.sweden.se

　북유럽이 다들 빵 굽는 사람들만 사는 나라도 아니어서 무슨 차이가 날까 했다. 미국식 빵과 비교하면 마치 갓 지은 가마솥 밥과 군대에서 배식하는 밥 정도로 차이가 난다. 거기에 커피나 치즈, 버터를 섞어 이야기하자면 더욱 상황은 안타까워진다. 제일 그럴듯한 이유를 댄다면 원료가 아닐까 싶다.

　세계 최대의 밀 산지는 미국이다. 종류에 상관없이 생산량과 소비량에서 압도적인 숫자를 기록하지만, 철저한 미국식 농법이다. 미국 중부의 끝이 안 보이는 밀 농장은 비행기 없이는 관찰이 불가능할 정도이고, 수확도 넓이만큼이나 시기가 다르다. 대량 생산을 위주로 하는 곡물은 종자가 좋아도 전문적인 소량 곡물보다 품질이 떨어질 수밖에 없다. 미국 농부들과 곡물 회사는 밀에 섞인 단백질을 높이는 개량을 실시했다. 반죽의 점성을 높여 대량으로 만들기 위함이다. 손쉽게 빵의 대량 생산을 이루었지만 중요한 품질을 잃었다. 한 요리 전문 잡지는 밀의 단백질 함량을 높여 빵 반죽의 글루텐을 높인 미국 빵이 싫다면 단백질을 줄인 밀가루로 제빵할 것을 추천한다.

Jakob Fridholm, imagebank.sweden.se

비슷한 사례로 소고기도 있다. 미국 앵거스Angus 소고기와 비교해 남미나 뉴질랜드 소고기가 최고 품질을 자랑하지만, 나는 과감하게 북유럽 소고기를 최고로 꼽는다. 북유럽 소고기는 소량인 관계로 수출할 여유도 없어서 세계에 많이 안 알려져 있다. 북유럽 소는 한 마리 전체가 프라임 등급일 정도로 품질이 좋다.

북유럽 축산은 방목이고, 먹이가 되는 풀은 청정 지역의 물과 공기를 머금은 것이다. 빨리 소를 살찌게 하고 맛을 좋게 하기 위해 옥수수 사료를 먹이는 일은 아주 흔치 않은 일이다. 지방에 포함된 콜레스테롤 양도 외국 소보다 현저하게 낮다. 북유럽 소에서 나온 우유로 만든 치즈와 버터는 맛이 훌륭할 수밖에 없다. 유럽 유제품이, 특히 청정 지역인 북유럽 유제품이 뛰어난 이유가 이해가 되고, 아울러 빵의 다른 맛도 이해가 된다.

미국 빵이 맛없는 또 다른 이유는 품질에 대한 노력을 하지 않아서인 것 같다. 가격을 최대한 낮추어 일반적인 공급을 하는 대형 제빵 회사가 갑자기 품질을 높일 이유도 없고, 일부 소형 제빵 회사가 노력하고 싶어도 원료인 밀가루를 바꿀 수도 없는 노릇이다. 인터넷에서 찾다 보니 프랑스 빵에 호감을 느끼는 미국인들이 상상외로 많은 것을 알았다. 그만큼 유럽 빵이 미국 빵보다는 맛있다는 사례이다.

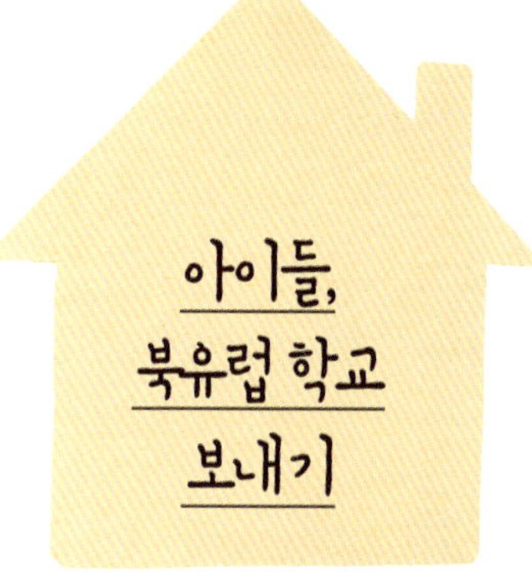

영재가 아닌 보통 사람으로

일과 명예의 성취보다는 개인의 삶과 편안한 일상을 꿈꾸는 북유럽에서는 교육을 중요하게 여긴다. 북유럽 국가들은 기본적인 사회 복지를 위한 교육 개념과 목표, 시스템이 거의 비슷하다. 북유럽 학교는 아이들을 위해 다양하고 편안하고 섬세한 교육을 한다. 뛰어난 인재를 집중 육성하거나, 능력과 조건에 따라 아이들을 나누고 구별하는 시스템은 찾아볼 수 없다. 뛰어난 영재에게 관심이 없으며, 오히려 사회에 나간 후 적응하기 힘들어할 아이들을 위해 노력을 기울인다.

부모라면 이민을 결심할 때 아이들 교육을 제일 먼저 고민한다.

현재 한국 부모들에게는 거의 통일화된 삶의 목표이자 열심히 살아가는 이유가 자녀 교육이다. 아이들 인생에 부모 인생을 결부시킨다. 아이들의 성공은 오로지 돈을 많이 버는 일과 명예의 성취로 정해져 있다. 아이가 성공할 여건을 위해 북유럽을 고려하는 부모들에게는 미리 알려 주고 싶다. 북유럽 학교는 아이를 특별하거나 뛰어나게 가르쳐 주지 않는다는 사실이다.

북유럽 학교에서 아이가 가진 재능과 능력이 발휘되지 못하고 꿈을 실현하지도 못한다는 말이 아니다. 북유럽 교육은 인생 가치와 목표를 돈, 명예, 사회적 성공으로 연결시키지 않는다. 당연히 이민을 결정했던 부모 마음과 어긋난다. 한국의 사회적 잣대에 따른 교육 목표와 부모의 열정은 북유럽 이민과 연결될 수 없다.

다행히 '보통의 행복, 평범의 축복'이라는 마음을 갖고 북유럽으로 떠난다면 아이들도 그 기준 안에서 마음껏 뛰고 놀며 즐겁게 배운다. 북유럽은 자연과 가정 안에서 배우고 경험하는 교육을 소중히 깨닫는 기회를 제공한다. 경쟁이 없는 북유럽에서는 아이가 몇 등인지, 어느 정도 위치에 있는지 고민하고 얽매이던 생활에서 벗어난다. 가족과 자연 안에서, 아이의 내면을 통해서 배우고자 하는 목표를 자연스럽게 찾아간다. 스스로 꿈꾸고 만들어 가는 행복의 그림이 아이 마음을 통해 직접 그려질 것이다.

만일 아이가 가진 장애나 여러 어려움이 교육적 차별과 사회적 분리로 이어지고 있다면 북유럽 이민이 좋은 변화가 될 수 있다. 북유럽은 몸과 마음이 불편하더라도 교육을 통해 극복하고 모두가 평범한 일상을 함께하도록 하는 데 큰 의미를 두고 노력한다. 서로 똑같이 바라보고 비교하지 않는 북유럽 사회에서 그동안 개발되지 못했던 아이의 능력과 기회를 찾을 것이다.

아이가 보통 사람으로 사는 것이 행복하다고 공감하면 부모의 마음은 편안해진다. 북유럽 교육 환경에도 불구하고 '우리 아이는 특별하니까', '뛰어나서 눈에 띄게 잘할 거야'라는 예외를 내심 기대해도 될까? 그러면 교육적 선택과 적응에 있어서 아이보다 부모가 북유럽 교육에 만족하지 못할 것이다. 북유럽 교육 환경을 꿈꾸기 전에 아이가 사회에 협조하는 보통 사람으로서 모두와 어울려 평범하고 건강하게 자라길 바라는지 부모의 마음부터 솔직히 살펴보자.

북유럽의 교육 시스템

북유럽은 아이가 태어나는 순간부터 부모의 보살핌을 우선적으로 받도록 배려하는 사회이다. 엄마는 물론 아빠에게도 출산을 준비하는 단계부터 아이가 태어나서 안정될 시기까지 충분한 휴가와 사회적 보장이 마련되어 있다. 아이가 올바르게 자라기 위해서는 가족 안에서의 교육이 제일 중요하다는 개념이다. 아이가 아프거나 돌봐 줘야 하는 상황, 아이의 생일을 챙기고 행사에 참석해야 하는 경우 등 육아를 위한 휴가와 조퇴 사유가 북유럽에서는 모두 이해되고 받아들여진다. 받아들이고 장려하는 정도가 아니라, 오히려 직장이나 일을 뒤로 미루고 아이를 돌보러 가지 않는 부모를 이상하게 바라보는 시선을 가지고 있다.

18개월 정도가 지난 아이를 맡길 보육 시설은 각 지역 단위로 운영된다. 부모의 여러 사정이나 아이의 질병 등으로 가정에서 돌볼 수 없는 부모에게 우선적으로 배려된다. 비용을 부담해야 하지만, 국가에서 나오는 육아 지원금으로 많은 부분이 충당된다. 결국 육아 지원은 부담 없이 누린다.

북유럽 부모들은 가정에서 돌보는 상황이 되면 최대한 아이와 함께 시간을 보내려고 노력한다. 눈이 내려도, 비바람이 불어도 공원에 나와 운동하고 놀아 준다. 버스에 유모차를 싣고 볼일을 보러 다니는 부모, 보육 시설 이외의 다양한 놀이 공간과 시설을 찾아다니며 아이를 키우는 부모는 북유럽에서 흔하다. 동네마다 또래 아이들과의 놀이 모임도 많고, 일반적이지는 않지만 가정으로 아이를 돌봐 주러 오는 사람을 구할 수도 있다.

국가별로 나이가 조금 다르지만, 보통 만 6~7세가 되면 한국의 유치원에 해당하는 의무 교육을 받는다. 유아기에는 뛰고 놀게 할 뿐 특별한 지식 교육을 하지는 않는다. 집에서 가까운 동네 학교로 배정되는데, 지역 단위로 관할하는 교육청을 통해 자세히 알아보면 된다. 담당 관공서를 찾기 어렵다면 집에서 제일 가까운 학교를 방문해서 상담해도 친절하게 정보와 절차를 알려 준다.

북유럽은 우선 유치원에 들어오면 9학년까지 하나의 학교에서 교육을 맡는다. 즉, 16세가 될 때까지 한 학교를 다닌다. 학교는 유치원에서 3학년까지를 나누는 기초 교육 단계, 고등학교 진학 전까지의 초등·중등 단계로 구분되어 있다. 16세의 중등 교육까지는 경쟁과 등수가 없이 아이들의 인성과 재능을 길러 준다. 무엇보다 각자 사회 구성원으로서 기본적인 모습에 충실하고 건강히 성장하도록 도와준다. 학습 능력 평가를 위한 테스트가 있지만, 순위를 나타내고 경쟁시키기 위한 제도가 아니다. 향후 고등학교 진학에 참고하는 학습 능력 자료로 쓰일 뿐이다.

방과 후에는 매우 다양한 프로그램을 제공받는다. 학교와 지역에서 지원하는 센터, 문화 센터, 모임 등을 통해 아이들은 흥미를 갖고 있는 분야를 배운다. 북유럽 아이들은 운동, 음악, 미술, 창작, 실험 등 학교 수업에서 충분하게 경험해 보지 못한 새로운 배움에 적극적이다. 특히 아이들의 운동을 모두들 중요하게 생각한다. 아무리 캄캄하고 추운 겨울이어도 아이들은 겨울 스포츠를 즐기면서 자연과 함께한다.

외국인 학생에게는 각자의 모국어를 배울 권리를 존중해 준다. 한국어도 지역이나 학교를 통해 아이가 계속 배울 수 있도록 서비스를 요청하면 된다. 북유럽의 영어 교육은 초등학교 4학년이 되어야 시작한다. 전 세계의 비영어권 국가들 중 북유럽 국가가 모두 최상위권의 영어 실력을 보인다는 사실을 떠올려 보면 쉽게 믿어지지 않는 사실이다. 아이들이 어릴 적에는 모국어 교육에 충실하다. 초등학교 4학년부터 시작하는 영어 교육만으로도 성인이 된 국민 대다수는 문제없이 영어로 소통한다.

북유럽의 고등학교는 학교마다 각기 다른 학습 내용으로 아이들을 맞이한다. 각자의 성적과 재능, 흥미와 목표에 따라 원하는 고등학교를 선택하고 지원한다. 북유럽 아이들은 직업 학교 성격의 고등학교를 선호하는 경향이 강하다. 학교마다 언어, 공학, 기술, 예술, 운동 등의 전문적이고 세분화된 교육 과정을 마련하고 있다. 진로 선택에 고민이 되면 잠시 쉬어 가라는 의미의 교육 과정도 마련되어 있다. 그런 과정들을 통해 아이들이 후회 없는 미래와 가치 있는 삶을 계획할 수 있다고 모두가 믿어서 더욱 장려한다.

사회 전체가 대졸자가 되기를 희망하는 한국에 비해 북유럽의 고교생들은 대학 진학에 큰 무게를 두지 않는다. 대졸자보다는 전문적인 기술과 관련 분야의 실무 경험을 더 중요하게 평가

하는 직업이 많기 때문이다. 대학의 특정 학과는 실무 경험 없이 졸업하자마자 바로 입학할 수 없도록 규정을 정해 놓기도 한다.

북유럽의 대학도 미국이나 다른 나라들처럼 졸업률이 낮다. 자신의 뜻에 따라 학업을 중단하고 사회로 진출하는 학생도 많고, 원하는 전공을 바꾸면서 학업을 긴 시간 동안 이어 가는 학생도 많다. 입학하면 취업에만 매달리면서 쉽게 졸업장을 따고 나가는 한국의 대학 시스템과는 많이 다르다.

18세가 지나면 북유럽 아이들은 부모로부터 독립한다. 대학 교육까지 모두 무상 지원이지만, 필요한 생활비와 경험을 쌓기 위해 고등학교 때부터 아르바이트를 시작한다. 경험을 많이 쌓아 두면 고교 졸업 후에 더 좋은 직장을 찾아 옮길 기회가 생기기 때문이다. 어릴 적부터 사회 경험에 뛰어드는 젊은 노동자들의 경쟁은 매우 치열하다.

북유럽에도 능력껏 돈을 내고 다니는 사립 학교가 있다. 주로 사립 외국인 학교이고, 유치원도 사립 시설이 있다. 학력과 학연이 아무런 영향도 되지 못하고, 하물며 사람들의 관심 대상도 아닌 북유럽에서는 학교 이름이 중요하지 않다. 아이들이 편하게 다니고 즐겁게 공부할 교육 환경도 차등 없이 누구에게나 제공되기에 굳이 사립 학교를 선택하지는 않는다.

여름에 학년을 마치고 긴 방학에 들어갔다가 9월에 새 학년을 시작한다. 부활절이 시작할 무렵에 일주일 정도 방학이 있고, 가을에 스포츠 방학이라 불리는 기간이 있다. 성탄절 전에 짧은 겨울 방학이 시작되었다가 신년과 함께 다시 개학을 맞는다.

처음에는 북유럽 학교가 미국이나 다른 유럽 국가들과 크게 다
르지 않아 보일 것이다. 모든 것을 지원받아 교육비 부담을 덜었
다는 확실한 장점만 먼저 좋아질 수도 있다. 그러다 각자 다른 모습을 존중하고, 서로 배려하고, 경쟁하지 않으며, 자유롭게 미래를 꿈꾸고 선택

↳ Werner Nystrand, imagebank.sweden.se

하는 북유럽 교육의 조용하고 강한 힘을 아이의 변화를 통해 서서히 느끼게 된다. 자연을 사랑하고 자신의 생각을 존중받는 평범한 보통 아이들을 통해 북유럽은 뛰어난 소수 영재들보다 더 많은 가능성과 희망을 꿈꾼다.

한국에서도 자주 눈에 띄는 하얀 하마같이 생긴 가족들. 북유럽에 오면 아이들이 자주 가는 곳곳에서 하얗고 두리뭉실한 가족을 발견한다. 여러 가지 제품의 패턴과 장식으로 이용될 정도로 북유럽인들의 엄청난 사랑을 받고 있다. 주인공 이름은 무민Moomin이다. 핀란드 태생이며 아빠, 엄마, 아들 세 가족이다. 앞머리가 살짝 내려온 여자아이는 무민의 여자 친구이다.

미키마우스(1928년)보다는 동생이지만, 무민도 꽤 나이 많은 어르신이다. 세계 2차 대전이 한창이던 1945년 핀란드의 일러스트레이터 겸 작가인 토베 얀손Tove Jansson에 의해 탄생되었다. 긴 전쟁으로 황폐한 유년 시절을 보낸 토베 얀손은 동화책을 스스로 만들며 아름답고 순수한 세상을 그려 왔다. 그녀의 완성도 있는 작품은 14세 때 처음 만들어졌다. 토베 얀손의 순수한 세상에 대한 끝없는 동경은 무민이란 순백색의 이야기로 태어난다.

무민 이야기는 핀란드에서 태어났지만 스웨덴어로 쓰인 동화책이다. 헬싱키에서 태어난 토베 얀손이 왜 스웨덴어 책을 핀란드에서 출간했을까 궁금해진다. 그녀의 부모는 스웨덴 출신 조각가와 그래픽 디자이너였다. 집에서는 스웨덴어를 계속 쓰는 이민 가족이었고, 첫 디자인 공부도 스톡홀름으로 건너와 대학을 다니면서 시작하였다. 토베 얀손은 헬싱키에서 태어나고 헬싱키에서 죽었지만, 무민은 스웨덴어를 쓰는 캐릭터이다. 가까운 이웃 나라 사이에도 이민 가족의 감성, 문화적 영향이 생긴다는 것이 느껴진다.

무민이 하마라고 추측하는 사람들이 많은데, 사실 북유럽 고대 신화에서 유래한 존재이다. 화제의 디즈니 영화 〈겨울 왕국〉은 물론 〈반지의 제왕〉, 〈해리 포터〉에도 나오는 괴물이다. '트롤Troll'이라고 불리는 상상의 존재로, 무민 시리즈에 나오는 주인공 이름도 '무민트롤'이다. 토베 얀손도 아마 트롤 이야기를 들으며 자랐을 것이다. 한국 동화 속 도깨비나 용처럼 상상의 나래를 펴게 하는 북유럽 신화 속 주인공이다. 토베 얀손에게는 거칠고 무서운 괴물이 아닌 친근하고 순수한 친구가 되어 전 세계 아이들에게 사랑스러운 모습으로 알려지게 되었다.

동화책, 만화책, 만화 영화 등 무민은 세계 어디서나 쉽게 접하는 시리즈이다.

아빠인 무민파파, 엄마인 무민마마, 사랑스러운 아들 무민트롤, 여자 친구 스노크 메이든 외에 함께 세상을 알아 가는 친구들과 이웃들이 숲 속 무민 마을에 모여 산다는 이야기이다. 북유럽다운 계절과 자연 환경, 무엇보다 북유럽의 마음으로 세상을 바라보는 이야기가 아름답다. 어찌 보면 뜬금없는 호기심이고 중요하지 않은 질문이지만, 당돌한 돌직구를 날리는 친구들이기도 하다.

대중교통도 좋고
자동차도
즐겁다

북유럽의 대중교통

자본주의 사회에서 대중교통은 어찌 보면 자연스런 산물이 아니다. 시민에게 소득과 상관없이 운송 수단을 제공한다. 그것도 국가가 참여하여 손실분을 보조해 주는 시스템이라면 공공성이 앞선다. 하루 24시간 가까이 날씨와 상관없이 운행하는 시스템이라면 더욱 공공 이익을 위한 제도이다. 자본주의 측면에서 보자면 수익이 나지 않는 노선이나 시간은 피하는 것이 당연하다. 손실을 감수하면서까지 지속적으로 운행할 필요는 없다.

대중교통이야말로 가장 공공 이익을 대변하는 수단이다. 그런 측면에서 한국은 대중교통이 아주 잘 마련된 나라이다. 가격적인 측면에서는 더욱 그렇다. 시스템이나 운행 효율 면에서 약간의 시행착오는 있다지만, 세계적으로 최소 열 손가락 안에는 꼽히는 우수한 대중교통 시스템을 가지고 있다.

한국은 역대 지도자들에 의해 생활 수준을 향상시킨다는 목표 아래 큰 반대 없이 대중교통이 자리 잡았다. 북유럽은 철저한 필요와 복지를 목표로 이루어졌다. 한국과 좀 다른 점은 24시간 운행하며, 아무리 외진 곳에 거주해도 집에서 약 5~10분만 걸으면 반드시 대중교통을 만난다는 점이다.

아이들의 북유럽 대중교통 적응기

20~30대에 미국에서 혼자 공부하다가 30대에 들어서 미국에서 결혼하고 딸 둘을 낳았다. 결혼 생활 10년을 미국에서 채우고 지금은 북유럽 라이프에 적응 중이다. 나와 남편에게도 옛날 미국 땅을 밟았을 때의 기억이 떠오를 만큼 새로운 도전이지만, 사실 두 어린 딸에게는 문화적으로 정신적으로 충격이었을 것이다. 다행히 아이들은 도전과 변화를 씩씩하게 즐기고 있다.

미국 서부, 아니 대부분의 미국 생활은 자동차 문화이다. 차고에 대기 중인 부부 각자의 자동차 두 대는 필수 조건이다. 막 이민 온 지인에게는 자동차와 내비게이션 구입을 첫 번째로 도와준다. 자동차가 없으면 동네 앞 마켓에도 가기가 힘들다. 버스는 배차 간격도 길고, 버스를 이용하는 사람은 '일부 계층'이라는 인식 때문에 모두들 꺼린다. 운전이 가능한 한 자가용을 구비하고 이용한다.

미국에서 태어난 아이들은 일부를 제외하고는 태어난 병원에서 부모의 자동차를 타고 세상으로 나온다. 자동차로 늘 태우고 다니니 목적지 바로 앞에서 내리고 다시 올라탄다. 거리를 걸어 다니는 기회는 일부러 시간 내어 운동하는 부모와 함께 동네 한 바퀴 도는 정도이다. 가까운 학교도 자전거를 주로 타고 다니며, 도보 가능하다는 개념도 한국이나 유럽보다는 매우 짧고 안전한 거리를 생각한다.

미국에서 엄마 역할 중 제일 피곤한 반복 노동이 운전이다. 아이들의 이동을 위해 엄마는 자동차에서 하루를 보낸다고 말할 정도이다. 특히 하굣길에 매일같이 차 안에서 한참 동안 아이들을 기다리던 기억은 아직도 생생하다.

한국 방문도 첫째 딸만 아주 어릴 적에 잠깐 했던 우리 아이들은 난생처음 보는 북유럽의 대중교통에 열광했다. 평소 그림책으로만 보던 기차와 버스, 심지어 배까지 수시로 이용했다. 아이들에게는 디즈니랜드의 놀이 기구 타는 것만큼 신나는 이벤트였다. 동네 마켓도 걸어 다닐 수 있다는 사실에 기뻐했다. 나만큼 우리 아이들도 자동차 이동이 지루했던 모양이다.

어쨌든 우리 아이들이 난생처음 접한 대중교통의 첫인상은 흥분, 기대, 환호였다. 승차하며 교통 카드를 확인하는 절차도 신기하고 즐거운 경험이었다. 아이들의 '역할 놀이'에도 처음으로 버스 타기, 지하철 타기가 도입되어 옆에서 보기에 귀여웠다.

Måns Fornander, imagebank.sweden.se

그러나 흥분과 설렘은 오래가지 못했다. 아이들이 가장 힘들어한 부분은 '걷기'였다. 나조차 기나긴 미국 생활 동안 얼마나 걷기가 부족했는지 뼈저리게 느꼈다. 동네 체육관이나 집의 운동 기구로 일부러 하던 운동과는 또 다른 느낌이었다. 한 10분가량의 언덕길 보행에도 온 가족이 헉헉대고 아이들은 울상이었다. 정류소에 서서 기다리고 환승하는 모든 것이 힘든 경험이었다. 계속 미국에서 차에 태우고 다녔다면 아이들이 정말 약하고 인내심이 모자란다는 사실을 깨닫지 못했을 것이다. 온 가족이 심각한 운동 부족이었다. 어린 둘째는 업어 달라고 떼를 썼고 시내를 걷다가 주저앉기도 해 나를 당황시켰다.

그래도 아이들은 빠르다. 스펀지같이 새로운 경험에 바로 적응한다. 이제는 처음 모습을 웃으며 얘기한다. 아이들은 씩씩하게 나보다 먼저 앞장서 걷는다. 초등학생 첫째는 대중교통 찾는 어플리케이션을 스스로 이용하며 도착 시간까지 파악한다. 미국에서는 자동차 뒷자리에 앉아 있기만 하니 주요 도로 몇 개 가르치기도 힘들었는데, 이젠 4살짜리 둘째까지 동네 앞은 물론 주변 동네도 관심 갖고 찾아본다.

북유럽 학교는 도보로 근처 숲과 도서관에 나들이하는 현장 학습Field Trip을 자주 한다. 아주 어린 유아들도 선생님과 함께 뛰놀기 위해 자연으로 나서는 경우가 자주 있다. 주로 스쿨버스로 이동하는 미국 학교와의 차이점이다.

같은 서양인이지만 미국과 북유럽 사람들의 다른 모습 중 하나가 비만 정도였다. 이곳 사람들은 키가 크고 모두들 매우 마른 편이다. 미국은 고도 비만자가 많아서 사회적으로 큰 문제로 대두되는데, 이곳에서는 남녀노소 구분 없이 모두들 적당한 체중이다. 어린아이 비만도 찾기가 힘들었다. 아마도 주로 걷고 자전거 타고 대중교통을 이용하는 습관에 익숙해졌기 때문 같다.

북유럽 엄마들이 아주 추운 날에 어린아이를 유모차에 태우고 동네를 걸어 다니는 모습도 굉장히 용감해 보였다. 물론 미국이나 북유럽 모두 운동 시설과 클럽 등 운동을 생활화하고 즐기는 사람들이 대중화되어 있다. 다만 미국은 다시 집으로 차를 타고 가고, 이곳은 웬만하면 걷거나 자전거를 타거나 뛰어간다.

나도 요즘은 저절로 몸이 가벼워져서 일부러 몇 정거장은 걸으며 산책을 즐긴다. 아무리 추운 날씨가 와도 아이들과 용감하게 걷는다. 업어 달라는 얘기를 거의 잊어버린 어린 둘째, 이제는 혼자서도 마켓에 가는 심부름을 하거나 가까운 나들이도 할 수 있다며 용기를 내는 첫째가 되었다. 아이들이 새로운 북유럽 문화에 도전하는 첫 번째 관문을 씩씩하게 통과해 주어서 고맙다.

스웨덴의 대중교통

스웨덴은 대중교통이 아주 잘 발달된 나라이다. 그도 그럴 것이 세계 대전 이후 중립국이었고, 사회주의 영향을 받은 시스템이 많이 도입되었다. 복지라는 측면에서 대중교통만큼 큰 영향을 미치는 것도 없다고 생각한다. 연금, 교육, 의료 등의 복지 혜택도 그중 하나겠지만, 교통은 매일 누구나 이용해야 한다는 측면에서 영향력이 클 수밖에 없다.

스웨덴의 수도 스톡홀름은 지역 교통 회사Stockholms Lokaltrafik(SL)에서 대중교통을 총괄한다. 국민 세금으로 보조되고, 많은 시민들이 혜택을 본다. 무료는 아니지만 장애인, 학생, 환자, 노인, 어린이 보호자 등 여러 상황에서는 무료이거나 요금 할인이 있다. 24시간 운행하며, 아무리 외진 지역이라도 도보로 5~10분 내에 반드시 대중교통이 있다.

SL 사이트에서 운영하는 스마트폰용 앱을 활용하면 편리하다. 어디인지 출발지를 입력하면 근처 대중교통 정류장이 모두 나온다. 도착지도 마찬가지. 주소를 입력하거나 상호를 입력해도 된다. 두 번째 사진처럼 현재 시간과 이후의 교통편이 나오고, 시간 예약과 알람을 이용할 수도 있다. 거쳐 가는 역과 도착 시간, 지도도 나온다. 아주 편리하게 어느 곳, 어느 시간이라도 이용 가능하다.

재미있는 사실은 스웨덴 스톡홀름의 대중교통은 배도 포함한다는 것이다. 피오르fjord 지형이라 바다와 호수가 불규칙하게 연결되어 있고, 시 자체도 섬으로 이루어져 있다. 다리가 일부 있긴 하지만, 외곽의 섬은 다리를 놓기에는 멀기도 하거니와 자연을 최우선하는 스웨덴 사람들의 정신과도 맞지 않다.

스웨덴의 대중교통은 지하철Tunnelbana, 통근 열차Pendeltåg, 지역 전철Localbana, 트램Spårvagn, 버스Bussar, 배Båtar로 나뉜다. 이것

들이 서로 연계되어 효율을 높인다. 주요 노선에는 급행도 있어 처음엔 꽤 복잡하게 느껴지지만, 막상 생활해 보면 굉장히 합리적인 시스템이란 생각이 든다.

지하철을 이용하든, 배를 이용하든 1시간 내라면 여러 번 갈아타도 1회만 요금을 내면 된다. 한국의 환승 시스템과 같다. 요금을 내야 문이 열리는 지하철이나 운전사가 있는 버스를 제외하면 요금을 냈는지 감시하는 사람은 없다. 가끔 승무원이 탑승하여 요금을 검사하다가 적발되면 1,000크로나(한화 약 15만 원) 정도의 벌금을 낸다. 지역 전철이나 트램은 그냥 길가에서 쉽게 타고 내려 돈을 내지 않을 수도 있지만 역시 시민 의식의 문제이다. 벌금을 청구당하는 모습을 본 적이 거의 없다.

유럽 내에서 중고차 고르기

북유럽에서 차량, 특히 중고차를 구입하려는 사람을 위한 글이다. 여러 조건에 따라 차량 가격이 많이 달라지는 미국과 달리 정찰제를 실시하는 북유럽에서 새 차를 구입하는 과정은 한국과 비슷하다. 차량이나 딜러의 재량에 따라 할인을 해주는 점도 비슷하다.

차를 좀 몰아 본 사람이라면 저마다 선호하는 이유와 호감이 다르다. 북유럽을 포함한 유럽은 차를 무척 까다롭게 선택한다. 의무적으로 바꾸어야 하는 렌털 계약을 한 차라도 마찬가지이다. 자신의 목적, 정원, 성능, 호감도, 정비, 연비 등 많이도 따지고 캐묻는다. 어느 특정 차량이나 연식을 좋아한다는 전제가 있으면 더욱 심해진다. 오죽하면 아내보다 힘들게 가진 차라는 우스갯소리까지 있을까.

한국도 대량으로 자동차를 생산 수출하는 몇 안 되는 기술국이지만, 유럽에는 알 만한 모든 나라에서 자동차가 생산된다. 거기에 미국, 일본, 한국 등 수입차가 합해지면 가짓수가 어마어마하다. 소량 생산 회사, 개인 회사 등이 더해지고, 튜닝 회사에서 내놓는 차까지 있다. 특히 북유럽에는 노르딕 패키지Nordic Package 라는 버전이 있다. 대형 배터리, 헤드라이트 와셔, 난방 장치, 동결 방지 장치 등이 첨가되어 있는 노르딕 패키지는 스페인이나 포르투갈에서는 찾아볼 수 없는 변형이다.

차를 쇼핑하는 또 하나의 재미는 전 유럽을 검색하여 찾는다는 점이다. 일부 희귀 모델을 원한다면 한 나라보다 유럽 전체에서 찾는 편이 경제적일 수 있다. 25%의 소비세를 내는 스웨덴보다 19%만 내는 독일에서 구입하면 그만큼 경제적이다.

운행한 지 1년이 넘었고, 공해 방지 테스트를 EU 내에서 합격했다면 EU 내의 차량 수입은 각 나라의 세금과 상관없이 이미 납부한 세금을 그대로 인정해 준다. 나라마다 다른 세금 차액을 낼 필요가 없다. 대신 그곳까지의 교통비, 여행비를 감안해야 한다. 그래도 차액으로 다른 나라를 여행할 기회를 갖는다고 생각하면 괜찮은 시도이다.

각 나라마다 수입 조항이 조금 다르겠으나, EU 내에서는 거의 같다. 각 나라의 교통국으로 접속하면 자동차 수입Import and Use of Motor Vehicle에 관한 조항 파일을 받을 수 있다. 중요한 내용 중 몇 가지를 알아보자.

위에서 언급한 두 가지 조건 외에 먼저 구입국 내의 등록을 삭제하지 말아야 한다. 유럽 내 임시 등록을 또 해야 하고, 유럽 내 보험도 꼭 들어야 한다. 귀국 시 세관에 차량이 얼마나 오래되었고 합법적이라는 것을 증명해 준다. 국경 통과부터 새 주소지까지는 아직 정식 등록이 되지 않은 상태라 임시 등록증이 필요하다. 보험은 이야기하지 않아도 이해하리라 본다.

가장 인기 있는 독일 사이트는 'mobile.de'이다. 거의 모든 차량이 소개돼 있고 가격대가 좋다. 독일의 국민성처럼 완벽을 추구하는 정확함과 신용도 좋다. 개인과 개인으로 접촉 시에는 상대방을 정확히 알고 거래해야 한다. 욕먹는 일부 유럽 국가에는 사기가 직업인 사람들도 많다. 북유럽, 독일, 영국, 스위스 쪽은 크게 문제가 없다.

1980년대에 생산되어 한 10년 계속되다 단종된 BMW 5 시리즈 E28 모델을 찾고 있다고 해보자. 개인적으로 그전 모델인 E12나 그 후의 E34보다 E28이 아름답다고 생각한다. 특히 뒷모습이 매력적이다.

너무 멀리 갈 수는 없어 독일 함부르크 부근을 찾아보니 7대가 있다. 마음에 드는 건 브레멘에 하나가 나온다. 이 정도면 기차나 버스로도 충분히 가능한 거리이다. 돌아올 경로는 덴마크 코펜

↳ Jaque de Villiers, imagebank.sweden.se

하겐을 거쳐 오는 방법과 독일에서 배에 싣고 좀 오래 오는 방법
이 있다. 돌아오는 길 모두 황홀한 경치를 선사한다. 좀 더 멀리
갈 사람들은 더욱 많은 선택이 가능하다. 날씨와 상관없는 중서
부 유럽 사람들은 고를 모델이 더 많다.

바야흐로 백야의 여름이 되면 북유럽은 일 년 중 제일 활기가 넘친다. 활발해진 야외 활동으로 자전거 물결이 거리를 가득 메운다. 자전거에 몸을 싣고 유럽을 도는 알짜배기 배낭족들의 인파와 유럽 시내를 구석구석 돌아보는 자전거 관광객도 늘어나는 시즌이다. 한국에서 자전거는 건강과 레저를 위한 취미 생활이지만, 북유럽에서 자전거는 친숙하고 보편화되어 있는 교통수단의 일종이다.

⤷ Visit Finland

미국 서부에서 북유럽으로 오니 이동 수단으로 이용되는 자전거의 다양한 활용이 매우 인상적이었다. 북유럽은 자전거를 통한 이동이 어디서나 자유롭다. 자전거 도시라고 해도 무방할 정도로 자전거 도로의 연결성, 주차 공간, 대중교통과의 연계성 등이 아주 편리하게 마련되어 있다. 산이나 바닷가처럼 자연 환경과 함께하는 자전거 코스도 어디서든 찾을 수 있다. 자전거 여행은 북유럽을 찾는 관광객들에게는 낭만과 정취를 만끽하는 이색 체험이 되고 있다. 각 나라 사이를 자전거로 이동하는 코스도 많고, 중간을 잇는 기차, 페리, 비행기 등에 자전거를 실어 주는 모습도 자연스럽다.

외국인이 자전거로 북유럽을 여행한다면, 북유럽인들은 편리하고 저렴한 교통수단으로, 자연과 건강을 지켜 주는 합리적인 도구로 자전거를 선택한다. 일반 주택이 아닌 아파트 같은 공동 주택에도 자전거 보관소는 반드시 갖춰져 있다. 지하철역이나 버스 정류소 부근의 자전거 주차장은 빈틈이 없을 정도로 항상 차 있다. 대중교통과 자전거를 연결하여 이용하는 것이다.

↳ Nicolai Perjesi, VisitDenmark

남녀노소 구분 없이 자전거를 타고 직장으로, 학교로, 시장으로 간다. 추운 겨울 날씨에도 적절한 복장과 장비를 마련하여 자전거 이용을 계속한다. 자전거를 탈 수 있는 도로 환경과 여러 사회적 혜택이 많은 사람들을 주저 없이 자전거를 타게 만든다.

스웨덴 남쪽부터 덴마크로 이어지는 자전거 도로는 평탄하고 잘 갖춰져 있어 유럽에서도 편안한 투어 코스로 이용된다. 세계 최고의 자전거 나라로 꼽히는 덴마크이기에 가능한 모습이다. 중국과 베트남처럼 자전거 인구가 많고 활용도가 높다고 해서 자전거 타기 좋은 곳으로 꼽지는 않는다. 2014년 코펜하겐이 유럽의 그린 시티Green City로 뽑힌 이유는 시민 대부분이 자전거를 타는 모습에서 비롯되었다. 물론 뒷받침해 주는 훌륭한 여건들이 깨끗한 환경 도시로 만드는 것이다. 1990년 후반부터 에너지 정책을 위한 자동차 생산 중단, 수입 자동차 과세, 자전거 도로 확충, 사회적 지원책 수립 등 꾸준한 노력으로 덴마크의 자전거 인구는 40프로 가까이 늘고 있다.

자전거 생활화만큼 자전거 생산국으로도 북유럽은 주목받는다. 추운 날씨와 열악한 환경에서도 실용적이고 안전하게 타는 자전거를 생산한다. 소재 개발, 탈부착 기능, 여러 소비자층에 맞는 감각적인 스타일까지 북유럽 자전거는 독자적인 가치를 만들어 가고 있다. 미국 서부에서 컬러풀한 사이클 자전거나 산악자전거만 알고 있던 내게 자전거에 대한 새로운 깨우침을 주었다.

자연 에너지를 활용하려는 북유럽에서는 국왕부터 정치인, 기업인, 어린 초등학생들까지 자전거를 이용한다. 전체 사회를 위한 환경 보호, 개인 건강과 삶의 효율성에서도 북유럽인들은 자전거를 선택하는 모습이다. 에너지 문제를 중요하게 고민해야 하는 한국은 전반적인 북유럽의 자전거 정책에 관심을 갖고 연구할 필요가 있다. 자전거를 즐겁게 타는 북유럽인들의 일상 모습은 결코 국가 정책만으로 이루어지지 않았음을 알아야 한다.

입을 다물고는 생활하지 못한다

영어는 평생의 스트레스이자 적이라 생각하는 한국인들이 참 많다. 교육받은 과정과 시간, 투자한 노력과 돈을 따지면 한국인들의 영어에 대한 열정은 세계 최고이면서도 참 풀리지 않는 숙제이다. 나는 남보다 영어에 관심을 일찍 가졌고, 미국 가기 전부터 열심히 쓸 만하게 실력을 다졌다고 자부했는데도, 막상 이민 생활에 부딪히자 여러 문제에 직면했다. 이민 시작부터 매일 쏟아지는 정보와 문제들을 '언어 소통'으로 해결하지 않으면 생활이 이루어지지 않았다. 실수하고 못 알아들을 때마다 몸이 고생하거나 시간과 돈을 바쳐야 했다.

이민자는 먼저 해당 관청에 주거자로 등록해야 정당한 혜택을 신청할 수 있다. 아이들 학교도 알아보고 등록해야 한다. 이민자들은 이민 비자나 영주권 취득과 관련해 체류 신분 관리, 이민국 인터뷰 같은 여러 법적 절차를 이해하고 스스로 처리해 나가야 한다. 집을 얻을 때도, 자동차를 마련할 때도 거주 국가의 절차를 거쳐야 한다. 소득이 있다면 해마다 세금 신고도 차질 없이 해야 하기에 회계사나 세무사를 만나 하나씩 배우고 익혀 가야 한다.

나열한 일들은 극히 일부분이다. 어느 나라에 살든 매일매일 사람을 만나고 여러 일들을 하나씩 해결해야 이민 생활이 이루어진다. 단순히 이민 초기에 정착을 준비하는 과정에서만 언어 소통이 중요하게 요구되는 것은 아니다. 매일 반복되는 일상에서 이웃과 마주치고, 살림살이를 마련해야 하고, 상품을 찾아 구매하고, 간혹 잘못되면 문의하여 권리를 찾아야 한다. 언어 능력은 절실한 필요조건이다.

미국이나 유럽의 관공서를 찾아가서 일을 맡기면 답답하고 한숨이 절로 나오는 경우가 많다. 그만큼 꼼꼼히 검토하고, 알아서 서류의 잘못된 사항을 고쳐야 한다. 외국인이라고 현지 담당자들이 배려해 주는 특별 서비스는 없다. 현지인들이 친절하지 않다기보다 뒤에서 기다리는 자국민을 제쳐 두고 못 알아듣는 외국 이민자를 특별히 우대해 주지는 않는다는 뜻이다.

영어에 능통한 북유럽

비영어권 나라를 이민 국가로 결정하면 현지어를 배우고 익혀서 가야 한다. 북유럽도 비영어권으로 구분되는 나라들이다. 모두 자기 나라 고유의 모국어가 있다. 스웨덴어, 덴마크어, 노르웨이어, 핀란드어 등 북유럽에서 공식적으로 사용하는 언어는 영어가 아니다. 한 번도 접해 보지 못한 언어들까지 준비할 생각을 하면 마음이 무거워진다. 북유럽을 관광해 봤다면 영어가 가능했다는 점이 조금 위로가 되겠지만, 관광과 이민은 완전히 다른 도전이다.

나는 다행히 도착한 첫날부터 영어만으로 하나둘 무리 없이 진행해 나갔다. 공항부터 새 보금자리를 마련한 동네 사람들까지 모두 영어 대화가 수월했다. 북유럽은 각자 모국어를 쓰지만, 영어는 대다수 국민들이 배우는 제1외국어이다. 제1외국어인 영어는 북유럽 국민 대부분이 상황에 따른 다양한 대화가 가능한 수준으로 훈련되어 있다. 북유럽 국민은 나이와 성별, 직업에 상관없이 영어 능력을 잘 갖추고 있다. 매우 놀랍기도 하고 부럽기도 했다. 이민 생활을 시작하는 입장에서 영어가 편리하게 사용 가능하다는 점이 고마울 뿐이었다.

이민자들에게 힘이 되어 주는 또 하나는 북유럽인들은 영어로 물으면 호의적으로 대화해 주고 도움을 준다는 사실이다. 북유럽인들은 대부분 영어로 대화하기를 좋아한다. 영어 단어가 어딘가에서 들리면 일단 뒤로 한 발 물러서는 한국인들과는 반대이다. 영어뿐 아니라 자신이 알고 있는 외국어를 사용해 다가가려는 모습은 평소 조심성 있고 수줍음 많은 북유럽인들을 생각하면 조금은 의외이다. 누군가에게 작은 도움이라도 되기를 원하는 북유럽인들은 질문을 던지는 외국인들에게 마음이 열려 있는 것이다.

영어로 첫발을 내딛을 수 있는 북유럽은 다른 비영어권 국가보다 큰 혜택을 준다. 영어 능력만 잘 준비해서 북유럽에 간다면 다른 비영어권 나라에서 시작하는 이민 생활보다 몇 단계 앞서가는 이점을 지닌다.

현지어를 배우고 친구를 만들기 위한 영어

북유럽에서 불편 없이 사용된다고 해서 영어만으로 계속 생활하기에는 무리가 있다. 영어는 국가 공식 언어가 아니어서 주요 서류나 공고 등은 해당 국가의 모국어가 사용된다. 아이들의 학교 통신문도, 아파트 게시판에 붙는 안내문과 공지 사항도 현지어다. 인터넷으로 정보를 얻으려 해도 일단 첫 페이지는 현지어로 되어 있다. 결국 제대로 자리 잡고 살아가려면 반드시 현지어를 배우고 익혀야 한다. 문제없이 이민 생활을 시작하기 위해 영어를 준비해야 하지만, 현지어가 궁극적인 목표가 되어야 한다.

북유럽에서는 현지어를 배울 다양한 방법이 이민자들에게 제공된다. 가능한 모든 국민이 일하고 세금을 내는 사회 일원이 되도록 도와야 북유럽 사회 복지의 밑받침이 되기 때문이다. 언어를 배우도록 지원해 주지만, 영어 실력에 따라 길이 달라진다. 현

지어를 배우기 위해서는 영어를 사용해야 한다. 기본적으로는 수업 중에 현지어만 집중적으로 사용하며 익혀야 하나, 전혀 지식이 없는 학생들에게 선생님은 영어로 설명을 해줄 수밖에 없다. 사전도 영어 설명이고, 교재들도 영어로 되어 있다. 영어를 미리 준비해 갔다면 이러한 고민과 수고는 건너뛰는 것이다.

영어가 준비되지 않으면 수업 시간 말고도 고충이 따른다. 수업을 같이 듣는 사람들에게 편하게 말도 못 붙이고 외로움을 겪게 된다. 자주 마주치는 사람들과 사귀어 친구가 된다면 이민 생활에 큰 도움이 되고, 심적으로도 많은 위로와 힘이 된다. 북유럽 국가에서 한국말 하며 마음 통하는 사람들을 찾아다니는 것은 쉽지 않다. 외국에 나가서 언어라는 제한을 두고 사람을 만난다면 결국 스스로를 옭아매고 가두게 된다.

　언어는 요행도 없고, 대충대충 넘어갈 방법도 없다. 성실하고 끝없는 도전이 요구되는 어려운 숙제이다. 이민 준비를 하면서 영어나 현지어 때문에 벌써부터 마음이 무겁고 괴롭다면 실력을 얻기가 힘들다. 새로운 언어와 새로운 사람들을 만나는 일을 즐겁게 생각한다면 소중한 경험과 배움이 된다. 적극적으로 마음을 열고 현지인들과 소통하고 친구를 만들면서 배우고 익혀야 한다.

현지인은
해결사가 아닌
친구

현지인 친구가 있다면 축복이다

과거 막막하게 이민길에 올랐던 옛날 세대에 비하면 요즘은 사전 정보도 많고, 답사도 가능한 시대이다. 언어나 체류를 위한 법적 문제 같은 몇 가지만 빼면 이민 생활은 국내에서 멀리 이사 가서 적응하는 과정과도 같다. 주요 이민 국가에는 이미 한국 사회를 그대로 옮겨 놓은 듯한 타운도 대규모로 자리 잡고 있다. 고국을 그리며 홀로 외롭게 이민 정착을 하던 예전 세대와는 다른 환경이 된 것이다. 이제는 맞춤형 이민을 하는 시대가 되어 이민 쇼핑을 한다는 말까지 나온다. 그럼에도 아직 북유럽은 여전히 낮설고 한국 교민의 규모도 크지 않다. 여러 가지로 스스로 적응하고 알아 가야 하는 도전이 필요한 곳이다.

막막한 타국에 가족과 함께 발을 디딜 각오를 하면 무엇보다 현지 사정을 미리 가르쳐 줄 현지인을 한 명이라도 알고자 노력한다. 한국인이면 더욱 좋지만, 현지 사람 누구라도 도움을 줄 만한 사람을 알고 간다면 정말 마음 든든해진다. 한국인들은 인정, 인맥에 익숙해서 서로 의지하고 정을 나누는 삶을 이민 생활에서도 갖고 싶어 한다. 홀로 떨어진 상황에서 여러 도움을 주는 지인이 있다면 다른 어떤 확실한 준비보다도 도움이 된다.

좋은 인연으로 누군가를 알게 되면 이민 생활에서 남보다 하나 더 선물을 받은 셈이다. 하지만 직접 느끼고 깨닫지 못하면서 작은 부분에만 매달린다면 빈껍데기 같은 이민 생활에 스스로 몸을 맡기는 것이다. 사람들은 인간관계를 자신의 능력으로 여길 때가 있다. 내가 해주는 게 있으니까, 내가 능력이 있으니까, 내가 호감을 주니까 하면서 어떠한 권리로까지 잘못 생각한다. 도움을 주는 누군가를 내가 누리는 특별한 환경과 조건으로 생각하면서 안주하면 결국 이민 생활에서 큰 장애로 변한다. 먼 타국의 공항에 처음 내렸는데 누군가 마중 나와 준다는 것만으로도 현지인 친구는 기뻐하고 감사할 일이다.

현지인이 만능 해결사는 아니다.

도움을 주고받는 관계는 자주 형성된다. 금전이나 계약 관계도 있지만, 한국인들은 인간적으로 자연스럽게 관계가 형성되어 도움을 주고받는 경우가 많다. 애매모호할 수도 있고, 한편으로 더욱 친밀하고 밀접한 관계일 수도 있는 한국적인 관계는 서양에서는 매우 낯설고 익숙하지 않다. 그래서 현지인 친구가 있다는 것은 더욱 흔하지 않은 일이다. 한국을 떠난 타국에서 아주 특별하고 어려운 배려를 상대방으로부터 받은 것이기 때문이다.

만약 먼저 이민을 통해 정착한 선배라면 여러 가지로 알차고 꿀맛 같은 도움의 손길을 줄 것이다. 한국인이라면 통역까지 속 시원히 해주면서 가려운 곳을 전부 긁어 줄 것이다. 무엇이든지 처음 마련하고 정착해야 하는 입장에서는 그대로 따라 하고 싶을 것이다. 아무것도 없는 백지보다 다양한 가이드라인과 주의 사항이 잘 나온 참고서가 있다면 큰 도움이 된다.

사람 사이의 도움은 서로를 존중하는 마음과 기준선이 맞아야 좋은 관계로 계속 이어진다. 서로를 존중하기 위해서는 상대의 입장과 생각이 나와 같을 수 없다는 이해가 필요하다. 도움이 계속 확대되기도 하고, 영역이 다양해지고 세밀해지면서 서로의 생활에 개입하거나 간섭하는 상황도 생긴다. 조금씩 관계가 잦아지면 다른 기준과 비교하기 시작하고, 도와주는 사람의 결정을 비판하기도 한다.

조금씩 도움에 익숙해질수록 이민 오던 첫날을 생각해야 한다. 소중한 현지인에게 도움을 받았던 감사함을 잊어서는 안 된다. 정확한 약속과 계약 속에 이뤄지는 북유럽 생활에서 한국인만의 인정과 배려가 얼마나 감격적이고 힘이 되었는지 항상 기억해야한다. 북유럽에서는 각자 주어진 하루하루에 몰두하고 만족하면서 살아간다. 그런 가운데 누군가 나를 돌봐 주고 시간을 내어 배려해 준다면 매우 특별하고 소중한 마음을 받은 것이다.

훈훈한 관계는 이민 생활의 윤활유일 뿐, 새롭게 시작한 생활은 스스로 지켜 가며 하나씩 개척해야 한다. 현지인에게도 자신만의 생활이 있고, 나와 가족에게도 누구와 나눌 수 없는 생활이있다. 처음의 어려움을 덜고자 받는 도움에 매달리고 안주해 버리면 이민 생활은 시작조차 하지 않은 것과 같다.

현지인이 나의 모든 문제를 처리해 주기 위해 대기하는 사람은아니다. 사람마다 생활 기준이 다르고 관점도 다르다. 모든 것을맡기고 대변인이 되어 주길 바라는 것은 욕심이다. 나와 가족의도전이다. 처음에는 힘들어도 스스로 부딪히고 겪어야 단단한 뿌리를 내리는 밑거름이 된다. 소중한 현지인과의 인연에 감사하고,귀한 인생 친구로 꾸준히 이어 가는 지혜가 필요하다.

Tip

북유럽의
강렬한 맛,
살미아키

요즘은 직접 구매로 다른 나라 시장에서 쇼핑하는 시대라 외국에서 왔다고 선물을 주는 것도 무의미한 듯하다. 그래도 북유럽과 미국 생활을 오래 하다가 오랜만에 찾은 한국 가족들에게 부담 없고 재미난 것을 갖다 주는 일이 고민이었다. 북유럽에 살면서 스스로 인상 깊거나 마음에 드는 몇 가지를 챙겨 왔는데, 그중 한 가지는 받은 이들에게 거절당하는 재미난 일이 벌어졌다.

스웨덴의 대표적인 목캔디로 레케롤Läkerol이 있다. 설탕을 첨가하지 않고 천연 단맛인 스테비아Stevia 잎으로 맛을 냈다. 피로한 목을 위해 먹는 아주 조그만 사탕이다. 1909년 아돌프 아리렌Adolf Ahlgren에 의해 처음 만들어져 100년이 넘

는 역사를 가진 사탕이다. 제품 슬로건이 'Makes people talk 사람들이 말하게 한다'일 정도로 목에 좋은 캔디이다. 40여 가지가 넘는 종류가 있는데, 그중 가족들에게는 살미아키Salmiak라고 알려진 맛을 선보였다. 보통 북유럽을 떠올리면 자일리톨

껌을 많이 씹을 거라 생각하지만, 그보다 더 입에 넣기를 즐기는 맛이 바로 살미아키이기 때문이다.

살미아키를 먹을 줄 알아야 진정한 북유럽 사람이라고 말할 정도로 매우 강하고 독특한 맛이다. 내가 권했던 사람들은 모두 바로 놀라 뱉어 버릴 정도이다. 고무 타이어 맛 같다고 말하기도 하고, 쓴 한약 같다고 말하기도 한다. 짠맛이 강한데, 염화암모늄과 감초를 섞은 맛이다. 이름도 라틴어로 Sal Ammoniac염화암모늄이란 말에서 유래되었다고 한다. 단 몇 초도 참지 못하고 뱉는 사람들이 대부분이라서 어떤 미국인은 특유의 독한 맛을 영어로 Salmiyuck(yuck은 구역질 난다는 표현)이라고 표현해 놓기도 하였다.

오래전부터 북유럽에서는 목감기 치료 목적으로 먹었고, 실제 효과도 뛰어나다고 한다. 어린아이부터 노인까지 누구나 사탕, 초콜릿, 아이스크림, 과자, 심지어 차로 마시기도 하고 술로도 즐겨 먹는다. 사실 난 별로 즐기지는 않지만, 다 먹고 나면 얻는 목의 개운함에 북유럽인들이 왜 즐기는지 짐작이 된다.

남편은 북유럽 음식과 기호 식품들을 유난히 좋아하고 즐기는데, 특히 레케롤의 살미아키 캔디는 항상 몸에 지닐 정도이다. '배려'하는 마음에서 아는 지인에게 권해 보면 모두들 뱉어 버린다고 한다. 선물로 주었던 살미아키가 회수되었으니 우리 가족끼리 북유럽을 생각하며 음미해야겠다.

참고로 레케롤에 살미아키 맛만 있지는 않다. 민트, 베리 등 감미로운 종류도 많다. 북유럽에 갔다가 목이 피로하다면 어디서든 쉽게 보이는 레케롤을 추천한다. 북유럽의 진한 경험을 혹시 원한다면 특별히 살미아키 맛에 도전해도 좋겠다.

4
북유럽의
행복을
배운다

Mark Harris, imagebank.sweden.se

바이킹이 전해준 자율과 평등 사회

북유럽을 대표하는 상징이 있다면 바이킹이 아닐까 싶다. 8세기 이전부터 활동 자취가 남아 있고, 14세기까지 세계의 대양으로 영향력을 펼쳤던 바이킹은 탐험가이자 상인이었으며 침략자이기도 했다.

바이킹은 각자의 역할과 책임 아래 철저한 협동 생활을 하며 생존을 같이하는 동료 의식이 강했다. 선장이나 항해사부터 허드렛일을 하던 신참 선원까지 선상 생활이 철저한 계급으로 이루어졌을 것 같지만 실제는 달랐다. 누구나 동등하게 같은 시간에 식사하는 뷔페 식사, 다음 사람을 위해 한 모금으로 자제하며 돌리는 술잔 등 요즘 북유럽의 가치와 일치한다. 그도 그럴 것이 바이킹의 고향은 부족 마을이었고, 모계 사회였다. 선장도 신참 선원도 같은 고향이라는 지역적 연고가 있었음을 생각하면 철저한 계급 관계는 오히려 방해가 되었을 것이다.

초기 바이킹의 수익은 침략과 수탈에 의한 획득이었다. 이후 침략지의 적군을 노예로 팔기도 했고, 식료품과 상품을 거래하는 상인 형태로 발전하기도 했다. 현재 덴마크와 노르웨이 지역의 바이킹은 남부 유럽과 대서양을 건너 항해했다. 스웨덴과 핀란드 지역의 바이킹은 발트 해 인근만이 아니라, 동유럽을 넘어 육로로 유럽을 가로지르는 개척을 했다.

사회가 발전하며 쇠락의 길을 맞은 바이킹은 대부분 정착하여 농업을 했으며, 산업 혁명 이후에도 뿌리를 이어 왔다. 요즘도 북유럽 사람들의 의식 속에는 바이킹의 후예라는 관념이 자리 잡고 있다.

몇 등인지 중요한 한국, 등수가 무의미한 북유럽

얼마 전 읽은 한국 기사의 제목이 이러했다. '한국, 어머니가 되기 좋은 나라 30위'. 이해가 쉽지 않은 제목이었는데, 어쨌든 기사를 읽어 보았다. 국제 구호 단체인 세이브더칠드런Save the Children에서 세계 178개국 여성의 보건, 경제, 교육 수준과 5세 미만 영유아 사망률 등의 지표를 바탕으로 여성과 아동의 생활 환경 수준을 종합적으로 평가한 〈어머니 보고서〉의 내용을 옮긴 기사였

Iceland.is

다. 역시나 북유럽의 핀란드(1위), 노르웨이(2위), 스웨덴(3위), 아이슬란드(4위), 네덜란드(5위) 같은 나라들이 상위권을 독차지하고 있었다.

국가별 순위가 내게는 중요하지 않았다. 대한민국 엄마들 삶의 질이 세계 178개국 중 30위이란 사실에도 관심이 없었다. 왜 이런 수치와 등수가 뉴스로 다뤄지는지 의아한 마음만 들었을 뿐이다. 외국에 살다 보면 분위기, 어조, 시각 등에서 한국 뉴스는 여러모로 다른 점이 많게 느껴진다. 그중 하나가 무엇이든 비교하고, 그래프와 숫자들을 총동원해 등수를 매긴다는 것이다. 세계 지표 같은 기준으로 분석하여 등수를 낸 뉴스가 많고, 그에 대한 동향과 예측에도 한국 사회는 민감하다.

한국과 비교해 북유럽의 뉴스를 보면 다른 나라들이 어떻게 돌아가는지, 주변은 어떠한지 무관심하게 보일 정도다. 그들은 주변과 비교하는 상대적 평가와 문제의식을 갖기보다는 절대적 가치와 기준에 따른 현상 분석과 문제 해결을 다루기 때문이다. 복지 혜택, 사회 시스템, 삶의 질 등 '순위 겨루기'에서 항상 우등생인 북유럽이지만, 정작 그들은 자신들의 위치가 그러한지도 모른다.

스웨덴인들에게 북유럽이 세계 관심의 중심인 이유, 북유럽 핫 트렌드 등을 설명해 주면 생전 처음 듣는 이야기라며 놀란다. 우리가? 왜? 진짜? 반응도 잠깐 흥미뿐 자랑거리나 성취감 같은 호들갑도 전혀 없다. 세계 일등이 되겠다는 최종 목표나 동기 부여가 북유럽에서 벌어지는 일이나 과정에는 없는 것이다.

처음에는 의아하기도 했고 적응하기 힘들기도 했지만, 이제는 서서히 삶의 가치가 바뀌고 상대 평가의 부담에서도 벗어나 안정을 찾았다. 이전에는 항상 비슷한 그룹에서의 위치나 조건, 평가를 기준으로 분석하며 살아왔다. 가족의 능력과 위치, 아이의 발육과 성취도, 심지어 세세한 실생활의 행복 지수까지 상대 평가하며 등수를 매기곤 했다. 북유럽에 와서 수평적, 개별적 위치에 놓이면서 그동안의 순위 매김은 아무런 의미가 없어지고 말았다.

지금은 백 점을 받아도 같은 학급에 백 점 받은 아이들이 몇 명인지 알아내야 직성이 풀리는 엄마가 아니다. 점수를 떠나 아이가 노력했던 과정과 결과에만 집중해 주는 엄마로 변했다. 내 삶과 행복을 다른 이웃들과 비교해 '상대적' 우월감이나 박탈감으로 표현하던 것도 사라졌다.

한국에서 떠들어 대는 '스칸디 맘Scandi mom'을 정작 북유럽 엄마들은 들어 보지도 못했다. 무슨 기준과 내용으로 자신들이 차별화되는지도 모르고, 그다지 중요하게 느끼지도 않는다. 등수를 가리기 위해 꼭 필요한 지표나 기준, 평균치 등의 의미에 모두들 무관심하다. 올림픽에서 훌륭한 성적을 내고도 고개 숙인 한국 선수와 참가만으로도 기뻐하는 외국 선수가 대비되는 모습 같다.

한국인들은 항상 위의 등수를 쳐다보며 쉽게 좌절하는 상대 평가 속에 놓여 있다. 상위 등수를 향한 목표가 과연 각자의 삶에 어떤 포상을 내려 주는지, 위를 보면 한없이 오르고 싶으면서 밑을 내려다보며 안도하는 수직적 잣대가 각자의 삶에 어떤 역할을 해주는지, 수평적인 북유럽 사회 안에서 질문을 던지게 된다.

자율에 의한 사회의식

자율이란 제목을 달았다. 스스로 한다는 말이다. 누구에게 물어보고 명령을 받는 것이 아니라 스스로 무언가를 한다. 책임도 진다. 실패도 한다. 다른 사람보다 늦을 수도 있다. 어떤 길이 가장 효율적이고 어쩌고 하는, 경영학 수업 시간에나 들었을 단어들은 중요하지 않다. 스스로 결정하고 해보는 것이 중요하다.

자율성은 책임을 함께 가지는 개념이다. 수평적 사고와 협력 관계를 이루기 위해 절대 필요한 사항이다. 스스로 길을 가는 것이 출발 전부터 이것저것 따지는 불신보다 훨씬 훌륭하다. 스스로 선택한 일을 자신의 계획과 형편에 맞게 실행하는 것이 자율이며, 창의적인 사고이기도 하다. 남 눈치 보기는 스스로 피동적 인생임을 인정하는 것이다. 종속을 구체화시키는 속박이다.

북유럽의 사고는 이렇다. 자녀는 부모의 가정 내 파트너이며 인격체이다. 부모는 자녀에게 최대한 평등한 시야와 사고를 주기 위해 노력해야 한다. 부모가 절대적인 사고와 지식을 가지지 못함을 스스로 알고 있다. 모든 사고를 내면화Internalization 교육으로 감싸 안고 숙성시키는 고민을 하도록 한다.

초등학교 1학년 때부터 가장 강조하는 평등과 자율이다. 잘못된 습관은 부모가 절대적이다. 이 단계를 끊어 줌으로써 스스로

284

사고하게 하고, 사회 규범에 어긋나는 사고는 다시 생각하도록 해준다. 자녀를 인격으로 대하고, 절대 부모의 사고를 강요하지 않는다. 가족으로서 인생 동반자일 뿐 부모를 위한 무엇이 될 수 없다. 자녀 인생이 어떻게 펼쳐지든 본인의 선택이며, 부모가 책임질 수 없다. 더욱이 잘한 일은 자녀의 몫이다.

'공익'을 위한 북유럽인들의 약속 : 존중, 믿음, 실천

처음으로 아이들과 스웨덴의 야외 스케이트장을 찾은 적이 있다. 당시 겨울은 이상 기온으로 눈 대신 비가 계속 왔지만 곳곳의 야외 링크는 어김없이 문을 열었다. 스케이트를 처음 타는 아이들이 탈 만한 곳은 오직 시내 중심가의 스케이트장뿐이었다. 조그만 대여소 하나와 곳곳의 작은 방갈로가 전부인 그곳은 생각보다 붐비지 않아 아이들이 처음으로 타기에 위험하지 않았다. 북유럽인들답게 익숙한 솜씨로 서로 조심해 가며 즐기는 환경이라 초보자들과 부딪히는 일은 없었다.

기분 좋고 평화롭게 아이들의 첫 스케이팅 추억을 만들다 문득 의아한 생각이 들었다. 스케이트장 입장료가 없었다. 모두가 이용하는 공원이니 당연하다고 해도, 아이들과 어른들이 빌려 온 스케이트는 어떻게 반납하는지, 추가 요금을 내야 하는지 의문이 생겼다. 시간당 얼마씩 내는 요금제였지만, 빌려줄 때 아무 시간 확인도 없었고, 담보나 신분 정보를 맡겨 두지도 않았다. 모든 절

Helena Wahlman, imagebank.sweden.se

차는 간단했고, 사람들은 설명문에 쓰인 대로, 대여소 직원이 알려 주는 대로 빌렸다. 심지어 아이들이 꼭 착용해야 하는 헬멧은 무상으로 빌려주었다.

마친 사람들은 다시 가서 반납하고, 각자 사용한 시간보다 얼마나 더 사용했는지 확인하여 추가 요금을 지불했다. 가까운 곳에 간단한 음료와 스낵을 팔지만 먹거리를 들고 타는 사람, 쓰레기를 링크 위에 떨어뜨리는 사람, 일반 신발로 들어오는 사람 등은 없었다. 아늑하게 쉴 수 있는 방갈로 건물이 곳곳에 있었지만, 마치 개인 소유인 양 점거하고 짐을 펼쳐 놓는 사람도 없었다. '~하지

마세요’라는 문구가 여기저기 험상궂게 붙어 있는 것도 아니었다.

어찌 보면 스웨덴 사람들은 모두 이해할 수 없는 바보 같다. 이 곳에 온 이후로 나도 모르게 ‘그럼 이렇게 다르게 해도 되는 거 아니야?’ 하고 자꾸 정해진 룰 이외의 생각을 하는 자신을 발견했다. 남보다 다른 행동을 큰 방해 없이 해서 이익을 얻어야 똑똑한 사람이라는 생각을 해 오고 있었다는 사실을 북유럽의 ‘바보’ 같은 세상에 와서 절실히 깨달았다. 정해진 대로 꼭 지켜 나가는 사회가 처음에는 답답했고, 융통성도 없이 효율적이지 않은 모습이라고 평가했다. 그건 오로지 내 입장을 기준으로 얻은 느낌이었다.

그다음으로 이해의 폭을 넓히며 스스로 납득한 것은 ‘양보’였다. 서로를 위해 양보하고 남을 위해 조금 희생하는 마음이 이곳 사람들은 크다고 판단했다. 하지만 착각이었다. 정해진 룰을 지킨다는 것은 스웨덴에서 희생이나 양보처럼 ‘고민’과 ‘갈등’ 끝에 결심하는 힘든 행동이 아니었다. ‘공익’을 함께 얻기 위해 물 흐르듯 당연히 연결되는 고리였다. 왜 다르게 하고 싶어 하는지, 왜 룰을 벗어나고 싶은지를 사회 전체가 이해하지 못한다. 서로 함께 누리고 받을 혜택을 지켜 나갈 수 없다고 믿기 때문이다.

스웨덴 교육에서 아이들에게 가장 강조하는 것이 내면화이다. 어떤 행동과 동기 등을 주입하고 맹목적으로 반복 습득하지 않는다. 필요성과 내용을 이해하고 납득하여 마음속에서 우러나와 행동으로 이어져야 한다는 교육적 가치를 중요시한다. 작은 질서 하나도 왜 필요한지, 왜 그렇게 약속하고 지켜야 하는지를 충분히 이해하고 행동하도록 가르치는 것이다.

스웨덴에서는 곳곳에서 의아하게 생각되는 약속과 실천을 많이 보게 된다. 새벽 골프장에서는 자율 요금 계산대를 이용하고 티오프를 한다. 직원 근무 시간이 아니면 손님 혼자 요금을 내는 자율 계산대가 가능한 사회이다. 버스 정류소에서 누군가 두고 간 마켓 봉지 하나를 본 적이 있다. 아무도 만지거나 들여다보지 않았다. 한국 사람 기준에서 허술한 곳도 많다. 불법 행위를 가려 내고 처벌하려면 '허술한 관리'이지만, 모두가 지킨다는 믿음이 있다면 '쉽고 편리하고 비용도 절감되는 시스템'이 되는 것이다.

처음에는 맘껏 누리는 사회 복지 혜택이 놀라워 보이고, 한국은 왜 그렇게 안 될까 부럽기만 한 북유럽이다. 생활을 시작하면 혜택을 누리기 위해 서로 자연스럽게 존중하고 모든 약속을 지켜 나가는 믿음과 실천을 보게 된다. 머리가 나빠서 하는 바보짓도 아니고, 많이 이득을 보는 사람 때문에 배 아파하는 행동도 아니다. 혹시 다른 사람들은 어떨까 의심하고, 누군가 더 쉽고 편하게 누리지 않을까 걱정하지도 않는다. 만약 그런 사람이 하나라도 튀어나오면 그 사람이야말로 진정한 바보가 될 것이다.

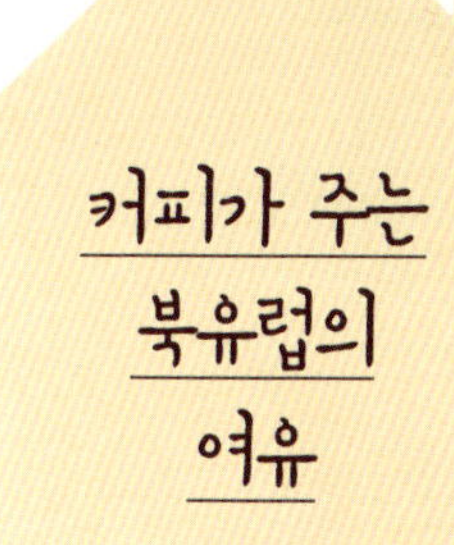

커피가 주는 북유럽의 여유

세계에서 커피를 가장 많이 마시는 북유럽

북유럽 생활을 소개하면서 커피 이야기를 빼놓을 수 없다. 북유럽에 오기 전까지는 맛있는 커피를 별로 상상해 보지 않았다. 일반적으로 커피를 떠올리면 스타벅스 컵을 들고 다니는 미국, 달콤한 디저트와 함께 우아함을 즐기는 프랑스와 영국 등을 먼저 생각하기 마련이다. 놀랍게도

↳ Helena Wahlman, imagebank.sweden.se

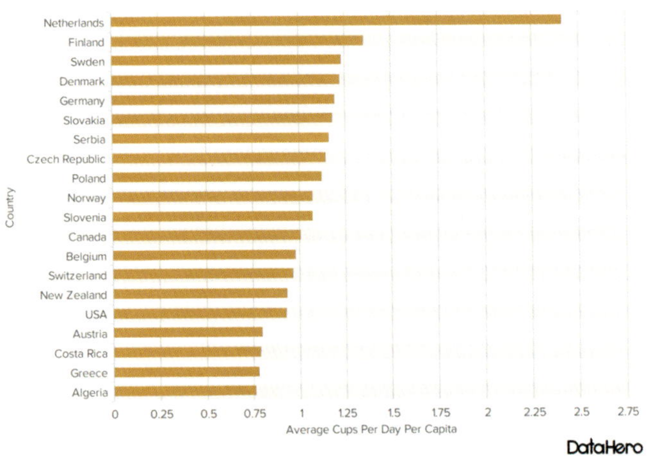

↳ The top 15 countries in coffee consumption per capita in 2013

1인당 하루에 마시는 커피 양을 조사해 왔던 결과에 따르면 핀란드부터 스웨덴, 덴마크, 노르웨이까지 북유럽 국가들이 상위권에 차례대로 나열된다. 조사 결과가 놀랍게 들리겠지만, 사실 북유럽에 오면 커피를 즐겨 마시는 생활 분위기를 금방 느끼게 된다.

우선 북유럽의 커피 소비자층은 어떤 한 계층에 쏠리지 않는다. 남녀, 직업, 나이에 관계없이 폭넓게 즐긴다. 어디를 가든 커피를 쉽게 주문해서 마시며, 커피를 뽑는 원두 기계도 어디든 갖춰져 있다. 맛과 향과 질 모두 아주 훌륭하다. 작은 주유소 편의점, 작은 시골 마을에 가도 다양한 커피 종류를 선택하여 마실 수 있다.

이삿짐을 날라 주던 업체 직원들이 휴식 시간에 물어봤던 질문이 직접 내린 커피 한잔을 마실 수 있냐는 것이어서 매우 놀랐던 기억이 있다. 만약 사정이 여의치 않으면 잠시 가까운 곳에 가서 마시고 오겠다는 양해를 구했다. 가정집마다 커피 기계를 마련해 두는 것은 흔한 일이다. 혼자 사는 1인 가구도 자신만을 위해 즐기며 음미할 커피 기계에는 투자를 아끼지 않는다. 요즘 한창 유행하는 캡슐 커피 기계도 북유럽이 전 세계에서 주요한 소비 시장일 정도로 커피를 사랑하는 열기가 대단하다.

북유럽인들이 커피를 많이 마시는 모습은 미국이나 한국 같은 다른 나라들과는 사뭇 다르다. 우선 북유럽인들은 테이크아웃으로 커피 마시기를 좋아하지 않는다. 부득이한 경우를 빼고는 커피와 차는 자리에 앉아서 음미하며 마시기를 원한다. 커피 전문점에서 테이크아웃하여 하루 종일 커피를 들고 다니는 미국인보다 한잔 한잔 시간을 마련해서 커피를 자주 마시는 북유럽인들의 커피 소비가 당연히 많다.

북유럽인들은 커피 맛을 폭넓게 즐기고 그때그때 맞춰 선택한다. 에스프레소의 진한 향이 필요할 때가 있고, 우유가 곁들어진 카페라떼의 부드러움이 어울리는 순간도 있다. 식사, 함께 준비된 디저트, 만나는 장소, 상황, 사람, 계절에 따라 커피는 달라진다. 전 세계적으로 유명한 스타벅스 종이잔을 길거리에서 쉽게 발견하지 못하는 곳이 북유럽이다.

북유럽인들은 노천카페에 잠시라도 앉을 시간을 가지고 커피를 주문한다. 노천카페 앞에는 각자 음료를 주문해서 음미하도록

1인용 의자가 쭉 나열되어 있다. 처음에는 도로를 향해 따로 떨어져 앉아 있는 사람들이 무척 낯설었지만, 북유럽에서는 아주 흔한 광경이었다. 순간순간을 음미하는 즐거움과 여유가 북유럽인들에게는 중요한 가치이다.

피카, 북유럽의 생활 속 휴식

한국에도 이제는 널리 알려진 북유럽 단어 중 하나가 피카이다. 스웨덴을 대표하는 전통이자 생활 문화를 보여 주는 말로, 영어로는 커피 브레이크Coffee Break이다. 즉, 커피를 마시며 쉬는 휴식 시간을 뜻한다. 스웨덴어로 커피는 카페Kaffe인데, 스웨덴의 옛말 카피Kaffi에서 변한 말이다. 19세기경 북유럽에는 단어를 거꾸로 발음하는 유행이 있었다. 그때부터 커피를 마시며 쉬는 시간을 카피의 발음을 거꾸로 해서 피카로 부르기 시작하였다고 한다.

피카의 전통은 지금도 계속되고 있다. 전통적인 생활 양식이라기보다는 여전히 스웨덴 사람들에게 중요한 하루 일과 중 하나이다. 점심 전, 또는 점심 후에 동네의 작은 카페나 베이커리, 도심 카페들은 커피를 마시며 담소를 나누는 사람들로 북적인다. 엉성하게 대충 시간을 때우거나 후다닥 마시고 일어나지 않는다. 과자와 케이크까지 마련하여 커피를 맛있게 마시고 휴식을 취하는 모습이다. 함께 대화를 나누는 즐거움, 혼자 쉬면서 느끼는 여유에 흠뻑 젖어 있는 모습이다. 회사 곳곳에도 신선한 원두를 뽑

는 커피 기계가 마련되어 있고, 편히 쉴 휴식 공간도 직원들을 위해 항상 배려되어 있다.

　스웨덴뿐 아니라 북유럽 국가들은 커피나 차를 마시며 쉬는 휴식 시간과 담소를 중요하게 생각한다. 그만큼 커피와 차의 종류가 다양하고, 곁들여지는 과자와 케이크도 꽤 역사가 깊다. 스웨덴에서는 곁들이는 디저트를 피카브뢰드Fikabröd라 부를 정도로 커피와 함께 먹는 디저트에 관심이 높고 종류도 많다. 사람마다 제일 좋아하는 피카브뢰드가 있고, 학교나 회사에 자기가 직접 마련한 피카브뢰드를 가지고 가서 나눠 먹는 것도 즐긴다. 주요 명절에 차와 함께 먹는 디저트 종류도 북유럽 각국마다 특별히 정해져 있다. 북유럽인들에게 커피 휴식, 즉 피카는 일상에서 포기할 수 없는 건강한 삶의 모습이다.

여유 있는 북유럽인의 휴식

휴식은 북유럽인들의 생활에서 하나의 패턴이며 반복이다. 쉼표 없이 이어지는 생활의 반복은 북유럽인들에게 존재하지 않는다. 왜 그런 선택을 하고 살아야 하는지 이해하지도 못한다. 북유럽 직장인들은 대부분 점심시간도 여유 있게 즐긴다. 도시락으로 시간을 아끼거나 점심시간을 희생해 가면서 일을 하는 북유럽인은 거의 없다. 동료들과 좋은 대화도 나누고, 혼자만의 충전도 하고, 무엇보다 밖의 공기를 마시며 산책하면서 휴식을 제대로 의미 있게 누리고자 한다.

북유럽에서 누군가 매일같이 야근을 한다면 이상하게 볼 것이다. 아무도 없는 회사에 왜 혼자 남으려 하는지, 주어진 시간에 동료들이 일하는 동안 도대체 어떤 문제가 있었는지, 왜 오늘도 늦게까지 저녁을 건너 뛰어가며 남으려는지 하는 의문들을 던질 것이다. 회사는 몇 배의 시간 외 수당을 지급해야 하는데, 그만큼 이유가 합당한 업무인지도 문제가 된다. 주어진 휴가를 제대로 누리면서 정해진 시간에 최선을 다해 효율적으로 일하는 능력자가 북유럽 회사에서 환영받는 동료이다.

퇴근 후에 한잔하자고 붙들어도 이상한 일이 된다. 북유럽에서는 업무나 학업을 끝내고 남는 시간은 각자 중요한 계획과 일들로 매우 소중하게 보낸다. 가족과 집에서 맛있는 저녁을 먹고 쉬는 일도 중요하고, 관심 있는 분야를 배우는 데 활용하기도 한다. 어떤 사람은 데이트를 즐기며 로맨틱한 시간을 보내고, 어떤 사람은 좋아하는 스포츠 클럽에 가서 땀을 내며 즐겁게 보낸다. 퇴근 이후에 누군가 술 마실 사람 없나 하며 서성인다면 북유럽에서 가장 불쌍한 인생을 살고 있는 사람으로 비춰질 것이다.

지극히 개인적이고 메마른 생활이라고 할지 모르겠다. 동료끼리 친구끼리 함께하지도 않으면서 좋은 팀워크와 성과를 내겠냐고 비판할 수도 있다. 북유럽인들도 서로의 유대 관계를 소중히 생각한다. 하루하루 소중히 여기는 휴식 시간이 그래서 더욱 중요하다. 함께 커피를 마시며 공통된 많은 이야기들을 나눈다.

한국인들처럼 끈끈한 정을 내세우며 개인적인 관심사를 캐묻지는 않는다. 친밀하게 다가오지만 속으로는 늘 견주고 경쟁하려는 한국과는 다른 분위기이다. 경쟁이 삶의 수단과 목표가 아닌 북유럽에서는 대화와 토론이 지극히 순수하고 투명하다. 공통된 주제와 진실된 이야기만으로도 충분히 일과 목표, 그룹을 위해 서로에게 힘이 된다.

개인적으로 지켜 가는 휴식, 휴가, 취미, 가치관 등을 존중하는 사회가 북유럽이다. 못마땅하지만 법으로 정해져 있어서 휴가를 인정하는 것이 아니다. 회사의 성공과 발전을 위해서는 개인적인 삶의 보람과 만족이 전제되어야 한다고 모두가 생각한다. 회사보다 가족 행복이 우선이고, 가족 행복을 위해서는 개개인이 행복을 느껴야 한다고 믿는다. 행복의 기준은 모두가 같을 수 없다. 원하는 삶의 모습과 행복을 찾아가는 길도 같을 수 없다. 북유럽 사회는 그런 진리를 깨닫고 소중히 여긴다.

처음에는 왜 그리 휴가도 많고 쉬는 시간도 많은지 혼자 흥분하고 짜증을 냈던 기억이 난다. 이메일을 보내면 자동으로 언제까지 휴가라고 답신이 오기도 하고, 전화를 걸면 휴가 중이라고 자동 응답기의 메시지가 들리기도 한다. 백야가 한창인 여름에는 길고 긴 상대방의 휴가 기간을 미리 알아 놓지 않으면 크게 당황하게 되는 상황도 생긴다. 7월에는 한 달 정도 가게 문을 닫고 여름휴가를 떠나는 가게들도 많다. 아무리 장사가 잘되고 유명한 가게라도 쉬어야 할 때는 반드시 쉰다.

북유럽에 간다면 쫓기듯이 하루를 보내지 말고 긴 숨을 돌리며 쉬어 가기 바란다. 본인이 쉬는 방법에 익숙하지 못하다고 주변 친구와 동료들의 휴식을 이해 못 하고 방해해서는 안 된다. 휴식과 휴가는 알차고 후회 없이 즐기고, 대신 다른 약속과 일들은 되도록 딱 맞춰서 지키는 습관을 가져야 한다.

북유럽에서 집으로 친구를 초대하려면 최소 2주 정도의 시간을 배려해서 참석 여부를 알아보아야 한다. 한 달 정도 배려하는 것이 사실은 일반적이다. 한국에서 즐기는 소위 '번개 모임'은 이해되지 못한다. 갑작스러운 모임에 나타나는 것으로 의리와 우정, 참여도를 평가하는 것은 이해하기 힘든 모습이다. 약속 시간보다 너무 일찍 들이닥치거나, 혼자서 늦게 나타나는 무례도 범하지 않아야 한다. 북유럽인들은 개인적으로 보이지만, 함께하기로 한 약속은 최선을 다해 지키려고 한다.

혼자 괜히 마음 불편하고 경쟁하는 마음을 갖고 살아가면 결코

Simon Paulin, imagebank.sweden.se

북유럽의 여유 속에 참여할 수 없다. 자신을 위한 휴식도 못 느끼고 앞으로만 달려가는 사람이라면 다른 사람이 쉬어 가는 모습도 인정하지 못한다. 제대로 쉬고 놀 줄 알아야 재충전도 되고 일도 잘한다. 이 간단하고 명쾌한 진리를 우선 이해해야 북유럽에서 즐겁게 살아간다.

커피 한잔을 마시며 잠시 휴식과 여유를 즐기는 스웨덴의 피카는 이제 세계적으로 널리 알려졌다. 아무리 바쁘게 돌아가고 똑같이 반복되는 지루한 일상이라도 삶의 여유와 즐거움을 스스로 만들어 가는 북유럽인들의 소박한 모습이다. 그만큼 소중한 휴식이기에 피카는 단지 향기로운 커피나 차 한잔만으로 꾸미기에는 부족하다. 옆엔 항상 커피나 차의 맛을 더욱 음미하게 해주는 달콤한 간식이 곁들여진다. 작은 초콜릿 조각, 쿠키 하나라도 커피 옆에 자리한다.

스웨덴 상점 곳곳에서 빵을 쉽게 발견한다. 편의점, 일반 슈퍼마켓, 카페, 전문적인 제과점 한편에는 먹음직스러운 빵들로 가득하다. 일반적으로 피카브뢰드라고 불릴 정도로 피카를 위한 간식거리이다. 오랜 전통인 만큼 어느 곳의 피카브뢰드라도 맛이 아주 좋다. 미국식 간식 빵은 달고 강렬하지만, 스웨덴의 피카브뢰드는 소박하고 은은한 맛이다. 단맛에 빨리 지치는 사람들에게 안성맞춤이다. 언뜻 보기에 늘 먹어 보았던 간식거리 같지만, 스웨덴만의 독특한 모양과 맛이 있다. 커피와 찰떡궁합이며, 북유럽에서만 느끼는 새로운 즐거움이다.

1. Äppelkaka (Swedish Apple Cake)

사과는 스웨덴 음식에 즐겨 곁들인다. 스웨덴식 사과 케이크는 어느 때나 사랑받는 디저트이다. 케이크와 파이의 중간이라 느껴진다. 케이크보다 씹는 식감과 고소함이 있고, 파이보다 달콤하고 안이 꽉 차 있다. 바닐라 크림을 반드시 곁들인다. 바닐라 크림은 스웨덴 디저트에 자주 등장하는데, 일반 커스터드 크림보다 부드럽고 달콤한 맛에 중독성이 느껴진다.

2. Mandelskorpor(Almond Biscotti)

↳ Björn Tesch, imagebank.sweden.

미국에서도 간식으로 사랑받는 비스코티는 두 번 구워서 더욱 바삭하고 구수한 맛을 내는 과자로, 빵과 같은 포만감도 있다. 비스코티 말고도 러스크rusks, 츠비박zwieback, 만델브로트 Mandelbrot 등의 다른 이름으로 불리며 전 세계적으로 사랑받는다. 스웨덴에서는 만델스코르포르라 불리고, 이태리 과자지만 피카에 자주 곁들이는 간편한 간식이 되었다. 스웨덴에서는 아몬드가 들어간 맛을 좋아한다.

3. Kanelbullar(Cinnamon Roll)

시나몬 롤은 미국에서도 열광적인 지지를 받는 빵이지만, 막 구워져 나왔을 때를 제외하고는 너무 달아서 개인적으로 즐기지는 못했다. 스웨덴에서도 시나몬 롤은 큰 사랑을 받는다. 계피 맛을 스웨덴인들은 매우 좋아한다. 스웨덴어

↳ Tina Stafrén, imagebank.sweden.se

로 카넬Kanel이라 하며, 불라르Bullar는 롤이란 뜻으로 동그란 모양의 빵을 흔히 부르는 말이다. 미국식 시나몬 롤보다 위에 뿌려진 버터와 설탕 양이 적고 덜 달아서 부담감을 덜었다. 시나몬 롤은 막 구워졌을 때의 향기가 모든 이를 사로잡을 만큼 강렬한 빵이다.

4. Chokladbollar(Cocoa Ball)

↳ Jakob Fridholm, imagebank.sweden.se

코코아 볼은 스웨덴에 와서 즐기게 된 달콤한 간식이다. 커피와 환상적으로 어울리고, 스웨덴 아이들에게도 인기 있는 간식이다. 동그란 모양의 구워진 빵같이 보이는데 굽는 과정이 없는 과자이다. 오트밀, 코코넛, 코코아 가루, 설탕, 녹인 버터 반죽에, 어른들의 간식이라면 차가운 커피를, 아이들 간식이라면 카페인이 없는 오렌지 주스를 대신 섞어서 뭉친 과자이다. 초코와 코코넛, 오트밀의 맛 조화가 아주 좋은 간식이다.

5. Lussekatt(Saffron Bread)

12월 성녀 루이스의 날에 특별히 먹는 빵으로 노란 빛깔의 빵이다. 특별한 명절 음식이지만 평소에도 노란 사프란 빵을 스웨덴 사람들은 즐겨 먹는다. 부드러운 이스트 빵에 황금색 귀한 가루 사프란으로 색을 내고 건포도, 체리, 커

↳ Helena Wahlman, imagebank.sweden.se

런트Currant(북유럽 열매) 등을 섞어 맛을 살린다. 설탕이 위에 뿌려져 달콤한 맛을

더하기도 한다.

6. Kladdkaka (Chocolate Sticky Cake)

미국에서 즐기던 초콜릿 퍼지Fudge와 비슷하지만, 미묘한 다른 점이 많다. 일반적인 퍼지보다 덜 끈적거리고, 겉은 약간 바삭한 식감도 난다. 케이크치고는 장식 없이 간결하고 얇은 모양이다. 초콜릿 맛은 진하지만 단맛이 강하지 않아서 바닐라 소스를 곁들이면 더욱 맛있다. 초콜릿을 좋아하는 사람은 초콜릿 시럽을 더 얹어서 먹는다. 진한 커피와 잘 어우러지는 강하고 분위기 있는 맛이다.

7. Prinsesstårta (Princess Cake)

왕실로부터 전해져 온 전통적이고 대표적인 스웨덴 케이크다. 예쁜 모습과 함께 감미롭고 부드러운 맛으로 인기가 높다. 스웨덴에서 생일 케이크로도 많이 사랑받는다. 케이크를 덮는 아몬드의 마지팬Marzipan을 만들고 굳히기 위해 3일이란 준비 기간

↳ Jakob Fridholm, imagebank.sweden.se

이 필요할 정도로 정성이 필요한 케이크이다. 겹겹의 층마다 쌓여진 빵과 잼, 크림, 마지팬 등의 조화는 깃들인 정성만큼 언제나 훌륭하다.

8. Sandbakkel(Butter Cookies)

Jakob Fridholm, imagebank.sweden.se

예쁜 모양의 틀로 구워 낸 북유럽 전통 버터 쿠키이다. 보통은 납작한 조개껍질 모양의 케이크로 구워 안에 생크림과 다양한 맛을 곁들인다. 주로 딸기와 생크림을 얹어서 먹는 방법을 좋아하며, 계절에 따라 기호에 맞는 다른 과일들도 곁들인다. 바삭한 쿠키와 부드러운 크림, 위에 얹은 과일이 예쁘고 달콤하다.

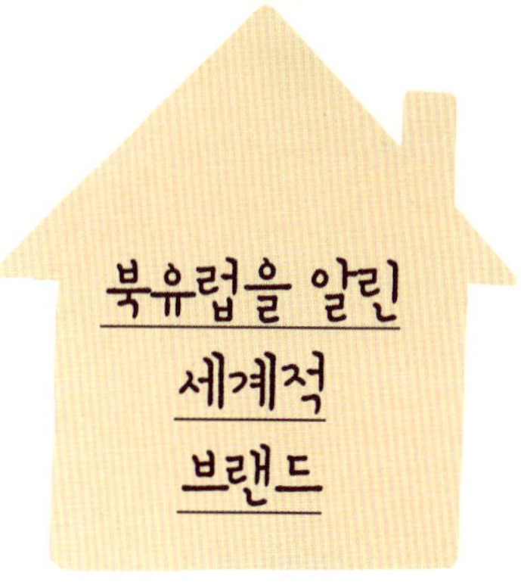

우리 곁에 이미 와 있는 북유럽 제품들

직접 가 보지 않았더라도 어느 나라에서 만들어진 제품을 사용하거나 호감을 갖고 있다면 그 나라가 가깝게 느껴진다. 한국인에게 북유럽은 왠지 낯설고 한 번도 경험해 보지 못해서 먼 나라이다. 북유럽 사람들은 무엇을 먹는지, 유명한 북유럽 사람은 누구인지, 북유럽을 배경으로 한 이야기나 영화가 있는지 한참 떠올려 본다. 많은 한국인들의 반응은 '북유럽에 대해 별로 떠오르는 게 없다'이다. 미국인들 사이에서도 북유럽은 신비로운 곳으로 여겨진다. 북유럽과 연관된 것을 몇 개라도 자신 있게 말하기만 해도 꽤나 세계에 대한 관심과 상식이 높다는 인상을 준다.

처음에는 너무 조용하고 우물 안 개구리처럼 자급자족하며 살아가기에 바깥세상에 알려지지 않았다고 생각했다. 하지만 이미 너무나 많은 북유럽 제품들과 문화에 젖어 있고, 열광하기까지 한다. "북유럽에 유명한 회사가 있나요? 북유럽은 뭐가 유명한가요?"라는 질문에 "이케아, 에릭슨Ericsson, H&M, 볼보Volvo, 노키아Nokia, 레고LEGO 등등 셀 수 없이 많죠."라고 대답하면 거의 모든 사람들이 깜짝 놀란다. "아니. 그게 모두 북유럽에서 온 거에요?"라고 말한다.

쉽게 미국이나 영국 브랜드일 것이라고 추측하던 우리 생활 속의 수많은 인기 제품들이 이미 오랜 역사를 통해 북유럽에서 성장하여 조금씩 알려진 것이다. 북유럽 사람들은 최고를 꿈꾸지도 않고, 이름을 날리기 위해 인생을 걸고 뛰어드는 성향과도 거리가 멀다. 그럼에도 북유럽 제품들은 오늘날 놀라울 정도로 규모가 성장하여 세계적인 브랜드 파워까지 갖게 되었다.

북유럽 회사들은 남들보다 뛰어난 마케팅 전략을 세운다거나 기회를 선점하는 싸움에 노련하지 못하다. 노동 시장이 값싸거나 자본과 자연 조건이 풍부한 것도 아니다. 그러기에 그동안 북유럽 회사의 경쟁력이나 제품 평가에 소홀하거나 무관심했으리라 생각된다. 북유럽 회사들은 기능적이고 합리적인 제품 완성도와 철저하게 신뢰를 지켜 가는 데 존재의 목적과 이유를 두었다. 그들은 천천히 제품을 통해 인지되고 성장하는 길을 따라왔다. 밖에서 내리는 평가보다 기업가가 세웠던 기업 윤리와 목표,

합리적인 가격, 신뢰할 만한 완성도, 거기에 뛰어난 디자인 가치에 최선을 다하고 집중한다.

오랜 북유럽 역사 속의 공방 문화를 바탕으로 전문적이고 체계적으로 갖춰 온 제품 생산 시스템이 현대화된 오늘날에 품질 좋은 제품을 만드는 단단한 밑거름이 되었다. 북유럽 기업들은 한 분야를 전문적으로 심도 있게 파고드는 장인 정신을 가지고 있다. 자본력과 마케팅을 바탕으로 성장한 자본주의 기업들과는 다르다.

북유럽 기업들은 정통성과 오랜 역사를 자연스럽게 내세운다. 대외적인 마케팅에 투자하기보다 제품을 통한 소비자와의 신뢰를 탄탄히 쌓아 간다. 다른 나라 소비자들이 북유럽에서 왔는지조차 모를 정도로 자기소개나 자랑에 개의치 않는다. 자연주의와 휴머니즘 정신으로 말할 수 있는 북유럽 성향이 뛰어난 제품 우수성과 신뢰성으로 전 세계 시장을 석권하고 있는 것이다.

스웨덴에서 있었던 제품 전시회를 관람하면서 경험했던 기억이 떠오른다. 작은 인테리어 소품 회사였지만, 이미 디자인 잡지를 통해 알고 있던 제품들을 보고 반가워 다가갔다. 담당자는 스웨덴 국내 전시회에서 검은 머리 동양인이 본인들의 제품을 알고 있다는 사실에 너무 신기해하면서 질문을 쏟아 내었다. '어느 나라에서 왔어요? 우리 회사를 어떻게 알죠? 어떤 점이 맘에 들었나요?' 제품을 만드는 그들의 동기는 너무 순수했고, 소비자의 의견까지 정성스럽게 들으면서 더 좋은 무언가를 만들려는 열정이 느껴졌다.

순수한 첫걸음의 역사

드디어 북유럽 스웨덴의 이케아가 한국에서 매장을 오픈했다. 한국 진출이 조금은 늦었다고 느껴질 만큼 이케아는 이미 세계 27개국에 315개의 매장(2014년 기준)을 갖고 있는 세계 최대의 인테리어 가구 업체이다.

1990년대 처음으로 이케아가 미국에 등장하면서 획기적인 DIY 가구, 놀라울 정도로 저렴한 가격, 수준 높은 북유럽 감각의 디자인, 편리하고 친근하면서 고객의 다양한 욕구를 만족시키는 매장과 쇼핑 시스템 등으로 선풍적인 인기를 끌었다. 이케아는 기존 고가의 투자 상품으로 여겼던 가구 개념을 실용적이고 다양한 욕구를 만족시키는 소비 제품으로 완전히 탈바꿈시켰다. 현재 세계의 가구 업체들은 이케아의 가격과 실용성, 디자인까지 모방하고 따라 하면서까지 살아남기 위한 몸부림을 치고 있다.

놀랍게도 이케아는 치밀하게 짜인 차별화 전략이나 목표를 가지고 세워진 회사가 아니다. 1943년 17세 소년 잉바르 캄프라드 Ingvar Kamprad가 저렴하고 손쉬운 조립식 가구를 스웨덴 시골에서 팔기 위해 차렸던 회사이다. 더 놀라운 사실은 잉바르 캄프라드는 6살 때부터 자전거를 타고 성냥을 팔러 다니면서 쌓은 비즈니스 경험을 바탕으로 회사 설립의 꿈을 이루었던 것이다.

17세 때 할아버지에게 받았던 용돈이 세계 최대 기업인 이케아를 설립하는 자본금이 되었다. 자녀들이 어릴 적부터 동네에 물건을 팔러 다니고, 공부 잘해서 준 용돈으로 가게를 차리거나 비즈

↳ 스웨덴 앨름훌트의 첫 번째 스토어

니스를 한다고 하면 과연 다른 나라 부모들은 어떤 반응을 보일까? 순수하게 아이를 응원하고 격려할 마음을 가질지 의문이다.

잉바르 캄프라드는 현재 자신의 재산을 헤아릴 수 없을 만큼 큰 부자가 되었지만, 낡은 볼보 자동차를 타고, 비행기의 이코노미 좌석을 이용하고, 이케아의 식당에서 식사하고, 이케아의 가구만을 고집하는 구두쇠 할아버지로 불린다. 그의 확고한 기업 철학에 따라 이케아는 70여 년 세월 동안 쉬지 않고 한 단계씩 성장했고, 이제는 세계인의 생활을 지배하고 있다. 엄청나게 성장하고 변화해 왔지만, 이케아는 잉바르 캄프라드가 창업할 당시의 마음가짐을 버린 적이 없다. 현재 회사 이윤만큼 사회에 환원을 추구하는 북유럽식 경영의 대표적 기업으로 이케아를 꼽는다.

성공이나 큰 부를 축적하는 것이 처음 목표가 아닌 북유럽 기업들이 사회에 이익을 환원하는 모습은 자연스럽고 당연하게 받아들여진다. 소비자와 사회로부터 벌어들이고 챙겨 가기만 했다면 이케아는 어느 나라에서도 환영받지 못했을 것이다. 작은 경험들을 바탕으로 남보다 앞선 생각을 갖고 어려운 환경에서도 도전한 소년의 용기가 이케아 성공의 출발이었다. 흔들리지 않고 지켜 오는 소년의 순수한 마음가짐으로 이케아는 전 세계인의 신뢰를 얻고 있다.

북유럽 기업의 대부분은 이케아처럼 첫걸음이 아주 미비했거나, 흔히 주변에서 쉽게 할 만한 도전이었던 경우가 많다. 전 세계 아이들의 장난감 박스에서 쉽게 찾을 수 있는 레고도 덴마크의 작은 시골 빌룬드Billund에서 시작된 장난감 회사였다. 목수였던 올레 키르크 크리스티안센Ole Kirk Kristiansen은 귀여운 아들을 위해 쌓거나 조립할 수 있는 나무 블록을 만들어 주었다. 블록을 가지고 놀았던 아들 고트프레드 크리스티안센Godtfred Kristiansen이 1958년 현재의 형태를 가진 레고 블록을 개발하여 특허를 갖게 되었다.

1988년 레고가 가졌던 특허가 풀리면서 위기가 찾아왔다. 당시는 아이들의 놀이 문화가 비디오 게임으로 바뀌는 시기였다. 미국식 자본주의 경영 방식으로 회사 위기를 모면하려던 레고는 2000년대 초반 파산 위기까지 맞았다.

2004년 위기의 레고를 맡은 요르겐 빅 크누드스톱Jørgen Vig Knudstorp은 회사의 문제점에 대해 한마디로 '레고답지 않았다'라

↳ 레고

고 진단했다. 크누드스톱의 새 경영책인 'Turn-around Plan' 은 결국 처음의 레고로 돌아가자는 것이었다. 우선 생산 라인, 인력, 부품 등의 감축으로 스스로 고통을 감수했다. 장난감 생산 이외에 다방면으로 펼쳐 놓았던 여러 사업 분야들은 전문적인 업체에 넘겨 정리하였다. 예전 레고를 이끌었던 기본적인 블록 시리즈를 재생산하여 옛 기억을 떠올리는 부모 세대의 공감을 얻었다. 소비자들과 끊임없이 소통하는 창구를 마련하여 소비자의 아이디어와 창작력을 만족시킬 제품을 개발하는 노력도 기울이고 있다.

레고도 북유럽의 순수한 마음으로 제품을 만들어 오던 회사였으나, 한때는 커져 버린 모습으로 먼 바깥세상까지 뛰어나가 방황을 겪기도 했다. 다시 마음을 추스르고 작은 빌룬드 마을의 목수 아저씨가 만들어 주는 레고로 돌아와 주어 얼마나 다행인지 모른다. 레고의 부활을 보면서 북유럽 기업과 제품이 성공한 이유가 무엇인지를 분명히 알게 된다. '초심을 잃지 말아야 한다'는 진리를 북유럽 기업들을 통해 배운다.

여전히 창업자의 고향 빌룬드에 본사를 두고 있는 레고 직원들은 명함 대신 레고 블록을 가지고 다닌다. 사무실은 레고랜드처럼 블록들이 쌓여 있고, 항상 블록을 가지고 노는 아이들의 마음을 생각한다.

이케아와 레고를 비롯한 대다수의 세계적인 북유럽 제품들은 단순히 '꼭 필요한 제품, 더 좋은 제품'을 만들기 위해 시작되었다. 옷을 잘 만들고 좋아하던 두 사람은 좋은 옷감과 멋진 디자인으로 만든 옷을 훨씬 싼 가격에 많은 사람들이 입기를 꿈꾸며 H&M을 만들었다. 핀란드의 오래된 기업 피스카스FISKARS는 회사 이름과 같은 피스카스 브룩Fiskars Bruk이란 작은 마을의 대장간에서 농기구를 만들다 탄생된 회사이다. 오렌지색 손잡이로 상징되는 피스카스 가위는 전 세계에서 가장 편하고 잘 잘리는 가위로 애용되고 있다. 현대식 수화기 전화기를 발명한 스웨덴의 라르스 마그누스 에릭슨Lars Magnus Ericsson은 세계적인 기업 에릭슨을 탄생시켰다. 에릭슨은 텔레콤 분야의 글로벌 전문 기업으로 계속 성장하고 있다. 이처럼 작은 공방을 통해 만들어지다가 오늘날 세계적인 기업으로 성장한 북유럽 회사들은 수없이 많다.

전문 분야는 달라도 회사가 탄생된 배경과 동기는 모두 한결같다. 자연을 사랑하고 인간을 존중하는 북유럽 창업자들에게 '더 좋은 제품을, 더 나은 가격에, 더 많은 사람들에게 주기 위한' 목표가 있었음은 언제나 똑같다. 부디 북유럽 기업들은 조금 둔하고 답답해 보인다고 누군가 말해도 그냥 사람과 자연을 아끼는 북유럽 기업으로 꿋꿋하게 남아 주길 바란다.

전 세계 게임 시장까지 정복한 북유럽

최근 몇 년 사이에 새롭게 등장하여 북유럽 경제 발전에 큰 역할을 맡고 있는 기업들이 있다. 등장하자마자 얻은 세계적 인기와 엄청난 매출 성장을 보면서 분명 미국 자본주의 회사일 것이라 모두들 착각하게 만든 기업들이다. 더구나 성공한 분야가 게임 산업이어서 북유럽 회사라고 상상하기 힘들다. 짧은 시간에 전 세계적인 유행을 만든 획기적 아이디어는 미국 할리우드 영화나 게임 산업에서나 가능한 일이라 여기기 때문이다.

놀랍게도 현재 게임 시장을 장악한 많은 게임이 스웨덴과 핀란드에서 개발된 제품들이다. 게임을 하지 않는 사람들도 흔히 접해 보고 들어본 앵그리버드Angry Birds, 배틀필드Battlefield, 마인크래프트Minecraft 등 최고 인기의 다운로드 게임이 모두 북유럽 출신이다. 아주 적은 푼돈으로 다운받는 게임이라서 시장 규모가 크지 않을 것 같지만, 이들이 벌어들이는 연간 수입은 어마어마하다. 마인크래프트를 개발한 모장Mojang이 전 세계를 대상으로 벌어들인 순수익이 연간 1억 불을 넘기고 있다.

북유럽 게임 산업의 성장은 그리 오래된 일은 아니다. 플레이스테이션Playstation, 위Wii 같은 전문 비디오 게임이 하락하고, 스마트폰과 태블릿의 등장과 함

↳ 앵그리버드

께 쉽게 다운로드하는 인디 게임Indie game이 크게 떠올랐다. 아이디어만으로 승부하는 중소 게임 업체들에게 기회가 찾아온 것이다. 전통적으로 편견과 조건 없는 평등한 북유럽에서 작은 규모로 시작하는 게임 업체들은 어느 다른 나라보다 자유롭고 편안하다. 북유럽에서는 전문 능력을 중시하고 평등하게 기회를 얻고 도전하는 사회적 분위기로 많은 아이디어를 쏟아 내게 만들어 준다. 북유럽은 소자본이라도 아이디어만으로 도전하는 인디 게임 산업을 위해 준비된 환경이라 하겠다.

북유럽 게임 산업이 성공한 배경에는 다양한 요인이 있겠지만, 중요한 공통점이 있다. 간단하게 바뀐 게임 환경에서 사용자들은 예전의 웅장한 스케일과 복잡한 영웅 스토리보다는 북유럽 스타일의 단순하고 쉬운 게임 구성과 스토리에 매력을 느낀다. 앵그리버드는 새총으로 돼지를 잡는 단순한 발상이며, 마인크래프트는 레고를 가지고 노는 것 같은 블록 놀이에서 출발한 아이디어이다. 북유럽 사람들의 합리적인 사고가 네트워크를 통해 여럿이 함께 게임하는 '소셜 게임'이란 추세에 딱 맞아떨어졌다. 개인 혼자 두드러지기보다는 전체적인 시스템을 함께 생각하는 북유럽식 사고가 담겨 있다.

게임 산업으로 성공 가도를 달리는 북유럽의 젊은 창업자들도 경영 철학과 가치관에 있어서 다른 북유럽 기업들과 다르지 않다. 북유럽의 유명 게임 업체들도 북유럽식 경영 방식으로 경쟁력을 만들어 가고 있다. 모두가 평등하고 자유로운 분위기에서 누구라도 좋은 아이디어를 말하고 실현해 보는 환경을 갖추고 있다.

마인크래프트를 완성하였던 모장의 창업자 마르쿠스 페르손 Markus Persson은 엄청나게 벌어들인 회사 이윤을 사회 기부와 함께 직원들에게 재분배하여 큰 화제가 되기도 하였다. 전 세계 대기업들이 엄청난 액수로 투자와 매수를 노리는 북유럽 게임 회사들은 항상 북유럽 밖에서 뉴스거리이다. 하지만 그들은 키워 놓은 회사 가치와 이윤보다는 계속 발표될 새로운 게임 아이디어에 더 많은 열정을 쏟는다.

북유럽 기업들은 자신만의 가치관과 기업 목표를 가지고 차별화된 제품을 만들어 꾸준한 발전을 이루었다. 세계 최고의 부와 명성은 북유럽인들에게 성공 잣대가 아니어서 오히려 전 세계 소비자들은 북유럽 제품을 믿고 찾는다. 흔들림 없이 완성한 북유럽 제품들의 매력에 세계 소비자들은 '출신 성분'은 잘 모른 채 흠뻑 빠져들고 있다. 아이러니하게 그들이 꿈꾸지 않은 세계적 제품이라는 수식어를 다는 것이다. 그럼에도 크게 흥분되어 자랑하거나 달라지는 모습은 없다. 정말 따라 하기 쉽지 않은 북유럽인들이다.

↳ Tuukka Ervasti, imagebank.sweden.se

북유럽 이케아, 한국에서의 반응은?

이케아라고 하면 무슨 생각이 먼저 떠오를까. 가구 회사, 싼 가격, 좋은 디자인, 컬러풀, 단순한 조립식, 주방용품 같은 액세서리도 취급 정도가 아닐까 한다. 이런 생각을 전부 다 했다면 이케아의 충성도 높은 고객이거나 잠재적인 고객일 확률이 높다. 이케아가 가장 주입하고자 하는 장점들을 이케아와 동일시한다면 이미 이케아의 전략은 대성공이라 하겠다.

한국이 한참 전쟁으로 시달리던 시절에 북유럽 스웨덴의 성냥팔이 소년 잉바르 캄프라드는 가구를 기존 공방 문화에서 탈피시켰다. 대량 생산 시스템으로 값을 낮추고, 개인이 직접 조립하게 하여 가격을 좀 더 낮췄다. 잉바르 캄프라드는 부자들만의 전유물이었던 공간 디자인 개념을 서민들에게까지 확대시키고자 회사를 설립했다.

디자이너로서 캄프라드의 생각은 완벽에 가까울 정도의 혁명이었다. 수백 년간, 아니 수천 년간 이어진 계급 문화와 완벽한 장인의 손끝으로 이뤄지던 공방 문화를 벗어난 혁명이었다. 개별 부품 포장을 위한 끝도 없는 품목 리스트, 이후 생산, 물류, 포장, 판매, 운송, 배달, 후처리 서비스를 하나의 시스템으로 묶어 관리하게 만든 시스템을 알아 갈수록 이케아는 학문적으로도 의미가 있을 것 같은 영역이다. 참고로 이케아 스토리를 다룬 서적도 이케아에서 높은 판매를 기록한다.

본사가 위치한 북유럽에서 이케아는 이카노Ikano 그룹의 사업 영역 중 하나이다. 이카노의 사업은 투자, 개발, 건설을 담당하며 아파트 개발 판매는 주력 사업 중 하나다. 짐작하다시피 이카노 그룹의 아파트에는 이케아 가구 라인과 가전, 생활 라인이 설치되어 이케아 갤러리를 연상시킨다. 지금 이런 이야기를 하는 이유는 이케아가 초기 사업 목표를 이미 달성하고 세계 최고라는 수식어가 붙는 모든 업적을 이루었다는 것을 강조하기 위해서이다. 부자 순위, 영향력, 고객 친밀도, 환경 보존 등 좋은 영역의 이미지는 모두 가지고 있다고 해도 과언이 아니다.

사업 이미지가 좋은 가장 큰 이유는 고객과의 유대를 '소통' 이미지로 만들었기 때문이다. 창업자 캄프라드는 일찍이 개인 사업에 성공한 인물이다. 그는 단지 좋은 상품을 공급하여 부를 창출한다는 단순 명제에서 벗어나 '문화 판매 전략'을 세웠다. 문화를 판다는 것은 고객을 나와 같은 생각으로 동기화시켜 Synchronize 같은 문화에 넣고 친밀도를 높이는 구상이다.

이케아 매장은 단지 상품만을 팔지 않는다. 싼 가격에 질 좋은 음식을 공급하며, 북유럽의 생필품을 위한 마켓도 있다. 아이들 놀이터도 몇 개씩 존재하고 담당 교사도 배치되어 있다. 단지 가구를 사러 오는 곳이라기보다 그냥 놀러 왔다가 이것저것 집어 가는 동네 장터 분위기를 만들어 놓았다. 거기에 북유럽식 철저한 관리와 디자인으로 관광객이라면 한 번쯤 들르게 하는 곳으로도 유명하다.

아프리카와 남미를 제외한 세계 전 지역에 같은 규격으로 제품을 공급하며, 현지인과 현지어를 존중하는 기업 형태로도 알려져 있다. 유럽에서는 개인 살림을 처음 시작하는 틴에이저나 사회 초년생들이 어떤 가구를 사느냐가 아니라 이케아냐 아니냐로 나뉠 정도로 파워가 있다. 원하는 가구나 생활용품을 고르기 전에 우선 이케아에 들러 영감을 얻는다.

자신의 생각을 현실로 만들 수 있나 검증해 보는 갤러리도 무척 반갑다. 몇 평의 빈 공간을 어떻게 채워야 되는가 하는 질문을 속 시원히 해결해 놓은 곳이 이케아이다. 40평방미터의 작은 스튜디오에서 100평방미터가 넘어가는 대형 거실까지, 이케아의 디자이너들이 북유럽 감각을 모티브로 현지에 맞게 실제 재현해 놓은 갤러리들은 이케아의 신상품과 색상의 향연이다.

이케아의 문화 판매 전략은 고객이 인지하든 안 하든 상관없이 큰 성공을 거두었다. 본래 유럽식 작은 가구를 주로 취급하였음에도 미국에서마저 큰 성공을 이룬다. 2014년 현재 27개국 315개 매장으로 전년도 287억 유로의 매출을 기록했다.

한국 진출이 확정된 가운데 찬반양론이 엇갈리는 기사를 접하였다. 자유 경쟁 체제에서 새로운 사업이 진출하는 것을 막을 수는 없다. 이케아는 진출하는 모든 지역에 나쁜 영향을 주지만은 않았다. 자본주의 종주국이라는 미국에서 이케아는 엄청난 호평을 받았다. 반면에 주위 가구 업체나 디자이너들은 달라진 환경에 갈팡질팡했다. 수십 년이 지난 오늘, 미국 가구 업체들은 건재하고, 자신의 영역을 넓히고 있다. 사업 영역이 중첩되는 삼성과 애플이 공존하는 현상과도 같다. 삼성의 호조가 애플을 멸망시킬 수도 있으나, 결과적으로 서로 큰 싸움을 피하며 공존하는 방법을 찾기 때문이다.

이케아는 모든 것을 만족시키는 회사는 아니다. 저가에서 중간 정도의 가격, 단순하고 기능적인 가구와 생활용품, 절대 고급 느낌은 나지 않는 가구, 북유럽 디자인과 컬러풀한 색상, 주문자 상표 부착 생산 방식OEM이 대다수인 특성상 의심되는 품질, 직접 조립해야 하는 번거로움 등 대략적인 열거에도 몇 가지 단점이 있다.

미국의 예를 들어 시장을 보자. 이케아가 진출한 초기에 큰 어려움을 맞이한 일반 업체들은 이케아 영역을 넘어서거나 다른 영역을 개발하였다. 아메리칸 스타일의 큰 가구 라인, 원목 위주로 한 차별화, 장식적인 디자인, 아프리카나 동남아시아 같은 다른 문화의 디자인 라인, 이케아와 같은 가격이지만 조립된 가구 등 차별화 전략을 폈다. 아예 고급 라인으로 방향을 바꾸어 차별화를 이룬 업체들도 많다. 이국적인 액세서리와 가구로 훨씬 발전한 가구점도 많다.

차별화의 성공은 아주 단순한 원리가 있었기 때문이다. 아무리 좋고 싼 가격이라도 남이 하는 것을 따라 하기 싫어하는 인간의 본성이다. 크기, 가격, 가치, 성능, 인지도에서 따라올 수 없는 몇몇 대표적인 상품들이 독점적 지위를 누리지 못하는 이유이기도 하다.

이케아의 문화 파급 효과는 엄청날 것이다. 하지만 이케아 가구나 상품의 수명 사이클이 바뀔 쯤에는 다시 한 번 제자리를 찾을 것이다. 구한말 서양 상인이나 선교사를 본 조선 사람들은 서양 귀신이라며 푸른 눈, 노란 머리에 알아들을 수 없는 말을 하는 서양인을 이유 없이 두려워했다. 정말 무서워서가 아니라 서로 알지 못한다는 두려움이었다.

사람에게는 자기 마음을 상대가 혹시 알지 않을까 하는 두려움이 있다. 어린이가 무서운 범죄자에게 눈을 맞추며 웃는 것은 두려움이 없어서다. 이케아가 한국 가구 업체나 관련 기업을 전멸시킬까 하는 지나친 두려움은 가지지 않아도 된다. 이케아는 이미 많은 성과를 이룬 기업이다. 전 세계의 자본을 얻고자 욕심을 내거나 자신만의 영향권 내에 두려는 독선은 북유럽인 관점에서 죄악이다. 자신이 살아온 의미조차 지워 버리는 손실이다.

이케아는 회사가 가야 할 길을 알고 있다고 본다. 미국이든 한국이든 철저한 매뉴얼 아래 시행할 것이다. 이케아와 사업이 중첩되는 업체들은 이미 이케아가 진출하여 영향력을 발휘한 나라들의 사례를 공부하는 것이 좋다. 이케아에 위협을 느낀 미국의 작은 가구점이 독자 라인을 개발하고 수입선을 변경하여 큰 성

공을 거두기도 하였다. 더욱이 일반 가구의 획일성에서 벗어나 전문성까지 갖출

수 있었다는 후일담을 읽으면 대비하기 나름이라는 생각이 아울러 든다.

자연에서 온 북유럽 식탁

북유럽 사람들은 많은 햇빛을 쏘이지 못하고 지낸다. 보건소에서도 아이들의 비타민D 섭취를 적극적으로 조언한다. 북유럽에서 건강을 유지하기에는 긴 겨울이 주는 여러 가지 걸림돌들이 많다. 해가 짧은 겨울은 길고 눈이 많이 내리는 만큼 외출 시간마저 짧아진다. 몸이 움츠러들고, 혈액 순환이 원활하지 못하고, 햇빛으로 섭취하는 영영소가 자연스럽게 부족해진다. 환경적 어려움으로 인해 북유럽 사람들은 건강을 중요하게 챙긴다. 그들이 식탁을 준비할 때 제일 신경 쓰는 부분이다.

북유럽의 식재료

바다와 호수가 많은 북유럽에서는 생선이 주요 식재료라는 생각이 든다. 사실 북유럽인들은 훨씬 다양하고 신선한 자연 식재료를 골고루 섭취하기 위해 노력한다. 산림도 북유럽 지형의 많은 부분을 차지한다. 깨끗한 청정 지역의 북유럽 산악과 들판에서 얻은 고기들은 미국에서 자랑하는 최상급 고기보다 부드럽고 훌륭하다. 소고기, 양고기, 돼지고기, 닭고기 외에 순록고기Moose도 즐겨 먹는다. 순록고기는 기름기가 적고 식감이 부드러워서 먹기 전에 걱정했던 마음이 사라질 정도로 맛있었다.

북유럽인들은 간과 피를 적극적으로 활용한다. 철분이 부족해질 수 있는 자연 환경에 효과적으로 도움이 되는 음식이다. 살코기만을 주재료로 활용하는 미국 식탁과 달리 북유럽인들이 음식에 활용하는 고기 부위는 무척 다양하다. 고기 코너를 둘러보면 놀랄 것이다. 안심, 등심부터 족발, 꼬리, 삼겹살, 내장, 피까지 다양한 재료를 판매한다. 아시아나 다른 대륙 이민자들에게도 반가운 일이다. 나는 스톡홀름 시내의 재래시장에서 구해다가 '선지해장국'까지 끓여 먹은 적

↳ Jakob Fridholm, imagebank.sweden.se

도 있다.

북유럽의 고기 요리에는 주로 깊은 산속에서 자라는 상큼한 링곤베리Lingonberry 잼을 곁들인다. 크랜베리Cranberry와 맛이 흡사한데, 잼과 고기가 과연 어울릴까 처음에는 의아해진다. 의외로 고기와 링곤베리 잼의 어울림은 중독될 정도로 훌륭하다.

북유럽 식단에서 베리 종류의 활용은 중요한 부분이다. 간식과 후식에도 쓰이고 소스나 잼, 맛을 첨가하는 재료로도 여러 베리 종류를 이용한다. 딸기, 산딸기, 블루베리, 블랙베리 등 북유럽 마켓에는 베리 종류와 베리를 이용한 식품들로 가득하다. 북유럽인들의 영양소 섭취를 돕는 아주 중요한 대표 식품들이다.

링곤베리 잼과 함께 고기 요리에 꼭 들어가는 소스는 그레이비Gravy 소스이다. 육수를 우려내서 크림, 소금, 후추 등으로 만든 그레이비소스는 구수하면서도 부드러워 고기의 식감과 맛을 더욱 살려 준다.

북유럽의 식탁에는 고기나 해산물 같은 주 메뉴에 감자와 빵이 항상 곁들여진다. 북유럽의 척박한 환경에서도 풍족하게 거둘 수 있는 감자는 맛도 좋고 쓰임새도 다양하다. 감자는 추운 겨울 동안 저장이 용이하고, 높은 열량과 포만감을 쉽게 얻는 식품이다. 북유럽에서는 탄수화물과 비타민처럼 중요한 영양분을 공급하는 소중한 식재료가 되고 있다.

푹 삶은 통감자를 한가득 담아 내오는 북유럽 식탁은 흔한 모습이다. 주로 푹 삶아 그냥 먹거나, 삶아서 으깨 먹는다. 스프로 만

Iceland.is

들기도 하고, 얇은 빵이나 팬케이크에 넣어 먹기도 한다. 다져서 튀긴 넙적한 감자튀김인 해시브라운Hash brown, 스웨덴식 감자전인 라그멍크Raggmunk도 북유럽인들이 즐겨 먹는 감자 요리이다.

북유럽 식탁에도 빵은 항상 함께 오른다. 서양인들에게 빵은 한국인의 주식인 밥과 같다. 주로 디너롤Dinner roll이나 바게트를 떠올리기 쉽지만, 북유럽에는 좀 특별한 빵이 있다. 북유럽에서 흔하게 나는 곡물인 호밀로 만든 빵인데, 스웨덴말로 크네크브뢰드Knäckebröd라 하며 딱딱한 빵이란 뜻이다. 씹으면 '아작' 소리를 내며 부서진다.

크네크브뢰드는 호밀과 물 같은 기본 원료만으로 만들어 부패, 변질의 우려가 적고 습기와 온도 변화에도 민감하지 않다. 척박한 자연 환경과 이동이 많은 바이킹 문화가 낳은 음식이라 본다. 북유럽 정찬에도 빠지지 않으며, 아주 흔한 음식인 오픈 샌드위치에도 사용된다. 보통 캐비어, 절인 청어, 새우 샐러드, 잼 등을 올려서 먹으며, 곁들이는 재료의 맛을 돋보이게 하는 은근한 식감과 맛이 있다.

무엇보다 북유럽인들은 간단하더라도 집에서 직접 신선한 음식을 먹는 것에 애착을 갖는다. 북유럽에 패스트푸드점이 많지 않고 활발하게 성장하지도 못하는 이유이다. 요즘 들어 쇼핑몰 안에 푸드코트가 조금씩 들어서고 있지만, 그저 직장인들을 위한 점심 정도로 여긴다. 저녁 식사는 식당이나 집에서 먹는 잘 차려진 정찬을 선호한다.

마켓에는 요리에 쓰이는 신선한 식재료가 많다. 바로 깡통을 열거나 데우기만 해서 먹는 즉석 식품은 인기가 없다. 대형 매장에서 하나 가득 즉석 식품을 카트에 채워 나가는 미국과는 큰 차이가 있다. 북유럽인들은 당일 구운 신선한 빵, 그날 들어온 싱싱한 해산물, 다양한 부위의 고기, 유제품, 채소, 과일 등을 정성스럽게 카트에 담는다. 담백한 북유럽 식탁이지만 자연의 맛과 영양분을 그대로 얻으려는 노력이 느껴진다. 추운 지방일수록 제한적이고 간편한 식사로 끼니를 때우겠지 추측하겠지만, 오히려 영양분이 결핍되지 않도록 식탁을 차리는 것을 중요하게 생각하는 북유럽인들이다.

바이킹 역사와 함께 해온 청어와 해산물

북대서양과 발트 해가 만나는 북유럽은 바이킹 역사로도 유명하다. 배를 타고 유럽을 넘어 전 세계를 돌아다녔던 바이킹은 바다에서 얻은 해산물을 오랫동안 저장하여 먹어야 했다. 옛날에는 추운 겨울 동안 산속 동물을 구하기도 어렵고, 농작물을 지금처럼 수확한다는 것도 불가능했다. 당연히 바다 자원은 북유럽인에게 소중했다. 짠맛이 강하지 않은 바다여서 다양하지는 않지만 연어, 새우, 청어 등은 북유럽을 대표하는 해산물로 수출될만큼 맛이 훌륭하다. 그중 가장 많이 잡히는 청어를 저장하게 되었다. 아주 고약한 냄새를 가진 식품으로 알려진 수르스트뢰밍

Jakob Fridholm, imagebank.sweden.se

Surströmming이 바로 절인 청어이다.

긴 손가락 길이로 보잘 것없어 보이는 등 푸른 생선 청어는 서민 음식의 보고였다. 지금도 한국의 김치만큼이나 북유럽 식탁에서는 빠질 수 없는 식품이다. 청어는 쉽게 상하고, 크기가 너무 작고, 살이 잘 부서진다. 때문에 적절한 조리법과 저장 방법을 통해 먹어야 한다. 까다로운 성질과 달리 뛰어난 감칠맛이 있어서 채소나 빵에 잘 어울린다.

청어만큼 북유럽 식탁에 빠지지 않는 해산물은 새우와 연어이다. 살짝 염장하여 익힌 후 급속 냉동한 새우를 북유럽 마켓에서는 쉽게 본다. 통째로 얼려 있는 신선한 새우를 하나씩 까먹으며 담소를 나누다 보면 어느새 식탁 가득 새우 껍질이 쌓인다. 커다란 새우는 새우 자체의 맛을 즐기기 위해 찌거나 구워 먹는다. 조그만 새우들은 소스와 스프에 쓰거나, 마요네즈와 버무려 빵과 함께 먹는다. 북유럽 식당에서 흔히 판매하는 오픈 샌드위치에는 삶은 계란, 딜Dill과 함께 새우 샐러드가 듬뿍 얹어져 있다.

북유럽산 훈제 연어는 세계에서 최상품이다. 미국에서도 알래스카산보다 노르웨이에서 수입되는 훈제 연어에 훨씬 비싼 가격이 매겨져 있다. 그만큼 육질과 맛의 차이가 크다. 북유럽에서는 갓 잡아 올린 신선한 연어도 쉽게 살 수 있다. 생선 가게에는 그날 바로 들어온 연어와 제철 생선이 풍부하다. 아시아 이민자들이 많아지면서 큰 마켓에서는 초밥이나 횟감용으로 다듬어 주기도 한다.

현재 북유럽 해산물은 노르웨이 어장에서 제일 많이 잡힌다. 노르웨이는 북유럽과 세계 각국으로 해산물과 가공품을 수출하고 있다. 사실 북유럽을 포함한 유럽 전체에서 제1위 수산국이다. 원유 생산국이 된 이후 수산업이 감소 추세이지만 여전히 연어, 청어, 대구, 송어, 고등어 등의 품질은 세계적으로 인정받는다. 노르웨이의 깨끗한 어장과 신선한 해산물이 자연 훼손과 오염으로 몸살을 앓고 있는 환경 문제 속에서 더욱 가치를 인정받고 있다.

수돗물을 직접 마신다

북유럽에 와서 제일 먼저 만나는 낯선 모습은 수돗물을 마시는 사람들이다. 북유럽 호텔에도 생수가 마련되어 있지 않다. 물을 담을 빈 주전자만 있지, 돈 내고 사 먹는 생수는 찾기 힘들다. 생수를 찾는 여행객들에게 수돗물을 틀어서 컵에 받아 주면 모두들 멈칫한다. 놀라는 외국인들을 보면서 북유럽인들도 놀라긴 마찬가지이다. 항상 오염을 걱정하고 사는 외국인들은 과연 수돗물을 믿고 마셔도 될까 의구심이 들고, 북유럽인들은 수돗물이 더러우면 다른 환경은 도대체 어떠한가 걱정스러운 것이다.

모든 자연은 물을 근본으로 숨 쉬고 자라고 살아간다는 본질적인 생태계 원리를 생각해 보라. 깨끗한 물을 가진 북유럽은 큰 축복을 받은 것이다. 사실 축복을 받았다기보다 자연을 지키려고 꾸준히 노력하며 살아온 결과다.

북유럽의 수돗물은 수질이나 맛에서 시판되는 고급 생수보다 뛰어나다. 나도 길들여졌는지 웬만한 생수를 먹어 봐도 북유럽에서 마시던 수돗물만큼 상쾌하지 못한 느낌이다. 빙하에서 흘러 내려오는 깨끗한 지하수를 끌어올리니, 북유럽 가정에는 몸에 좋은 약수터가 있는 셈이다.

물이 깨끗하고 좋아선지 음료수를 파는 상점의 진열대는 단조롭다. 어른들은 천연 탄산수를 즐겨 찾고, 아이들은 물에 조금씩 희석해서 과일 맛을 내주는 과일 원액을 좋아한다. 온갖 탄산음료에 길들어 있다면 북유럽의 단조로운 진열대를 보고 실망할지 모르지만, 깨끗한 물을 마시다 보면 북유럽의 자연처럼 몸이 정화되는 것을 느낀다.

북유럽에서는 음료 안에 얼음을 잘 넣지 않는다. 얼음 가득 넣어서 먹던 습관에 익숙해 있다가 처음에는 얼마나 답답했는지 모른다. 미국계 식당에서나 얼음을 부탁하면 먹을 수 있을 정도이다. 북유럽인들은 골이 띵할 정도로 찬 음료나 물을 마시는 모습을 이해하지 못한다. 너무 차거나 뜨거운 음식을 섭취하면 몸에는 좋지 않다고 한다. 컵 속의 얼음을 자연스럽게 멀리하는 북유럽에서는 건강을 지키는 좋은 습관이 될 것이다.

북유럽 식탁은 신선한 재료로 골고루 영양분을 섭취하고, 맛은 담백하며, 특별히 뜨겁거나 찬 음식이 없다. 즉, 건강을 지켜 내기 어려운 북유럽의 자연 환경에 꼭 알맞은 건강 비결이다. 북유

럽 길거리에서 뚱뚱한 사람들을 보기는 참 어렵다. 대부분 뚜렷한 이목구비 못지않게 훤칠한 신장과 몸매를 자랑한다. 고도 비만인 사람들이 국가적 문제로까지 거론되는 미국과 자연스럽게 비교된다. 가끔 비만에 가까워 보이는 사람들을 살펴보면 거의 모두 북유럽에 갓 이민 온 사람들이다. 결국 식생활 차이가 주된 이유가 아닐까 추측해 본다.

북유럽 식탁에는 몸에 나쁜 축적물이 쌓일 만한 음식이 없다. 깨끗한 환경에서 마음 편히 먹고 마실 재료를 얻어서 담백하게 만든 건강 식단이다. 오늘날 많은 사람들이 너무 자극적인 맛과 편안한 방법만 찾는다. 소중한 자연과 건강을 쉽게 잊어버리고 있는 것은 아닐까 생각해 본다.

Tip

**북유럽
전통 음식
청어**

나는 음식을 좋아한다. 음식은 먹는 맛도 중요하지만, 문화 표현이라고 생각해서 가능한 편견 없이 받아들이려고 노력한다. 척박한 땅에서 고된 생활을 했던 북유럽인에게도 전통 음식이 있다. 역시 사람이 살아가는 곳은 어느 곳이나 아름다운 문화가 녹아 있음을 느낀다. 음식에 대한 무한한 탐구와 수용은 그 문화에 대한 최대의 존경이며, 편견 없이 받아들일 준비가 되었음을 인정하는 일이라 생각한다.

북유럽은 10세기까지만 해도 문화라 칭송받기 어려운 단순한 생활이 이어졌다. 겨울에 육로는 얼어붙고, 해로마저 일부 지역에서만 사용했다. 긴 겨울에 농작물은 바닥나고, 육류는 너무 소중해 잡아먹을 수 없었다. 생선은 쉽게 상하는 성질이 있다. 빵은 곰팡이가 핀다. 다른 식재료는 수 세기가 지나면서 전해졌고, 그전에는 변변한 양념조차 없었다. 마치 고춧가루로 버무린 한국 김치가 얼마 안 된 역사를 가진 것과 마찬가지이다.

북유럽 역사를 보면 음식이 보인다. 담백하고 느끼함이 없다. 신선한 채소는 드레싱 없이도 그냥 샐러드로 먹는다. 거의 모든 채소에는 절임이라는 요리 방식이 존재한다. 생선은 절여 먹는다. 신선한 생선은 그냥 구워 소금만 뿌려도 훌륭하다. 고기는 최고 품질이다. 최상급 목초지와 공기, 운동으로 양념이 필요 없을

정도이다. 순록, 사슴, 야생 멧돼지 등 야생 고기도 먹으며, 전문 사냥꾼도 있다. 전통 빵은 딱딱하고 얇게 잘라서 마치 비스킷 같다.

북유럽에서는 오랜 시절 생활한 식문화가 그대로 보인다. 북해의 찬 바다, 발트 해의 짜지 않은 바다에는 별다른 생선이 없다. 요즘은 원양 어업이 존재하지만 원시 어업 시기에는 근해 물고기가 주요한 식재료였을 것이다. 우리나라의 멸치처럼 이곳에도 대량으로 잡히는 생선이 있다. 청어이다. 등 푸른 생선인 청어는 서민들의 음식 보고였다. 지금도 한국 김치만큼이나 의미 있는 식재료이다.

청어는 쉽게 상하고 크기가 너무 작아서 살이 잘 부서진다. 대신 작은 생선 나름대로 뛰어난 감칠맛이 있다. 과거에는 소금에 절이는 방식이었다. 그러다가 수르스트뢰밍이라는 고약한 냄새나는 음식도 나오곤 했다. '신 청어'라는 이 음식은 세계에서 가장 냄새가 고약한 음식 중 탑을 차지한다. 사실 북유럽에서도 일반적이진 않다. 스트뢰밍Strömming이나 씰Sill이 청어를 일컫는 말로, 수르스트뢰밍Surströmming과는 전혀 다른 맛을 가진 음식이다.

청어는 전통적으로 내장을 빼내고 손질하여 소금, 식초에 절인다. 자연스레 나오는 수분은 그대로 보관하고 재료에 계속 주입된다. 후에 양념이 보급되며 단

맛, 매운맛 등이 더해지고, 보통 4~5가지의 다른 맛으로 절인다. 청어 절임은 훌륭한 요리 종류의 한 가지로 바뀌는데 그중 하나가 전통적인 '씰'이다.

씰에는 청어 절임 외에 양파와 계란, 작은 씨감자와 치즈, 사워크림, 크네크브뢰드, 딱딱한 빵이 첨가된다. 약식으로는 한 4~5가지의 음식 종류가 한 접시에 올라가고, 많이 놓이면 10종류 이상이 올라간다. 아주 보기 좋고, 먹기 아까울 정도의 색감이 있다. 카나페류 전식으로, 계란 위에 재료를 올려 먹거나 빵과 함께 손으로 집어 먹는다. 씰에서 몇 가지 소스와 요리 방식이 파생되어 연어 요리를 위한 소스, 계란 요리, 몇 가지의 안주류로 갈라진다.

한국의 절임 음식도 고장과 손맛에 따라 달라지듯 지역에 따라 다른 맛을 볼 수 있다. 각종 식품 회사에서는 많은 종류의 청어 절임류를 포장하여 판매한다. 각종 한국 젓갈과 따뜻한 밥은 한식에서 정식과는 다른 즐거움이다. 마찬가지로 청어 절임은 일반 서민의 술안주로, 간식으로, 때로는 정식 메뉴로까지 발전한 요리이다. 요즘은 간편하게 만들 수 있고, 맛도 훌륭하며, 무엇보다 무척 아름다운 음식이다.

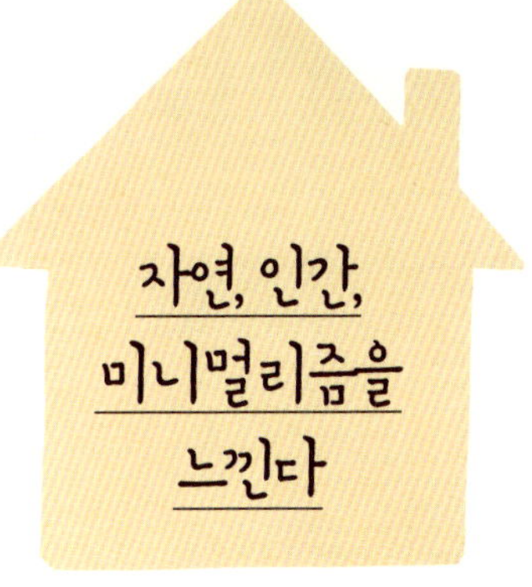

세계적인 사랑을 받는 북유럽 디자인

북유럽에 관해 모두들 선망하며 이야기하는 중요한 주제 중 하나는 디자인이다. 심플한 청어 패턴으로 유명한 행주 한 장까지 갖고 싶어 하는 한국 주부들을 보면서 북유럽 라이프스타일에 대한 관심이 얼마나 뜨거운지 느꼈다. 이런 현상은 한국에서만 벌어지는 상황이 아니다. 21세기 세계 디자인계 전체의 이슈이다.

같은 유럽 안에서도 북유럽 디자인과 제품에 대한 신뢰와 인기가 높아지고 있다. 미국과 아시아에서도 북유럽 디자인을 모티브로 내세운 제품과 관련 서적, 행사 등에서 스칸디나비아란 키워드는 빠지지 않고 있다. 20세기까지 관심 밖에서 조용히 지내

↳ Visit Finland

↳ Kim Wyon, VisitDenmark

던 북유럽에 왜 이리 빠져드는지 신기할 정도이다.

북유럽 스타일을 단순히 흉내 내는 방법으로 내 것으로 만들 수는 없다. 설령 북유럽 현지에 뛰어들어 생활한다면 북유럽 디자인이 스며들 것이라는 생각도 착각이다. 나도 디자이너로서 북유럽 디자인에 깊은 관심이 있지만, 겉모습만으로 평가하고 시도하는 것이 얼마나 섣부른 판단이고 과욕인지 깨달았다. 북유럽 디자인은 독특한 삶의 원칙과 가치관, 환경과 역사적 영향이 바탕이 되고 있기 때문이다.

북유럽 디자인에 대해 여러 글을 쓰면서 공통적으로 얻어지는 결론이 있다. 북유럽 디자인은 친환경 자연주의, 미니멀리즘을 통한 실용주의, 평등과 관용을 바탕으로 한 휴머니즘이라는 목적과 가치관에 따른 결과라는 것이다. 시각적으로 의도되거나 인위적으로 연출하는 노련한 디자이너의 결과물이 아니다. 근본적이고 중요한 삶 속에서 자연스럽게 디자인하고 어우러져 탄생된다.

오늘날 많은 사람들이 과연 무엇이 삶을 궁극적으로 가치 있고 행복하게 만드는가 고민하고 있다. 그런 이들에게 북유럽 디자인과 제품들은 편안함과 안락함, 신뢰감을 느끼게 해준다. 첫 시선을 확 잡아당기는 강렬한 유혹보다는 마음속에서 쉽게 지워지지 않는 관심과 애정을 불러일으킨다.

북유럽의 공방 디자인

불과 20세기만 해도 북유럽은 풍요롭고 안정된 복지 사회를 갖추지 못했다. 북유럽이 겪은 현대 역사의 흐름에는 어려운 도전이 많았다. 부족한 자원과 척박한 자연 환경, 주변의 급변하는 열강 속에서 생활은 검소하고 합리적이어야 했다. 가지고 있는 모든 것들을 소중하게 지키고 관리해야 했다. 디자인은 북유럽인들의 어려운 생활과 시스템을 효율적이고 실용적으로 만들기 위한 아이디어를 창출해 내는 작업이었다.

해가 짧고 추운 겨울 동안 실내에 머무는 환경은 필요한 것을 집중해서 생각하고 만들어 내는 일에 의외로 큰 효과를 발휘한다. 일의 몰입도를 최대로 끌어올려 주는 소중한 시간이며, 새로운 아이디어를 끝없이 찾게 하는 동기 부여가 되는 시간이다. 북유럽으로 파견 나온 외국 전문가들이 겨울 동안 새로운 업무를 구상하여 좋은 결과를 보았다는 의견이 많다. 극히 제한적이고 억압되

는 북유럽의 겨울이 오히려 아이디어 생산에 긍정적인 도움을 주는 것이다.

북유럽의 생산 동기와 환경이 가져온 산물이 공방 문화이다. 북유럽의 대표적인 디자인 작품들과 브랜드들은 하나의 제품을 디자인하고 몰입하여 만들어 내던 작은 공방에서 시작되었다.

북유럽 환경에서 유용하게 활용할 수 있는 소재 중 하나가 목재와 광물이다. 나무를 다루고 표현하는 북유럽인들의 솜씨는 세계적이다. 아들을 위한 장난감을 나무로 다듬었던 목수의 작은 수작업에서 세계적인 장난감 회사 레고가 탄생하였다. 모두가 아름다운 디자인과 치밀한 완성도에 감탄하는 북유럽 가구들도 마찬가지이다. 오래전부터 주변에서 구한 나무와 여러 자재로 만들어 오던 작은 작업 공간에서 시작되었다.

북유럽 가구를 세계적으로 알린 핀란드의 알바 알토Alvar Aalto, 덴마크의 한스 베그너Hans Wegner, 핀 율Finn Juhl 등의 디자인은 현재까지도 기능적이고 튼튼하고 안정감 있다. 목재를 자유자재로 활용하면서도 심플하며, 아름다운 나무의 재질과 선을 살린 최고의 완성도를 보여 준다. 아름다움을 표현하기 이전에 가장 안락하고 편안한 가구를 만들기 위해 북유럽의 디자이너들은 직접 나무를 다듬고 매만졌다. 작은 모형과 치밀한 설계를 바탕으로 디자인되고, 수없이 수정하면서 만든 작품이다. 세 디자이너는 모두 세상을 떠났지만, 아직까지도 당시 디자인 그대로 생산을 이어 오고 있다.

어두운 북유럽의 겨울은 디자인 역사에 새길 또 다른 디자이너를 탄생시켰다. 덴마크의 폴 헤닝센Poul Henningsen은 효과적이고 기능적인 조명을 디자인하였다. 해가 짧은 겨울에 빛에 대한 갈망과 소중함은 남다를 수밖에 없었다. 오늘날 우리가 사용하는 조명 디자인과 효과를 처음으로 완성한 사람이 폴 헤닝센이다. 폴 헤닝센의 빛에 대한 열정이 없었다면 '조명이 공간을 효과적으로 밝히고 아름답게 분위기를 연출하는 중요한 디자인 요소가 된다'는 현대 조명의 개념은 훨씬 뒤늦게 나타났을 것이다.

단순히 전구를 켜 놓고 하루 종일 밝히기에는 북유럽의 겨울은 너무 긴 시간이다. 눈도 쉽게 피로해지는 어려움이 있다. 폴 헤닝센은 다양한 각도의 간접 조명, 다양한 재질, 여러 겹의 갓을 통해 획기적인 디자인의 조명을 만들었다. 현재까지도 그의 디자인 그대로 생산되어 세계적으로 애용된다. 그의 작품들

⬏ 폴 헤닝센 PH5 램프

은 시각적인 면에서도 매우 독특하고 아름다운 디자인으로 꼽힌다. 주어진 환경의 어려움을 해결하기 위해 꼭 필요한 기능을 갖춘 순수한 디자인 작업의 결과였다.

18세기 산업 혁명은 대량 생산이라는 엄청난 변화를 가져왔다. 그 후 대량화, 규격화라는 개념은 우리 생활에서 모든 걸 바꿔 놓았다. 미국 제품에 세계가 열광하며 지배하에 들어갔다. 그러다 신흥 공업 국가들의 제품들이 세상에 널리 퍼지게 되었다. 그렇게 생산 국가를 따지고 고르던 시대에 한참 동안 머물러 있었다. 이제는 제품 기획과 디자인, 관리 등이 중요한 시대로 옮겨 오고 있다.

가난했던 북유럽에서는 미국, 독일, 영국, 일본처럼 대량화와 규격화가 이루어진 생산 시스템을 따라가지 못했다. 북유럽은 개인, 단체, 작은 회사 등 디자이너와 생산자로 운영되는 소규모 공방 시스템을 통해서 오랫동안 이어져 왔다. 세계적인 브랜드로 떠오른 북유럽 디자인 제품들은 큰 생산 시스템 안에서도 공방 디자인 개념을 따르고 있다.

과거 생산지 표시에서 오는 신용에서 누가 생산을 책임지느냐가 더 중요한 시대로 바뀌었다. 'Made in ~'이라는 표시도 의미가 작아지고 있다. 지금은 막중한 부담이 디자이너나 제품 이름 자체에 가중된다. 마치 상표가 디자이너 이름과 역사를 같이하던 북유럽 공방 시대와 같다. 그러기에 책임감 있는 북유럽 디자인과 제품의 힘이 더욱 강하게 느껴진다.

북유럽 디자인의 컬래버레이션

'신뢰할 만한 가치와 기능적인 디자인Authentic Value and Functional Design'으로 표현되는 북유럽 디자인은 단순히 시각적인 차별성과 뛰어난 완성도만 가지고 말할 수는 없다. 북유럽 안에서 생활하며 그들의 감성과 가치관을 알아 가다 보니, 마지막 결과를 이루기까지의 동기와 과정에 더 주목하게 되었다. 사회적인 관심과 개인 이득을 얻기 위한 동기가 아니라, 순수한 삶의 질을 높이기 위한 필요와 마음에서 우러나오는 감성으로 북유럽 디자인은 시작된다. 차별화된 동기와 함께 하나의 결과를 만들어 가기 위한 과정 또한 특별하게 이루어져 왔다. 바로 컬래버레이션Collaboration인데, 오랜 전통의 공방 문화를 바탕으로 북유럽 디자인을 발전시켜 온 역사적인 가치이다.

전문 디자이너가 된 사람들도 각자의 재능과 관심과 캐릭터가 다르다. 모두가 창작에만 뛰어날 수도 없고, 모두가 작품을 말끔히 제작하는 손재주에 완벽할 수도 없다. 모두가 작품을 효과적으로 마케팅하는 능력을 발휘할 수도 없다. 그런데도 언젠가 본인 이름을 걸고 홀로 모든 걸 이뤄 내는 꿈을 꾼다. 남을 이겨야 하는 경쟁 위주의 교육이 올 라운드 플레이어All round player 디자이너를 꿈꾸게 만들었다.

북유럽 디자이너는 다방면에서 혼자 뛰지 않는다. 모두를 잘하는 사람은 없다는 사실을 알고 인정하는 사회이다. 제작은 공방 문화를 통한 제작 전문가의 지식과 책임으로 진행된다. 투자와

Iceland.is

개발을 기획한 브랜드 회사는 좋은 디자인이 탄생되어 빛을 보도록 든든한 버팀목이 되어 준다. 디자인을 사랑하고 그 가치를 아는 북유럽 전문가들이 책임감을 가지고 최고의 재능을 드러낸다. 서로가 실패 원인을 떠밀지도 않으며, 좋은 결과를 자기만의 몫으로 챙기지도 않는다. 디자인을 위한 최고의 협동을 북유럽은 오래전부터 깨달았다. 협동의 가치를 효과적으로 끌어올려 오늘날 '북유럽 디자인'이란 독보적 존재감을 얻었다.

핀란드의 세계적인 그릇 회사 이탈라Iittala는 유리그릇을 제작하는 소규모 공장으로 시작할 때부터 컬래버레이션을 실시했다. 외국의 유리 공예 기술자들에 의해 제작하거나 그들의 형태를 도입해서 제품을 생산하였다.

1930년대 들어서면서 이탈라를 운영했던 괴란 혼엘Göran Hongel과 에르키 베산토Erkki Vesanto는 각 디자이너마다의 차별화, 독립성을 지켜 나가기 위해 디자인 파일 보관 시스템을 확립한다. 자신들도 디자이너였지만, 외부의 새로운 디자인 아이디어와 기술을 받아들이는 데 열정적이었다.

1940년 이후부터 이탈라는 고유 관리 번호를 각 디자인 시리즈에 부여하는 시스템까지 도입하였다. 이탈라에 의해 이루어진 많은 디자이너들의 작품들이 꾸준히 관리되었다. 해당 시스템에 의해 20세기 초반에 컬래버레이션 했던 디자이너 시리즈도 계속 생산되고 있다. 물론 시리즈를 탄생시킨 디자이너에 대한 자부심과 가치를 알리고 회사의 명예로 지키고 있다.

　이탈라처럼 초빙 디자이너와의 컬래버레이션을 통해 제품을 개발하여 역사적인 제품으로 남기는 북유럽 회사들은 무수히 많다. 유명 화가와 일러스트레이터의 아름다운 꽃 패턴으로 유명한 마리메꼬Marimekko, 매년 세계적인 디자이너의 작품을 저렴하게 사게 해주는 세계 최고의 의류 브랜드 H&M, 전 세계 캐릭터들과 만나는 레고, 세계 각국의 디자이너들을 초빙하여 새로운 아이템을 선보이는 이케아 등 북유럽 회사들은 보다 좋은 품질과 디자인을 위해 항상 자유롭고 적극적이다.

　북유럽의 디자인 컬래버레이션은 20세기 초부터 이미 시작된 오랜 전통이다. 현재도 북유럽에서 활동하는 많은 디자이너들은 아이디어와 작품을 제품화할 기회를 찾는다. 북유럽 회사나 판매 업체들도 디자이너들을 찾아다니며 활짝 문을 열어 준다. 서로에 대한 존중과 약속은 북유럽의 당연한 사회적 믿음이다. 자신의 이름에 대한 책임과 가치를 서로 나눠 갖는다.

따뜻한 감성이 녹아 있는 미니멀리즘

군더더기 없이 단순하고 깔끔한 스타일을 보면 사람들은 북유럽 디자인에 가깝다고 생각한다. 단순하고 직관적으로 보이는 스타일이지만, 북유럽 디자인에는 기대하지 않았던 감성적인 자극을 담고 있어서 사랑받는다.

장식적 요소를 배제하고 필요한 요소와 기능만 갖춘 단순함을 흔히들 미니멀리즘Minimalism이라고 한다. 모든 요소들을 최소화하는 과정을 통해 효과는 향상되고 극대화된다. 북유럽 디자인뿐 아니라 북유럽 사회와 생활도 미니멀하다. 목적이나 이유가 단순하고 명료하며, 합리적인 방법과 생활만을 추구한다.

'이왕이면 다홍치마'라는 한국 속담이 있다. 미니멀한 북유럽 사고와 생활 방식과는 정반대되는 의미이다. 한국인들이 '이왕이면'이란 생각을 배제하는 노력을 해본다면 북유럽의 모든 것을 이해하고 따라가는 데 수월해질 것이다. 디자인에서도 '이왕이면' 하나 더, '이왕이면' 좋은 소재로, '이왕이면' 눈에 띄게 하다가 복잡해지는 결과를 갖게 된다.

북유럽 디자인은 보편적이고 대중화된 디자인을 따른다. 대중의 생활에 적합한 디자인이 북유럽 디자인이 추구하는 목적과 방향이다. 자신에게 꼭 필요하지 않으면 공짜라도 눈을 돌리지 않는 북유럽식 사고는 모든 생활에서 합리적이고 실질적인 생활을 추구하게 된다. 그들의 생활에 적용되는 디자인과 스타일도 원하는 목적과 기능에만 집중된다.

합리적인 원칙을 고수하는 북유럽 스타일은 최고 품질과 기능이 목적이어서 디자인과 제품의 가치는 자연스럽게 따라온다. 북유럽 의류는 극심한 환경 변화에 적합하도록 디자인하여 자연스럽게 최고의 기능성 제품이 되었다. 아이들을 위한 제품은 안전하고 편리한 디자인으로 만든다. 북유럽의 가구와 기구, 가전 등은 단순하지만 효율적이고 튼튼하게 만들어진다.

북유럽 디자인에는 자연과 인간에 대한 소중함이 녹아 있다. 자연에 대한 관심과 열정이 크며, 자연이 주는 혜택과 감성들을 고스란히 디자인에 담아내려고 노력한다. 자연을 표현하는 색상이 미니멀한 스타일에 생동감을 주고, 자연에서 얻은 따뜻한 소재들로 생활을 건강하게 지킨다.

자연과 인간을 생각하는 미니멀리스트가 되어 본다면 북유럽 디자인과 라이프스타일을 좀 더 쉽고 편안히 이해할 것이다. 북유럽 디자인은 복잡한 의미를 담지 않으며, 사람들에게 요란하게 나서지 않는다. 북유럽 디자인은 유행의 중심이 되고 가치를 스스로 높이기 위해 노력하지도 않았다. 하지만 북유럽 디자인에 대한 세계적인 관심과 신뢰는 더욱 강한 영향과 파급력을 가지고 꾸준히 늘어 가고 있다.

Tip

북유럽 스타일과 가치

북유럽은 지역적인 영향과 문화적인 측면으로 세계의 중심에 서 본 적이 없다. 오히려 역사적으로는 항상 외톨이였고 쓸쓸하기까지 했다. 거대 자본주의의 풍요나 국가주의의 엄청난 힘이 세계를 지배하고 있을 당시에도 북유럽은 생존을 위해 중립적인 입장을 취했다. 그것은 북유럽인들의 개인 성향과도 잘 맞아떨어졌다. 북유럽 사람들의 생활은 항상 친구를 기다리는 홀로서기였다.

북유럽 사람들은 문화적, 역사적 배경 속에 몇 가지 재미있는 문화를 탄생시켰다. 국가나 조직에 의한 단결보다는 공동체 의식을 중심으로 생각하고, 철저한 종교적인 신념 아래 인간의 본성인 자유, 박애, 평등을 지킨다. 인간 내면화의 중요성을 일찍부터 강조하면서 예절, 규범, 근면, 합리성이 문화 가치의 중요한 부분으로 생겨났다. 문화적 단절로부터 기인한 폐쇄성, 내향적, 소극적, 수줍음 등도 문화적 성격이다.

북유럽은 특유의 문화 가치 아래에서 북유럽 스타일을 이루었다. 그들의 성격으로 보면

↳ Miriam Preis, imagebank.sweden.se

사실 스타일도 아니고, 이룬 것도 아니다. '그냥 그렇게 살았을 뿐, 특별한 것도 아닌데 왜 그러지?' 하는 목소리가 들리는 것 같다. 도리어 북유럽인들은 자신들의 업적을 수줍어한다. 북유럽 스타일이라고 하면 몇 가지가 생각난다. 가구, 조명, 인테리어 소품, 그릇, 유리 제품, 패션 및 일반 의류, 아동용품, 장난감, 의약품, 식료품, 생활용품, 안전용품, 교육, 시민 의식 등이다.

가구와 소품류는 북유럽의 가장 큰 특징이다. 특유의 자연주의적 상품들은 소재뿐만 아니라 기능에서도 몇 발자국은 더 생각한 상품이다. 상품이라기보다 생활 그 자체라고 해도 지나치지 않은 가치를 지닌다. 북유럽 합리주의나 단순화는 현대 디자인의 미니멀리즘을 능가할 정도로 발전하였다. 거의 모든 가구들이 디자인 교과서라고 말할 만한 수준이다.

디자이너로서 북유럽 가구의 시장성이 현대 자본주의 시장 개념에 적합한가 생각한다면 쉽게 긍정할 수 없다. 기초 소재의 가격이 높고, 작업 과정이 힘들며, 디자인적인 가치도 상품에 녹아들어 있어서 대량 생산되는 저가품에 익숙한 소비자에게 쉽게 다가가지 못한다.

미니멀리스트에 가까운 북유럽 사람들은 절대적 필요에 의해 소비하며, 절대 후회할 만한 상품을 구입하지 않는다. 자신이 의미를 둔 상품들은 최고 품질로 구입한다. 그런 소비 기반으로 인해 북유럽 특유의 시장이 존재한다. 상품 디자이너나 생산자들은 보다 대중적이고 많은 판매를 위해 상품의 질을 바꾸는 일은 생각조차 하지 않는다.

겨울철 이른 일몰로 어두워진 외부와는 다르게 실내는 밝고 깨끗한 이미지를 추구한다. 강렬한 컬러나 무늬가 대표적인 소품 장식에 응용된다. 같은 이유로 조명은 가구와 같은 평가이거나 더 중요하게 감안하기에 반드시 좋아야 하는 아이템 중 하나이다.

북유럽 특유의 색깔과 무늬가 인테리어 소품에만 적용되는 건 아니다. 중부유럽의 디자인과는 좀 다르게 철저한 기능성을 중심으로 한 그릇들은 화려함보다는 독특함에 가깝다. 유리나 크리스털은 전통적으로 무척 뛰어나다. 크리스털 생산지를 직접 방문할 기회가 있었다. 가구와 마찬가지로 저가 크리스털에 모방당하고 밀리는 상황이어도 계속 찾아 주는 사람들이 있기에 자리를 지킬 수 있다고 했다. 상품이 아닌 예술품의 경지에 다다른 크리스털은 북유럽의 숨은 보석이기도 하다.

의류는 기능성에 중점을 두고 싶다. 고가 명품은 이탈리아나 프랑스 제품을 참고하고, 북유럽 패션은 각 상황에 맞는 브랜드를 기억하길 바란다. 일반 의류가 아닌 산악, 요트 등 기능에 충실한 상품은 말 그대로 기능을 다한다.

아동용 제품, 특히 소모품은 무척 감동받은 제품이다. 세계적으로 알려진 프랑스, 영국의 무슨무슨 제품보다 훨씬 좋은 품질을 갖고 있다. 결국 마케팅에 무관심한 북유럽 마인드가 좋은 상품들을 아직 세계적으로 키우지 못했을 뿐이다. 북유럽은 아동용품과 의약품 수입이 까다로운 나라이다. 세계적으로 유명한 브랜드들이 수입 거부될 정도로 철저한 규격이 정해져 있다. 장난감류는 가구류와 마찬가지로 이해하면 좋다. 절대 자연 친화적인 상품, 인체에 절대 무해한 장난감이다.

의약품과 식료품처럼 사람이 직접 섭취하는 제품들은 말할 필요도 없을 정도로 청정 무해를 자랑한다. 마켓에서 생수를 사려는 관광객에게 수돗물을 자연스럽게 권한다. 지구상에 몇 안 남은 청정 지역에서 생산된 각종 식료품, 첨가물, 의약품 들은 또 한 번 눈여겨볼 품목이다.

전문성을 바탕으로 생활에 자연스럽게 녹아 있는 여가나 취미 관련 용품, 일상 안전용품 등은 북유럽의 눈으로는 당연하겠지만 다른 세계의 눈으로 보면 굉장히 앞선 기술로 보인다. 이미 생활에 수십 년 이상 사용되며 검증된 아이템은 말할 필요도 없다.

일부 상품들은 문화적인 바탕 아래 자연스럽게 탄생되었다. 취미나 생활 등 우리 눈에 보이는 유형의 물품 외에 무형의 것들이 존재한다. 어찌 보면 무형 자원들이 좀 더 북유럽 스타일에 가깝다고 생각한다. 자녀와 부모의 관계, 일반 시민 예절 같은 사소한 일상 습관 같은 것인데, 한국 전통과 일치하는 부분이 많이 있다. 척박하고, 외침에 시달렸으며, 가난했던 역사가 비슷해서인지 이웃을 대하는 예절이나 가족 간의 예절을 철저하게 교육한다. 대중이 모이는 공공장소에서 관광객이 많이 오는 여름철과 다른 계절에 사람 대함이 다르고 분위기가 확 달라지는 걸 느낀다.

문화의 파생품 중 하나인 스타일이란 단어는 문화를 설명하기에 가장 쉬운 방법으로 쓰인다. 스타일은 유형과 무형이 같이 공존한다. 스타일을 진정으로 이해하기 위해 잠깐 해당 문화에 관해 생각해 보는 것도 좋은 방법이다.

장보기와 식생활

주부들 하루 일정에 제일 큰 부분은 가족들의 음식 장만이다. 요즘은 여성들의 사회 활동이 활발해져서 비중이 줄긴 했지만, 보살핌이라는 미덕을 알고 있는 한국 여성으로서는 신경이 쓰이는 것이 사실이다.

미국에서 북유럽으로 오면서 일단 식생활은 큰 도전일 것이라고 나름 비장한 각오를 했다. 물론 전 세계 먹거리가 넘쳐 나던 미국에 비해 다양한 식재료 찾기는 힘들다. 마켓에는 여러 나라의 수입 식품도 많고, 고기와 해산물, 치즈 등도 다양하게 있다. 해산물은 방사능과 수은으로부터 북유럽이 세계에서 제일 안전한 지대라 하여 마음이 놓인다. 다만 한국 음식을 위한 채소들, 특히 무가 아쉽다. 한국에서 열대 과일인 두리안이나 코코넛을 보기 힘들듯이 북유럽에서 무는 상상 속 채소만큼 귀하다. 그나마 지금은 인터넷 세상이다. 독일의 온라인 쇼핑 업체를 통해 웬만한 한국 식재료와 식품을 주문해서 편하게 지냈다.

독일, 영국, 프랑스는 아무래도 한국 이민자가 많아서 각종 식료품을 공급해 주는 대형 유통 회사가 있다. 전 유럽을 커버하는 배달망으로, 스페인 해안가에서 핀란드 북극권까지 배달해 준다. 무지막지한 배송비와 상품 가격이 문제인데, 덕분에 북유럽에서는 한국 식품을 정말 소중하게 생각하게 되고, 비싼 선물로까지 여긴다. 실제로 북유럽에서 한국의 인스턴트 짜장면과 소주는 눈물 나는 귀한 선물이다. 그 외 급한 식재료들은 아시아 마켓에서 그런대로 비슷하게 구해진다.

또 다른 걱정 한 가지는 25%라는 스웨덴의 높은 세율로 인한 장바구니 물가였다. 다행히 북유럽 사람들은 사재기식 장보기를 하지 않는다. 북유럽에 온 이후로는 대중교통이나 도보로 가까운 마트에 다니고 있어 그때그때 필요한 장보기만 하면 된다. 스웨덴에는 500크로나(한화 약 7만 원) 정도를 구매하면 할인해 주는 마켓 쿠폰이 많다. 500크로나가 쿠폰 기준인 이유는 한 번에 그만큼 구매하는 사람이 흔하지 않기 때문이라고 한다. 다시 한 번 기본적인 삶의 이치를 깨달았다. 풍족한 만큼 쉽게 사고 쉽게 버린다는 사실을.

이제는 불편하고 아쉬운 대로 계획해서 먹는다. 아이들도 엄마가 직접 만든 한국 반찬이 맛있다고 감격하며 먹어 준다. 미국의 패스트푸드 식품을 싫어하던 우리 아이들이 다행히 북유럽 음식은 잘 먹는다. 큰아이에게 이유를 물어보니 덜 짜고 덜 느끼하기 때문이라고 한다.

학교 급식도 환경이 나아졌다. 아예 추운 곳이라 실내의 독립된 카페테리아에서 수프, 빵, 메인 메뉴까지 정찬으로 나눠 준다. 모두 무료 급식이고, 도시락 지참은 금지이다. 간단한 간식은 싸 줘도 되지만, 초콜릿이나 과자 같은 스낵은 금지이다. 큰아이의 간식은 다른 아이들처럼 항상 과일이다. 남유럽, 중동 등 세계 곳곳의 과일은 풍성하다.

↳ Tuukka Ervasti, imagebank.sweden.se

스웨덴은 전 세계에서 식품법 기준이 가장 까다로운 지역 중 하나이다. 아주 자극적이거나 몸에 안 좋은 성분에 대한 함량 기준이 엄격하다. 그 덕에 불량 식품 같은 군것질거리나 탄산음료에 신경이 날카로웠던 나는 한층 마음이 편해졌고, 아이들은 좀 아쉽고 입이 심심해졌다. 전체적으로 비만이 없는 이유를 지내볼수록 깨닫는다.

가격이 저렴한 푸드코트가 스웨덴에 급속히 퍼지기 시작하면서 외식이 다양해지는 분위기다. 그래도 아직은 패스트푸드 체인도 한정적이다. 오히려 점심만 하는 유럽식 카페테리아, 간단한 샌드위치나 수프 등을 먹으며 차 마시는 카페가 많다. 스웨덴 인들은 도시락을 싸지 않고 꼭 밖에서 사 먹기를 선호한다. 스웨덴의 모든 직장인들은 점심 값을 따로 회사에서 받는다는 이유도 있지만, 피카처럼 휴식, 만남, 여유 등을 매우 소중히 여기기 때문이기도 하다.

스웨덴 외식에서 한 가지 재미있었던 점은 피자헛Pizza Hut의 변신이다. 미국에서는 배달 위주로 동네 구석에 흔한데, 스웨덴에서 피자헛은 제대로 서비스받으며 먹는 아메리칸 패밀리 레스토랑이다. 메뉴도 다양하고 맛있다. TGI 프라이데이TGI Friday, 텍사스 롱혼Texas Longhorn 같은 미국 식당 체인도 인기몰이 중이다. 다른 유럽의 식당 체인들도 EU 이후 급격히 증가하는 추세이다.

스웨덴은 얼음을 즐겨 먹지 않으며, 미국식 식당 빼고는 물과 음료에 얼음을 서비스하지 않는다. 처음에는 온 가족이 답답해

했다. 이곳은 얼음 나오는 냉장고도 없다. 따로 조금씩 얼려 먹는다. 스웨덴의 수돗물은 마시는 물이다. 스웨덴에 와서 처음 수돗물을 먹으려니 찜찜했으나, 이제는 적응되어 상쾌하고 시원하다.

청소와 위생

스웨덴의 자랑거리 첫 번째는 깨끗한 물과 환경이다. 전 북유럽이 마찬가지일 것이다. 북유럽 환경은 한국과 미국의 딱 중간이라고 느껴진다. 빌딩 숲과 복잡한 도심도 있고, 시골 같은 전원과 탁 트인 바다라는 자연 환경이 공존한다. 공기는 매우 맑고, 집 안으로 날아드는 미세 먼지도 적다.

↳ 스웨덴 공동 세탁장

미국에서는 석회질 물과 화장실 바닥에 배수구가 없는 건식 스타일로 인해 청소하기가 까다로웠다. 북유럽에서는 다시 한국에 온 듯 물청소로 부담 없이 빡빡 닦는다. 물이 깨끗하여 물때 없이 물기를 닦는다. 춥고 건조한 날씨라 곰팡이가 없고, 대부분 욕실에는 타월 건조기가 설치되어 있어서 축축하지 않게 위생적으로 관리할 수 있다.

스웨덴에는 대부분 화장실 안에 세탁기가 있다. 임대용 아파트에는 세탁장이 따로 마련되어 있는데, 시간 예약 시스템이고 무료이다. 자신의 카드 열쇠를 가지고 가능한 시간대를 예약하고, 예약 시간 동안 철저히 혼자서만 세탁장을 이용한다. 비록 집 안에 세탁기가 있어도 공동 시설의 커다란 건조대와 다림질 기계 등은 이불 빨래에 쓸 만하다.

청소기 모양도 다르다. 미국은 카펫에 효과적인 일체형 스탠드 청소기를 선호한다. 카펫을 누르는 묵직함이 만족스러운데, 끌고 다니려면 좀 무거운 단점이 있다. 스웨덴 마켓에는 분리형, 소위 '동글이' 타입만 판다. 북유럽은 거의 나무 바닥이라 깊게 눌러 주는 무게감보다는 작은 공간을 구석구석 돌아다니며 청소하는 한국식 청소에 가깝다.

스웨덴에서는 주방에서 가스를 쓰지 않는다. 모두 전기이다. 안전성과 인체에 해롭다는 이유로 가스 오븐, 가스 드라이어는 어느 가정이든 찾기 어렵다. 전기 오븐으로 불 조절하기가 만만치 않았다.

청소 다음에 할 일은 쓰레기 처리이다. 스웨덴은 국왕 부부가 뒷마당 분리수거함으로 가는 모습이 찍힐 정도로 분리수거가 철칙이다. 쓰레기와 재활용 구분 정도가 아니다. 병, 종이, 플라스틱 등등 품목별로 나눠서 넣어야 한다. 버리러 갈 때마다 감동하는 건 정말로 아무도 섞어서 마구 버리지 않는다는 점이다. 패스트푸드점에도 음료와 쓰레기를 구분하게 한다. 철저한 분리수거에 우리 가족은 처음에 쩔쩔맸는데, 한국에서 온 사람들은 아직 스웨덴은 멀었다며 더 세밀하게 나눠야 한다고 지적한다. 한국의 쓰레기 위기의식, 재활용에 대한 인식이 세계 최고인 듯싶다.

주거 환경

북유럽은 긴 추위를 대비하여 한국처럼 난방을 위주로 하는 주거 환경을 갖추고 있다. 또한 인구 증가로 아파트를 계속 건설하여 한국인들의 주거 생활과 닮은 점이 많다. 북유럽에 와 보니 한국에 있는 아파트에 사는 느낌이 문득 들었다. 아직 북유럽의 일반적인 주택 구조에서는 살림을 못 해 봐서 전반적으로 유사하다고 말할 수는 없지만, 대체로 난방 효율을 위해 탁 트인 구조나 높은 천정은 잘 활용하지 않는 모습이다. 창문은 아주 여러 겹으로 묵직하고 공기 차단도 확실하다. 벽에 스팀 난방 기구가 있는 주택이 대부분이다.

바닥은 나무 바닥이 대부분이다. 소형 임대 아파트도 비슷하다. 문지방이 있는 것도 오랜만의 발견이다. 미국 집과는 달리 현관이 있다. 눈이 많이 오는 날씨에 대비해 외투를 걸어 두고 신발을 보관하는 장소가 실용적으로 입구에 배치되어 있다. 외부 방문객들이 외투를 바로 정리해 두도록 배려하는 장소이기도 하다. 신발을 벗고 실내화를 신는 모습도 한국과 닮았다. 옷장은 방마다 붙박이 형식이다. 레인지, 세탁기, 드라이어, 오븐 등의 가전은 모두 집에 포함된 개념으로 임대 또는 거래된다.

북유럽의 아파트에서 생활하면 자전거 차고, 창고, 차고 등 여러 부대 장소가 주어진다. 차고는 한 대인 경우가 많고, 시내 중심으로 갈수록 차고가 없는 곳도 많다. 일반 주택에도 차고가 없는 경우가 많고, 간단히 지붕만 덮는 구조로 마련된 경우도 많다.

지진, 태풍 같은 자연 재해는 거의 없다. 폭설이 잦은 겨울이지만, 눈 치우는 일에는 북유럽이 정말 뛰어나서 큰 문제는 일어나지 않는다. 공기는 건조한 편이라 화초나 꽃을 가꾸는 사람들이 많다. 대신 자주 환기에 신경 써야 한다.

언어 소통

북유럽에서 언어 능력은 필수이다. 스웨덴은 그나마 온 국민이 신기할 정도로 영어에 능통하지만, 물건 하나 제대로 찾으려고 해도 스웨덴어를 모르면 답답해진다. 학교 통신문, 고지서 같은 문서도 읽을 수 없어 스웨덴어를 배워야 함이 간절해진다.

스웨덴은 체류 신분의 모든 외국인에게 무상으로 자국어를 가르쳐 준다. 하루빨리 자국어를 알게 해서 일을 하고 세금을 내는 사회 일원으로 만들겠다는 목적이다. 거주하는 시청에 신청해서 맞는 등급에 따라 배우게 된다. 대부분은 전혀 스웨덴어를 모르는 사람들이 배우고 있다.

수업 과정에서도 영어가 수월하면 훨씬 학업이 수월해진다. 스웨덴어가 영어와 유사성이 많아서 쉬운 점도 있고, 선생님과의 기본적 소통과 학습 이해, 함께 듣는 다른 외국인들과의 교제도 수월해지는 등 유리한 점이 많다. 뒤늦은 나이에 새로운 언어를 배우는 힘겨운 도전일지 모르지만, 언어를 배우고 조금씩 소통이 되는 변화는 새로운 세상을 알고 넓혀 가는 첫걸음이다.

가족 건강 관리

남들보다 늦은 나이에 아이를 낳고 기르는 편이라 건강을 챙기는 데 좀 더 신경이 쓰이는 입장이다. 북유럽 스웨덴에 오니 우선 의사라는 직업부터 사회적 의미가 달랐다. 개인이 운영하는 병원은 치과를 제외하곤 없다. 모두 국가 운영 시설이며, 의사는 병원에 소속된 전문가이다.

개인 명예나 영리는 북유럽인의 목표가 되지 않는 환경이라 누가 힘들게 공부해서 의사 되려고 할까 싶다. 하지만 의사 일인당 인구 숫자가 제일 적은 나라이며, 어떤 진료 약속이든지 일주일 안에 잡아 주는 원칙이 있는 나라이다. 학교 안의 의료실, 동네 보건소부터 큰 의료 센터까지 건강을 관리해 주는 의료진은 항시 대기 중이다. 의료 시설의 종류나 규모에 관계없이 환자 상태에 따라 적합한 시설에서 치료하고 관리한다.

무엇보다 민감한 관심사는 의료비 부담이었다. 국적에 관계없

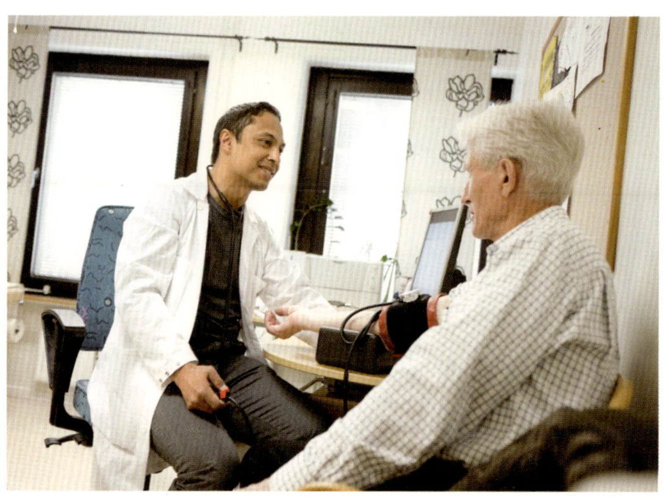

이 스웨덴 체류 신분을 가진 모든 사람은 어떤 질환이든 의료 혜택을 받는다. 일 년에 정해진 액수까지만 개인이 부담하고 그다음부터는 무상 지원이다. 성인이 되기 전에는 개인 운영인 치과 진료를 포함하여 모두 무상 지원을 받는다.

공짜라고 무작정 병원을 찾아다닌다는 상상을 해서는 안 된다. 북유럽은 복지를 필요한 만큼 누리고 그만큼 되갚는 사회 인식이 일반화되어 있다. 당장 세금 부담이 크더라도 매년 달라지는 보험료와 병원비 걱정을 지워 버린다는 건 기쁜 일이다.

아이들의 건강 관리는 학교를 통해서 시작된다. 학교에서 정기적인 체크와 예방 접종을 한다. 알레르기처럼 아이마다 반드시 짚어야 하는 건강 상태는 상주하는 의료진이 맡아서 관리한다. 필요한 사항이 있으면 보호자에게 알리고 진료해 준다.

각 주거지마다 주민들을 위한 보건소가 운영되어 또 다른 건강 관리 시스템이 제공된다. 간단한 약은 처방 없이 마켓에서 살 수 있다. 약이나 여러 가지 건강 보조 제품을 파는 약국은 거의 국가가 운영하는 개념이다. 아포텍Apotek이라고 쓰여 있는 곳인데, 아쉽게도 일반 상점 시간과 동일하게 운영한다. 되도록 해열제나 구급약 같은 상비약은 미리 준비해 두는 것이 북유럽에서는 현명하다. 아직까지 아이들이 병원 진료를 받을 정도로 크게 아프지 않아서 다행이다. 북유럽 의사는 아이들의 웬만한 증상에는 자연적인 휴식과 치료를 처방한다고 한다.

북유럽은 일조량이 부족하여 비타민D 섭취를 온 가족이 신경 써야 한다. 우리 가족은 추위에도 모두들 편하게 적응했다. 방한 제품과 의류가 다양하여 크게 어려움이 없다. 오히려 어둡고 추운 겨울에도 우리 아이들은 더 신나게 놀고 뛰어다녔다. 북유럽 아이들은 비가 오나 눈이 오나 궂은 날씨에도 아랑곳하지 않고 밖으로 산으로 뛰어나간다. 해가 쨍쨍 내리쬐면 반갑고 좋아서 뛰어나간다. 아이들을 건강하게 키우는 최고 비법은 신나게 뛰어놀고, 자연식으로 먹고, 푹 자는 것인 듯하다. 어른들의 건강 비법은 거기에 하나 더 있다. 쓸데없는 세상 걱정을 그만하면 된다는 것을 북유럽에 와서 처방받았다.

아이들 초등학교 뒷바라지

초등학교 학부모 노릇이 전부라서 장래와 진로 고민이 시작되는 중고교 학부모 경험은 아직 없다. 대학 진학이 큰 그림이 되는 부모들에게는 북유럽에서 아이가 생활하고 부모로서 느낀 경험이 지극히 평이한 경험일 것이다. 하지만 초등학교 시절은 20년 가까이 부모 곁에 함께 있는 아이들이 앞으로 혼자 살아 나갈 미래의 모습을 잡아가는 데 제일 중요한 시기라고 본다. 학업 측면이 아니라 인성을 만들어 간다는 의미에 무게를 둔다.

한국에서는 초등학생 때부터 장래를 고민하고 구체적인 입시 준비를 한다는 놀라운 뉴스를 접했다. 개인적으로 세운 육아 계획이나 가치관과는 많이 차이가 있다. 다행히 북유럽에서는 한국과는 좀 다른 가치관을 가지고도 자연스럽게 아이를 학교에 보내고 뒷바라지할 수 있었다.

만 5세에 유치원부터 시작하는 미국보다 북유럽은 한 학년이 느리다. 한국보다는 반년이 느린 셈이다. 9월에 새 학년이 시작되는데, 그해 만 6세가 되어야 한다. 큰아이는 2학년을 미국에서 끝냈지만, 북유럽에서 2학년을 다시 경험하고 있다. 처음에는 한국식으로 '1년 뒤처진다'는 유치한 생각도 했지만, 또래끼리 교육이 왜 중요한지 강조하는 스웨덴 교장 선생님의 말을 듣고는 다시금 생각하기로 했다.

스웨덴어를 못하는 아이들을 따로 가르치는 프로그램이 학교마다 운영된다. 개개인에 맞춰서 선생님이 가르쳐 주고, 숙제도 아이 능력에 따라 주어진다. 스웨덴은 3학년부터 3년마다 국가 학력 평가를 9학년까지 실시한다. 스웨덴어와 수학 두 과목만 해당되는데, 아이들의 우열을 가리는 평가가 아니다. 비공개이고, 교육 정책 검토와 선생님들의 자료로 쓰이는 중요한 평가라고 한다. 얼마나 공부를 잘했나 하는 평가보다는 아이들이 나이에 맞는 기본 학력에 도달해 있는지가 주요 포인트이다. 시험 내용도 거기에 맞춰져 있다고 한다.

스웨덴의 초등학교 생활은 많이 뛰고 노는 것이다. 학교가 끝나고도 좀 더 뛰고 배우느라 아이들의 하루는 바쁘다. 한국도 방과 후 교육으로 바쁘지만, 모습은 조금씩 다른 느낌이다. 스웨덴 학교에서 온 전교생이 뛰어나가는 자유 시간은 아이들에게 신나는 시간이다. 사고에 대비해 항상 남자 선생님들이 돌아가며 지켜봐 주고, 시간과 안전 규칙 엄수는 철저히 지키는 분위기다. 뛰어노는 시간은 우리 아이에게도 제일 신나는 학교생활이었다.

스웨덴은 겨울이 길고 눈이 많아서 실내에만 있는 게 아닐까 생각했는데, 뛰어나가는 것은 계절과 전혀 상관없었다. 다만 스웨덴 아이들에게는 방한복이 필수로 준비된다. 눈부츠부터 장갑, 덧입는 방한 바지와 외투까지 챙긴 딸아이는 마치 눈 속에 파묻혀도 살아남을 모습으로 학교로 신나게 간다. 단 눈싸움은 금지 사항이다. 서로를 위협하는 놀이, 위험을 주는 놀이는 할 수 없다.

나는 사실 뛰어노는 일에 집중해 주는 편이었다. 방과 후 학습은 큰 비중을 두지 않아 자세한 경험담이나 노하우가 별로 없다.

아이가 흥미를 스스로 느껴서 배우고 싶다고 말했던 내용들을 가르쳐 주었다. 아이가 그림과 공작을 가장 좋아하지만, 내가 같이 해줄 수 있어서 따로 가르치지는 않았다.

여름방학 때 동네 아트 센터에서 단기로 재미있는 미술 활동을 한꺼번에 묶어서 제공하는 프로그램이 있어 아이를 보내기도 했다. 영화를 보고 발레를 하고 싶어 해서 시켰더니, 영 지루함에 지쳐 그만두게 했다. 피아노도 호기심에 졸라 대서 시켜 보고 있는데, 아직까지 악기에 대한 흥미는 보이는 듯하다. 나의 자유분방한 사고와 아이의 확고한 의지로 인해 방과 후에는 주로 두 아이가 집에서 뛰어노는 게 일상이다. 북유럽에 오니 이런 일상을 더욱 편하게 이어 갈 수 있어서 좋았다.

북유럽은 학교 안이나 밖에서 방과 후 프로그램을 적극적으로 운영한다. 모두 정부, 시 지원이며 아주 저렴하다. 내용도 많고, 예체능 어느 분야든 선택 가능하다. 시마다 제공되는 내용이 거의 비슷하고, 아이들의 재능과 흥미에 따라 선생님들이 적극적으로 조언과 관심을 아끼지 않는다.

스웨덴은 초등학교에서도 음악이 중요한 과목이다. 악기를 다루게 할 정도로 학교의 관심도 크고, 한 번씩 큰 발표회도 열어 아이들의 음악적 경험을 쌓게 하는 것이 인상적이었다. 미국에서나 한국에서 악기 수업이라 하면 악기 비용을 떠올리지만, 스웨덴에서는 모두 빌려준다. 악기를 장난감 가지고 놀듯이 경험하는 아이들을 보면 분명 교육적 의미가 있음을 알게 된다.

공립 학교는 의무 교육으로 무상 지원되는 복지 시스템이다. 스웨덴에서는 미국과 달리 학비와 학부모 봉사에 대한 요구가 전혀 없었다. 스웨덴에서 3학년까지는 담임 이외의 보조 선생님들이 많이 있어서 엄마들의 도움은 전혀 요구되지 않는다. 아이의 학교 용품은 지급 또는 대여로 이뤄지며, 점심도 무상으로 똑같이 제공된다.

스웨덴 학교는 도시락 지참이 금지이다. 특별한 건강상 사유가 없으면 주어지는 메뉴를 학교 식당에서 먹는다. 처음에는 걱정했는데, 맛있고 식당도 마음에 든다면서 아이가 잘 적응했다. 도시락에서 해방되니 오랜만에 학교 체육 대회에 지참할 도시락을 싸는 것이 낯설 정도였다. 김밥을 가져간 딸아이는 온 학생들의 주목을 받으며 화제의 인물이 되었다.

Lena Granefelt, imagebank.sweden.se

스웨덴 복지에서는 육아와 교육이 첫 번째라고 한다. 정말 많은 차이점을 발견하면서 실감하게 된다. 학급당 정원은 25명 미만이며, 숙제와 학습 등 개인 능력에 맞추는 교육이 담임 선생님만으로 충분히 가능한 환경이다. 스웨덴 학교는 아이들 능력에 맞춰 선생님이 숙제를 조정해 주기도 한다. 여기 와서 너무 놀기만 하는 것 같다는 쓸데없는 걱정을 담임에게 얘기했다가 결국 이해가 잘 안 되는 질문으로 끝나 버린 일도 있었다.

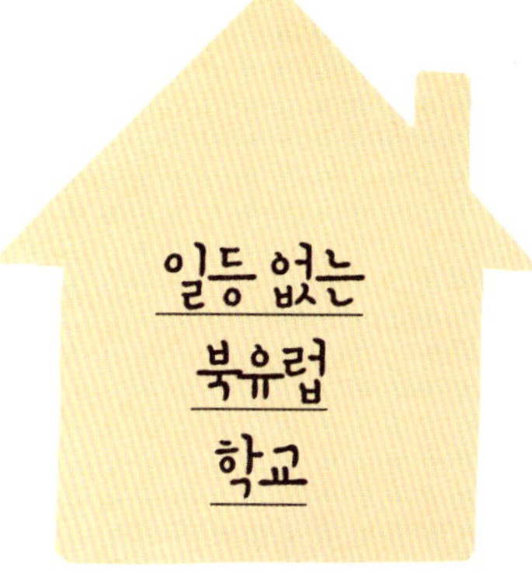

아이와 함께 부모도 적응하기

다른 나라로 이주하면 여러 가지 궁금하고 걱정되는 일들이 많다. 그중 앞선 고민 하나가 아이들의 교육 시스템과 적응이다. 큰 변화에 아이가 되도록 빨리 편안하게 느끼기를 희망하면서도 아이나 부모나 긴장을 풀지 못한 채 새 학교에 첫발을 내딛는다. 새로운 언어, 서로 다른 생김새의 친구들, 다른 음식과 생활 분위기까지 아이들이 외국에서 처음 등교하면서 겪는 도전은 가족 중에 가장 크다고 생각한다.

우리 아이도 언어를 익히지 못한 채 북유럽 학교에 뛰어들었다. 현지어를 모르는 학부모로서 나에게도 큰 도전이었다. 영어로 문제없이 소통하는 북유럽 사람들이지만, 학교의 공식적인 문서와 채널은 현지어로 되어 있다. 현지어를 모르면 별도로 알아보고 뒤따라가야 하는 어려움이 생긴다. 외국에 나가면 아이를 재촉해서 빨리 적응하라고 하기 전에 부모부터 먼저 현지 언어와 문화를 배우기 위해 노력해야 한다.

다행히 북유럽 선생님들은 영어에 능통하며, 외국인이 현지어에 힘들어하는 것에 관대하다. 전화와 이메일을 통해 수시로 문의하고 도움을 청하면 많은 도움의 손길을 잡을 수 있다. 전체적인 화합을 우선시하는 북유럽 학급에서는 어려움을 겪는 친구가 생기면 매우 진지하게 같이 걱정하고 도와준다. 외국에서 전학 온 친구를 위해 선생님과 함께 더욱 마음을 열어 주는 친구들이 있다. 덕분에 아이의 적응도 수월하였고, 현지어 습득도 자연스럽게 이루어졌다.

부모의 걱정과 조급증을 모두 버리고 아이와 함께 즐겁게 학교생활에 젖어 들기를 당부한다. 비슷한 아시아 친구나 한국 친구가 주변에 없는지 한국 부모들은 열심히 찾아다닌다. 외국에서도 끼리끼리 뭉치려는 한국인 습성을 버리고, 부모부터 북유럽의 따뜻한 친구들과 어울리도록 배려해야 한다. 어렵지만 마음을 열고 적응하려는 아이와 가족의 용기에 선생님과 친구들은 응원을 보낼 것이다.

미국은 리더를 만들고, 북유럽은 낙오자를 예방한다

세계적인 명문 대학들을 떠올리면서 미국 교육에 많은 부모들이 관심을 갖는다. 처음에는 북유럽 학교가 미국 학교와 매우 비슷하다고 느꼈다. 그러나 경험할수록 알게 되는 많은 차이점은 결국 근본적인 교육 이념과 목표의 차이에서 시작된다는 것을 깨달았다.

미국 교육은 문화와 마찬가지로 강한 리더에 의한 본받기이다. 리더에게는 평균에 못 미치는 사람들을 이끌어 나갈 의무와 책임이 평생토록 따른다는 것이 누구도 부정하지 않는 절대 진리이다. 이런 진리를 전제 조건으로 하는 미국에서 양보, 질서, 협동이 생긴다.

미국 학교에서는 아이 능력에 따라 확실하게 차별 대우를 한다. 따로 교실과 수업을 구분해서 마련하기도 하고, 학습 능력에 따라 다른 숙제가 주어지며, 매 학기 학생의 능력과 성취에 따른 포상이 있다. 우등생 그룹이 존재하는 이유는 리더를 기르기 위해서이다.

미국 교육은 개인별로 성적을 낸다. 학교 내 등수는 비공개를 원칙으로 하지만, 아이의 학군 내 전체 성적과 미국 내 성적은 통보된다. 부모나 학생 개인에게 굉장히 중요한 사항이며, 학업 목표가 된다. 이 성적으로 1차로 학군 우등생으로 선발되고, 학교 추천에 따라 지역 내 특수 교육을 또 받는다. 아시안 부모들은 우등생 그룹이 꿈의 그룹이며, 목표를 달성한 자녀는 부모의 자랑거리이다.

아시안 부모들은 최고로 뽑힌 아이를 보면서 이민 생활의 어려웠던 기억을 보상받고 치유받는다고 느낀다. 상위 리더들이 이끄는 미국 사회여서 어릴 적부터 우등생 그룹에 끼지 못하면 아이 미래도 보장받지 못한다는 생각이 지배적이기 때문이다. 어릴 적에 낙오된 경험을 겪은 아이들의 재도전은 보다 큰 용기와 노력, 시간이 필요하다. 대다수 실패를 경험한 학생들은 삶의 성취감을 미국의 교육 시스템 안에서는 얻지 못한다는 좌절감을 겪는다.

북유럽은 현재 전 세계가 주목하는 교육 환경을 가진 모범 국가로 떠올랐다. 초등학교 수학이나 과학 과목의 진도나 내용 면에서는 오히려 뒤처져 보인다. 북유럽에서는 아주 기본적인 내용만 다루고, 난이도도 매우 평이하다. 차이가 생기는 이유는 명확하게 한 가지이다. 누구나 습득할 수 있는 평균을 기준으로 하기 때문이다.

북유럽의 기본적인 교육 신념은 한 사람의 낙오자도 없게 학교에서 가르치고 이끌어 사회에 내보내는 것이다. 뛰어난 리더들이 북유럽 사회에서는 필요치 않다. 평균의 사람들이 평균의 가치로 평등하게 살아가는 것이 교육 목표이다. 불완전한 인성을 가지고 사회에 나온 한 사람의 낙오자가 미치는 장기적인 피해와 국가적 손실을 원치 않는다. 그에 따른 사회 불안과 동요도 예방하는 것이다. 개인의 낙오가 주변 사람들에게 영향을 미치며, 낙오를 제자리로 되돌리려면 엄청난 사회적 비용과 노력이 든다는 사실을 북유럽은 잘 알고 있다. 따라서 교육은 철저한 평등, 자유, 존중을 바탕으로 이루어진다.

북유럽의 초등학교 시절에는 우열을 가리는 성적이 없다. 아이

Iceland.is

가 만점을 받아 와도 학급에서 다른 학생 몇 명이 만점을 받았는지가 더 중요한 아시안 부모로서는 답답한 시스템이다. 그들은 여러 가지 문제가 있는 학생들에게 더욱 관심을 갖는 학교를 이해하기 어렵다고 한다. 만약 남들보다 돋보이고 뛰어난 사람으로 키우고 싶은 부모라면 북유럽보다 미국 이민을 고려하는 편이 현명하다.

북유럽 학교에서는 전체적인 조화를 소중히 하면서도 아이 개개인의 모습을 존중한다. 모두가 평등하다고 생각하지만, 개개인의 생각과 능력을 소홀히 하지는 않는다. 아이의 다양한 취향에 따라 음악, 체육, 미술 등의 교육을 적극 강조한다. 각자의 모습이 다르고 타고난 재능과 관심이 다르기 때문에 맞는 길을 찾아 주고 교육하는 데 중점을 둔다.

가장 인상적인 점은 매사를 아이와 함께 의논하고 스스로 결정하게 하는 방식이었다. 아이와 함께 앉아 삼자대면 형태로 했던 첫 면담 경험을 잊을 수가 없다. 스웨덴어 숙제를 따로 배려하고 있다는 선생님 말씀에 나는 바로 '스웨덴어를 빨리 배울 수 있게 숙제를 주세요'라고 했다. 선생님의 질문은 나에게 하는 것이 아니었다. 숙제가 필요하다고 스스로 느끼는지, 지금보다 숙제가 많아도 충분히 해낼 마음과 여건이 된다고 생각하는지 등을 아이에게 직접 물어보았다. 아이가 학급에서 먼저 앞서가는 수학 진도를 앞으로 어떤 방향으로 해주기를 원하는지도 직접 선생님이 의논하였다.

미국에서는 비밀 회담을 하듯이 은밀하게 선생님과 둘이서 면담하였던 내게 커다란 문화 충격이었다. 다양한 의논에 있어서 선생님과 부모님은 조언자 역할을 하며, 아이의 의견과 결정을 존중하는 방식으로 진행된다. 북유럽에서는 어릴 적부터 개인의 가치, 평등, 존중 등 사회적 기본 가치를 교육에 직접 포함시키고, 내면 교육을 더욱 강조한다.

뛰어난 인재를 골라 집중적으로 양성하는 방식과 평범한 대다수를 준비시키는 방식 중 무엇이 옳은 방향인지는 누구도 확언할 수 없다. 오늘날 대다수가 목표로 세웠던 성공과 행복에 대해 많은 의문이 생기고 있다. 많은 사람들이 북유럽의 평균적이고 평범한 삶을 갈망하는 것이 사실이다. 북유럽 부모들은 아이가 외로운 리더가 되기를 꿈꾸지 않는다. 나 역시 북유럽 교육 이념

을 통해 아이의 진정한 행복이 무엇인지를 떠올렸다. 끝없는 경쟁 속에 위만 쳐다보며 외롭게 서 있기보다 모두와 어울리며 인생을 즐기고 감사할 줄 아는 사람이 되기를 바란다.

북유럽 평등 교육의 기본

아이에게 항상 관대하고 늘 친구같이 대해 주는 스웨덴 선생님을 만나면 과연 화를 내거나 체벌을 할까 궁금하기까지 했다. 북유럽에서는 선생님도 친구처럼 이름을 부른다. 자유로움에 있어 대표적인 국가인 미국에서도 꼭 미스터, 미세스, 미스, 닥터 등 선생님 성 앞에 존칭을 해주어야 한다. 북유럽 학교에서는 교장 선생님부터 보조 선생님까지 모두 이름을 부른다. 진정한 평등 의식이 없으면 가능하지 않은 상황이다.

자유롭게 학생을 대하는 북유럽 선생님들에게도 엄격한 가르침은 있다. 모두 함께하는 생활에서 서로 지켜야 하는 부분에 대해 북유럽 아이들은 아주 중요하게 배운다. 선생님 면담을 위해 학교를 찾아갔던 어느 날, 늘 웃음을 머금고 아이들과 어울리던 담임 선생님이 심각하게 한 아이에게 얘기를 하고 있었다. 처음 보는 심각한 모습에 무슨 일일까 궁금해졌다. 친구랑 놀다가 위험한 행동을 하고 뛰어나가던 아이를 붙잡고 잘못을 지적하는 중이었다. 선생님은 언성을 높이지도 않았고, 벌을 세우지도 않았다. 하지만 굉장히 자세하게 무엇을 잘못했는지, 왜 잘못된 행동인지, 아이 스스로 설명을 받아들이고 이해했는지를 심각하게 가르치고 있었다. 진심으로 아이의 내면화 교육을 생각하는 선생님이라고 느꼈다. 잘못된 행동 하나를 순간순간 지적하는 것이 아니라, 아이 스스로 문제점을 느끼고 마음으로 받아들이게 교육하는 모습이었다.

스웨덴에서 교육학을 공부한 어떤 지인이 북유럽의 중요한 교육 철학 하나가 스스로 동기 부여하기, 내면화하기라고 알려 준 기억이 떠올랐다. 작은 행동 하나라도 스스로 필요성을 느끼고 마음에서 우러나와서 실행해야 한다는 것이다. 생활 습관부터 학습 목표까지 모두 아이 스스로 느끼고 자율적으로 정하게 교육한다. 그래서 북유럽 선생님들은 학생의 잘못에 대해 행동 자체나 결과보다 동기와 의도가 무엇이었는지 관심을 갖는 것이다.

상대방을 대하는 예절을 가르쳐도 한국에서는 무조건 '반복 학습'이다. 어른들이 '인사해야지'라고 요구하면 아이는 어릴 적부터 마음에서 우러나지 않는 인사를 한다. 서로 인사를 나누면 왜 좋은지, 안 하는 것과 어떻게 다른지 가르치거나 생각할 기회를 주지 않는다. 주입식 교육의 문제를 인식하고 한국에서도 자율 학습에 관심을 갖는다고 하지만, 여전히 아이의 선택은 매우 제한적이다. 모든 목표치는 부모가 정하고, 심지어 아이의 재능과 장래도 부모가 결정한다. 북유럽 부모들은 아이들이 스스로 결정하는 경험을 통해 더 많은 것을 배운다고 믿는다. 부모님과 선생님은 스스로 결정해서 가는 아이에게 조력자가 되어 지켜볼

Ulf Huett Nilsson, imagebank.sweden.se

뿐이다. 한국처럼 지름길을 미리 만들어 주거나, 이정표를 마음 대로 정하지 않는다.

북유럽 아이들은 각자 완전히 다른 꿈과 목표를 정해 놓고 살아 간다. 경쟁은 의미가 없으며, 다른 곳을 바라보는 친구들을 존중 하고 그룹을 이루는 구성원으로 이해한다. 각자 자기가 정한 것에 즐겁게 책임을 지고 행동한다. 아이들마다 어른이 되어 이룬 '최 고 인생'은 매우 다양하고 충실한 모습일 것이다. 각자가 만족하

며 서로 다른 삶의 행복에 충실하는 북유럽 사회가 밖에서 보기
에는 꿈의 복지 국가, 지상낙원처럼 비춰지는 것이다.

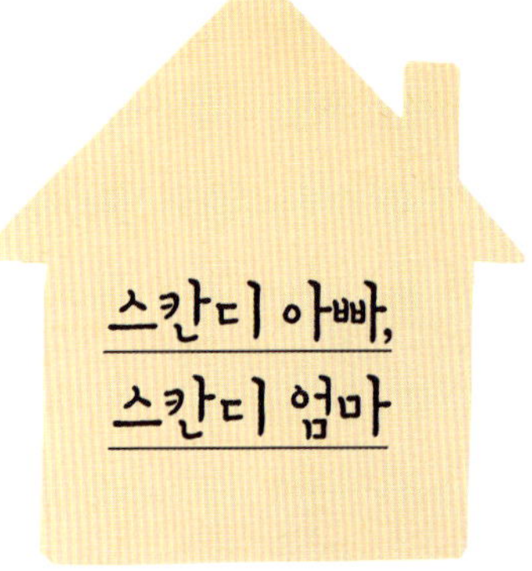

스칸디 아빠, 스칸디 엄마

한국의 지인과 통화를 하면서 재미있는 애기를 들었다. 아내를 지칭하며 캘리포니아 교육이 뜨는 동안에는 캘리 맘Cali mam 이더니, 지금은 스칸디 맘이 됐냐는 우스갯소리였다. 캘리 맘은 뭐고 스칸디 맘은 또 뭘까. 하루가 다르게 신조어가 생겨 당최 알아듣지 못할 말이었다. 무슨 말인가 하고 검색해 보았다. 교육열이 트렌드처럼 변하면서 한국에 스칸디나비아식 교육 바람이 분다는 이야기였다.

스칸디 아빠

2012년 3월 영국 〈타임스〉는 'Forget Tiger Mom, here comes the Scandi dad호랑이 엄마는 잊어라, 스칸디 아빠가 간다'라는 기사를 실었다. 기사는 '스칸디나비아 사람들의 가족생활은 무척 쉬워 보이는데 그 비밀은 뭘까?'라는 부제를 달고 열 가지의 룰을 쭉 적어 놓았다.

- **Parents rule, not children** 부모가 방식을 정한다.
- **No shouting(or smacking)** 고함(체벌) 금지.
- **Conform at all times** 모두를 따라 한다.
- **Play outside** 밖에서 논다.
- **Embrace the simple life** 단순하게 생활한다.
- **Dagis(daycare) is king** 보육원이 제일 좋다.
- **Babies sleep better outside** 아기는 밖에서 더 잘 잔다.
- **Don't teach reading till 7** 7살 전에는 읽기를 가르치지 않는다.
- **Buy Lego** 레고를 사 준다.
- **Be open about sex** 성에 자연스럽게 다가간다.

가족은 부모가 중심이다. 자녀에게 모든 정성을 쏟는 한국 부모는 자녀가 자신의 분신이거나 일부라고 생각한다. 북유럽 부모들은 자녀를 개별적 인간으로, 고등학교를 졸업하면 자신을 떠나 살아갈 개인이라고 인식한다. 부모 자식 간의 '기대 심리'는 애초부터 존재하지 않는다. 북유럽 부모에게 자녀는 성숙한 개인이 되기 전까지 같이 생활하는 동반자이다. 당연히 가족의 중심은 부모이다.

자녀에게 체벌을 가하거나 고함을 치는 행동은 존중이 부족해서이다. 북유럽 부모는 서로 간의 문제를 대화와 이해로 푼다. 그 외의 체벌은 화풀이일 뿐이다.

자녀도 언젠가 사회인으로 살아간다. 북유럽 부모는 자녀에게 사회 기본예절인 평등, 존중을 가르친다. 다른 사람들이 무엇을 하는지, 다른 사람에게 방해가 안 되는지 주위와 어울리는 마음을 갖게 한다.

북유럽 부모는 아이들을 항상 자연과 신선한 공기 속에서 놀게 한다. 겨울 추위에도 적응시킨다.

북유럽 아이들은 주말에 가족과 여가 시간을 보내고, 주중에는 학교에 가는 단순한 생활 규칙을 지킨다. 하루 종일 컴퓨터나 게임에 매달리는 것은 생활 습관을 망치는 길이다.

공립이나 국립 유아원이 최고이다. 한국과 조금 다른 경우지만 북유럽은 복지 정책으로 인해 공공시설의 질이 상당히 좋다. 스웨덴은 80%가 넘는 아이들이 공공 유아원에 다니는 무상 혜택을 받는다. 좋은 환경을 부모가 이용하는 것은 당연하다.

아기는 밖에서 더욱 잘 잔다. 계절과 상관없이 부모와 외출하는 아기들을 북유럽에서는 많이 본다. 눈을 막는 차양을 한 유모차를 끌고 일을 보거나 산책을 하는 모습은 흔한 겨울 일상이다. 아기는 신선한 공기와 유모차의 움직임 속에서 자고 운동도 한다.

전문적인 교육 기관에서 모국어를 배우는 7세까지는 읽기를 가르치지 않는다. 권장되는 사항이다. 부모의 읽기, 말하기 능력에 따라 아기의 초기 능력이 달라진다. 북유럽에서는 전문 교사가 표준화된 모국어를 교육하기 전에는 개인적인 읽기 교육을 권하지 않는다.

북유럽에서, 특히 덴마크에서 레고 사랑과 믿음은 각별하다. 단순한 장난감이 아니라 두뇌 개발과 교육용이다. 훗날 수학과 과학에 대한 초기 교육으로 레고를 가지고 놀게 하는 것이 일반적이다.

성에 자연스럽게 다가가도록 한다. 북유럽에서 초기 성교육이 시작되는 6~7세부터 15세까지 부모는 항상 자녀와 대화하면서 성을 자연스럽게 오픈한다.

북유럽의 남녀평등

육아 담당자로서 아버지 역할은 크다. 북유럽의 여성 경제 참여율은 80%를 바라본다. 자녀 육아와 교육 관련하여 누구나 직장에 휴가를 낼 수 있다. 그것도 약 1주일 정도의 기간은 개인 휴가 사용이 가능하다. 직급이나 권위에 상관없이 저녁 식사 준비를 하거나 자녀 학교에 가는 일은 북유럽 남자로서 아주 흔한 일이다. 부족한 근무 시간은 아침에 일찍 출근하여 매우거나 특별초과 근무로 보충한다.

스웨덴의 시야로 보면 일과 가정을 동시에 지키고 만족을 보장하기 위한 복지 정책이다. 그에 따라 고용률도 80%를 웃돈다.

1인당 국민 소득이 한국보다 높은 5만 8천 달러를 기록하고 있지만, 단순히 생산이 많아서는 아니다. 육아나 자녀 교육에 부모의 책임이 서로 다르지 않다는 의식과 여성 평등 문화가 섞여서 나온 결과이다. 과정 없는 결과가 없다.

스웨덴의 복지 정책은 세계 모든 나라들의 참조가 되었다. 노르딕 시스템Nordic System이라는 복지 정책은 미국, 영국, 캐나다 시스템의 기초가 되었다. 일부는 세계 대전이 끝나면서 바로 시행된 것도 있다. 물론 세계의 복지 시스템이 모두 스웨덴이나 북유럽과 같지는 않다. 미국, 영국의 복지 시스템은 북유럽에서 왔으나 의료 복지는 최악이라고 불린다.

스웨덴의 여성 경제 참여나 남녀평등 지표는 세계 최고이다. 이

↳ Kristin Lidell, imagebank.sweden.se

것이 의미하는 바는 자유주의와 평등이다. 북유럽 거의 모든 나라는 징병제이다. 징병제에 여성도 상당히 많은 수가 자발적으로 참여하고 있으며, 오히려 남자만 받는 징병제는 여성 차별이라는 의식도 나타난다. 여성 참여는 대체 복무나 단기 훈련으로 상징적 의미를 갖지만 본질은 같다.

개인은 부모 단위보다 우선한다. 부부도 물론이다. 그 점에서 육아 차이는 없다고 생각한다. 다시 이야기하여 개인, 부부, 부모·자식 등의 관계로 중요성이 나타나며, 부부간 금전적 공유는 거의 없다. 한국 시각으로 잘못 본다면 아빠가 생계와 육아를 동시에 해준다고 착각할 수도 있다.

북유럽 사상 자체가 이성적이고 철저하게 생존에 맞춰져 있다. 북유럽 사람들이 그렇다고 냉정하고 차갑기만 하지는 않다. 상당한 감성도 갖추고 있으며 표현도 좋아한다. 그들의 사고에는 사상적 스위치가 존재하는 것 같다. 한국인은 화가 나면 앞뒤 분간 못한다고도 하고, 냉혈한 같다는 말도 한다. 이탈리아 사람은 기분에 들떠 무엇을 하려 했는지 잊는다는 말이 있고, 일본 사람은 누구 앞에서나 자신을 감춘다는 말도 있다. 북유럽인의 생각은 상당히 유연하게 작용한다. 부부간일지라도 이성과 감성이 순간순간 변한다는 말이다.

배경은 과거 바이킹 시절부터 이어 온 모계 우선 문화이다. 농경이 거의 이루어지지 않았던 과거에는 떠돌이 생활이나 침략으로 생활을 이어 갔다. 이때 육아나 다른 생활을 위해 집을 지키던 사람은 여성이었고, 역할은 남성과 전혀 다르지 않았다. 목축이나 채집 외에 생존을 위한 전투를 치렀고, 와중에 육아를 책임지고 가족과 부족 생활을 이어 갔다. 12세기까지 그런 생활이었으니, 눈부신 문화를 누리던 유럽이나 아시아에서 보면 야만인처럼 느껴졌을 것이다. 그러나 정신의 뿌리는 아직까지 이어져서 북부 독일계를 포함한 북유럽 여성들은 강인하고 독립심이 강하며 개인적인 성향을 보인다.

집단생활부터 이어져서 근대로 발전하며 사회주의 문화를 도입한 북유럽 국가들은 복지 시스템을 만들었다. 강제 정책이었던 각종 정책들은 공공 이익에 초점을 맞추어 국가가 발전해 나가는 기틀을 마련했다. 당시 북유럽 국가들은 가난했다. 심지어 핀란드는 독립도 못 해 스웨덴과 러시아의 일부 영토였고, 그마저도 전쟁으로 초토화된 상태였다. 북유럽의 부를 가져온 원유, 철강, 임업 등의 막강한 자원은 혹독한 기후와 가난으로 가질 수 없는 상태였다.

북유럽 국가들은 중공업을 기간산업으로 정해 해양, 철강, 기계 등의 수출을 강조했다. 모든 기간산업은 노동력을 바탕으로 했고, 적은 인구를 채워 줄 인력은 여성이었다. 여성과 복지 정책으로 북유럽은 발전했다. 북유럽 모두를 합쳐도 남한 인구의 반도 안 되는 인구로 무거운 세금을 인내하며 견딘 과정이었다. 현재도 북유럽 평균 소비세는 25%에 달하며, 소득세는 34%부터 56%까지 상당히 무거운 세율을 가지고 있다.

스칸디 대디나 스칸디 맘은 단지 환상이 아니다. 자녀나 부부를 건강하고 독립적으로 자리하게 해주며, 결국 자유와 평등이라는 북유럽 최고의 가치를 강조하는 내용이다. 자녀는 부부간의 사랑을 증명하는 인격적 존재로 인식된다. 독립된 사고와 개인 인성에 교육이 맞추어져 있다. 북유럽 스웨덴 학교를 다닌 우리 딸도 성적보다 인간 본연의 내면적 성숙이라는 교육을 우선적으로 받았다. 다른 문화와 환경을 이해하고, 다름을 존중하며, 자유와 평등을 강조하고, 본받을 것과 그렇지 못한 것을 '이성적인 차가운 눈과 따뜻한 감성'으로 조절하는 것이 내면화이다. 이것이 북유럽 사상의 기본 중 기본이다.

Kim Wyon, VisitDenmark
Iceland.is

보편적 복지와 재원

북유럽은 흔히 복지 국가라고 불린다. 북유럽의 사회 시스템이 복지 정책이라는 사회 보장 제도를 바탕으로 유지되는 가치를 지니고 있음을 말한다. 한때 사회주의 이념을 표방했거나 중립국이었던 역사는 사회 보장 제도의 시행을 당연하게 만들었다. 부의 흐름과 집중과는 무관하게 대중을 중산층으로 끌어올리는 역할을 했다.

사회 보장 제도의 바탕은 생활 기본권 충족이다. 교육, 의료, 생활, 연금 등이 가장 대표적이다. 국민 누구나 나라에서 제공하는 사회 보장 제도를 통해 생활을 일정 수준 이상으로 유지한다. 일정 수준이란 그 나라의 중산층이다. 극빈층은 상식상 존재할 수가 없는 것이 맞다.

각종 제도의 재원은 세금에서 충당한다. 세금은 상상하다시피 무거울 수밖에 없으며, 세무서는 아주 강력한 공권력을 가진 행정 기관이다. 주민들의 출생, 사망, 이주, 결혼, 등록, 고용 등 모든 정보를 관장한다. 탈세, 세금 회피 같은 범죄는 북유럽에서 아주 중대한 범죄이다. 대부분의 범죄는 순간적인 실수를 인정하지만, 세금 관련 범죄는 지능적이고 지속적이라는 점에서 관용을 보이지 않는다.

스웨덴의 복지는 보편적 복지이다. 강제성이 있다. 누구나 참여하고, 누구나 혜택을 받는다. 일방적인 수혜자는 용납되지 않는다. 복지는 태어나면서부터 시작된다. 병원, 육아, 기초 교육, 생활 보조 등의 형식으로 매월 한화 약 60만 원 정도의 혜택이 누구에게나 돌아간다. 교육은 대학까지 무상으로 실시된다. 학교 기자재, 책, 재료비 등의 명목으로 국가 보조를 받는다. 특히 대학에서는 돈을 받으며 학교를 다니는 소위 '꿈의 대학 생활'을 한다.

더하여 복지 혜택의 질은 무척 높다. 일례로 딸아이의 학교 점심 식단은 내 것보다 훨씬 훌륭하다. 전식에서 디저트까지 코스로 제공되며, 소풍이나 야외 수업이면 간식도 포함된다. 저소득층에게는 일정 금액의 생활 보장비와 자녀 교육비 등이 제공되며, 고소득자에게는 생활 보장비가 제공되지 않는다. 누구나 받는 혜택도 있고, 차별을 두어 받는 혜택도 있다. 심지어 현 국왕도 복지 혜택을 받으며 대학을 마쳤으며, 지금도 받고 있다.

여기서 궁금증이 생긴다. 그 많은 재원은 어디서 조달하나? 스웨덴 복지는 이야기한 바와 같이 누구나 함께한다. 누구나 돈을 내야 한다는 말이다. 국가가 도와줘야 할 때와 받아야 할 때를 철저히 구분한다. 탄생에서 대학 졸업까지는 수혜의 시기이다. 철저하게 받기만 한다. 그 후 직장이나 사회에 들어가면 형편이 바뀐다. 24%의 부가 가치세와 높은 소득세가 있다. 다시 은퇴를 하면 수혜를 받는 노인 복지가 있다.

한정된 재원으로 복지를 잘 이끌 법안이나 아이디어에 항상 목말라한다. 할 수 있을까가 아니라 얼마나 잘할 수 있을까가 입법과 선거에서 중요 이슈가 된다. 조금 보태어 살인적인 세금 앞에 국민들은 당당하다. 보기에는 자랑스러워하는 것처럼 보인다. 얼마나 많이 벌어들이기보다 얼마나 세금을 내고 직원을 몇 명이나 고용했는가로 기업 이미지와 존중이 판가름 날 정도이다.

스웨덴의 평균 가정, The Average Anderssons

복지로 국민 대부분이 큰 격차 없는 혜택을 누리고 사는 북유럽 사회. 20세기 동안 지속적으로 추진해 온 북유럽의 사회 복지 시스템은 그동안 자본주의 열강들과 신흥 세력 국가들의 눈부신 활약 속에 조용하고 소박하게 관심 밖에 있었다. 그러다 육아, 건강, 노후 등 본질적 문제로 관심이 돌아가게 된 21세기로 접어들면서 세계는 삶의 만족도가 높은 북유럽 사회로 시선을 모으고 있다. 이런 가운데 가장 평균적인 수치를 적용하여 가상으로 구성한 스웨덴의 한 가정에 대한 글이 흥미로웠다. 스웨덴 공식 홈페이지에 실린 글로, 스웨덴 중산층인 40대 부부의 이야기이다.

"안데르손Andersson의 부인 마리아Maria는 1969년생이다. 40대 중반 여성들에게 마리아는 매우 흔한 이름이다. 두 살 아래 남편인 안데르손의 이름은 1971년 당시 인기 있었던 프레드릭Fredrik이다. 보통 남편이 연상인 경우가 많은데, 안데르손 부부는 아내가 두 살 많다. 2012년 기준으로 스웨덴 평균 수명이 여자 84세, 남자 80세인 사실로 보면, 부부의 나이차는 이상적이다.

스웨덴 평균으로 가정당 1.55명의 자녀가 있는데, 안데르손 부부에게도 13살 딸 줄리아Julia와 10살 아들 윌리엄William이 있다. 스웨덴에서는 대부분 결혼을 하지 않고 동거하는 관계Sambo로 지내다가 결혼을 약속한다. 안데르손 부부도 삼보 관계로 지내다가 삼십대에 결혼하여 자녀를 낳았다.

두 자녀를 낳을 때마다 안데르손 부부는 모든 스웨덴 국민들처럼 아내는 10달, 남편은 9달, 합해서 480일의 유급 휴가를 사용했다. 그중 390일은 본인 급여의 80퍼센트까지 지급되고, 나머지 90일도 국민 모두에게 보장된 지원금을 받으며 육아 휴가를 사용한다. 출산과 함께 사용하는 육아 휴가는 스웨덴에서 지극히 보편적이고 현실적이다. 육아 휴가에 대한 직장에서의 부당한 대우는 불법이며, 찾아볼 수 없다.

아이가 8살이 될 때까지는 근무 시간의 25퍼센트까지 휴가로 사용할 수 있다. 이에 대한 임금은 시간당 계산하여 받지 않는다. 맞벌이인 안데르손 부부의 아이들은 만 6세가 되어 유치원에 들어가기 전까지는 월 1,260크로나(약 196달러) 정도를 내는 보육 시설에 맡겨졌다. 사실 비슷한 비용이 매달 양육 보조비로 국가에서 지원되므로 결국 무상 지원이다.

이제는 일반 학교(한국의 초등학교와 중학교가 합해진 9학년까지)에 다니는 줄리아와 윌리엄은 매년 9월에 새 학년을 시작하여 이듬해 6월에 학년을 마친다. 스웨텐 사회에서 가장 중요한 이념은 평등이며, 특히 교육은 모두에게 누릴 권리가 있다. 학교에서는 점심 식사 등 모든 것이 무상으로 제공된다. 매달 아이들마다 교육 지

↱ Ulf Huett Nilsson, imagebank.sweden.se

원비(용돈)도 지급된다. 모두 부모의 세금으로 이루어지는 일이다.

9학년까지는 의무이자 권리이며, 그 이후 고등학교 교육은 각자의 선택이다. 고교까지는 대부분 진학하지만, 스웨덴 국민의 25세 이상 64세 미만의 사분의 일 정도만 대학을 졸업한다. 대학교 학비도 무상 지원이지만, 사회에 학력 차별이 없어 개인의 목표와 계획에 따라 일부만 대학에서 학업을 이어 간다.

맞벌이를 하는 안데르손 부부는 스웨덴 노동법에 따라 매년 25일의 유급 휴가를 보장받는다. 대부분의 휴가를 스웨덴 사람들은 7월에 주로 사용한다. 거의 모든 상점이 7월에는 문을 닫고 휴가에 들어가는 분위기이다. 스웨덴은 노동 조건과 환경에서 세계 최고의 혜택을 보장받는 나라 중 하나이다. 노사 간 협력 체계가 오랜 역사를 통해 안정적으로 운영되고 있기 때문이다.

프레드릭은 스웨덴의 가장 전형적인 40대 남성처럼 제조업에서 일하며, 매달 33,305크로나(약 5,200달러)를 임금으로 받는다. 마리아는 대부분의 40대 여성들처럼 의료 건강 관련 분야에서 한 달에 24,176크로나(약 3,800달러)를 받고 일한다. 임금의 많은 부분은 세금으로 내고 있고 다시 복지 혜택으로 돌아온다.

일하는 많은 사람들이 걱정하는 실직, 사고, 질병으로 인한 걱정을 안데르손 부부는 하지 않는다. 스웨덴의 모든 국민은 임금을 받는 기간에는 자동으로 실업 보험에 가입된다. 어떤 사유로든 실직이 되면 생활비 보조를 받는다. 아파서 병가를 내도 급여의 80퍼센트를 지급받으며, 다른 나라에서 걱정하는 의료비도 스

↳ Melker Dahlstrand, imagebank.sweden.se

웨덴에서는 모두 공평하게 지원된다. 아이들은 모두 무상 지원이며, 어른의 개인 부담금은 어떤 질병이라도 병원 방문 시 최대 300크로나(약 47달러) 정도로 제한되어 있다."

한국과 미국에서는 복잡한 삶의 목표와 기준을 정하고 경쟁하듯 산다. 보편타당한 스웨덴 평균 가정에 부러움과 관심이 생기는가? 그렇다면 우선 마음속에 있는 삶의 잣대, 경쟁의식 등을 먼저 내려놓아야 한다는 걸 깨달아야 한다. 맘껏 누리고 즐기는 게 복지가 아님을 북유럽에 와서 새삼 느낀다. 서로를 존중하고 함께 산다는 확고한 인식 아래, 꼭 필요한 만큼 삶의 가치를 보장받고 현명하게 누릴 줄 아는 개개인이 사는 사회가 북유럽이다. 남보다 더 가지려는 안데르손 부부? 지금 누리는 평균에 절대 만족하지 못하고 '평균 이상'을 늘 바라보는 안데르손 가정? 스웨덴에서는 찾기 힘든 모습이다.

열심히 산다는 것을 '치열한 삶 속에서 알차게 최선을 다해 사는 노력'이라고 우리 가족이 생각한 때가 있다. 무엇이든 틀림이 없도록 자로 잰 듯이 준비하고, 남과는 물론 스스로와의 약속까지도 게으름 부리지 않고 딱딱 맞춰 살아가면서 가족 모두가 환상 호흡을 자랑하며 살았다. 그런 노력을 해도 스스로 만족스러운 해답을 얻을까 말까 한 것이 인생살이라며 서로를 응원했다. 그러나 우리는 더 이상 '치열한 삶과 노력'에만 매달리지 않는다. 최선의 노력과 행복이 일직선상에 있지 않다는 사실을 북유럽이 가르쳐 주었기 때문이다.

북유럽을 통해 불필요한 것들이 수없이 매달려서 우리의 삶을 얼마나 피곤하게 하는지 발견하였다. 학력, 능력, 지위, 직장, 자산, 여가, 외모, 화술, 상식, 취미, 환경, 교육, 건강 등등 모두 나열할 수도 없을 기준을 머릿속에 빽빽하게 넣어 두고 끝없이 남과 견준다. 사람이 세상에 태어날 때는 깨끗하게 비워진 머리와 맨몸이었는데, 태어난 순간부터 각자의 삶 속에 뭔가가 이리도 많이 끼어들어 왔는지 놀라울 뿐이다. 결국 나를 남과 비교하는 관심에서 시작된 문제들이다. 자신을 위한 노력이라고 생각했지만, 결국 남과 경쟁하여 이기는 성취감과 세상의 의견들만이 우리 가족의

Henrik Trygg, imagebank.sweden.se

마음을 움직이고 있다는 사실을 북유럽 안에서 깨달은 것이다.

북유럽 생활은 깨끗하게 내 삶을 청소하는 데서 출발해야 한다. 그런 출발이 있어야 '나는 행복하다'고 주저 없이 외치는 세계 최고의 북유럽 행복 지수에 포함될 수 있다. 북유럽에는 섭섭할 정도로 나와 비교해 주는 사람들이 없다. 나는 나대로, 너는 너대로, 우리 가족은 우리 가족대로 다르게 살아가고 존중해 준다. 북유럽에 살아 보니 '그거면 됐지, 또 뭐가 필요해?'란 마음이 점점 우리 가족의 마음을 파고들었다. 북유럽이 우리에게 준 가르침은 지금도 많이 있지만, 가장 큰 선물은 가족의 행복을 담는 그릇을 비우고 깔끔히 닦아 준 것이다.

우리 글이 그동안 필요도 없이 삶을 꽉 채워 왔던 기준들을 청소하여 단순한 머리와 마음으로 돌아갈 수 있도록 도움이 되길 바란다. 북유럽 스타일, 북유럽 생활, 북유럽 가치관을 따라가 보기 위해서는 빈자리가 필요하기 때문이다. 하루하루 평범한 일상에서 아쉬운 것을 새로 얻으려고 하기보다는 잊고 있던 것을 바라보고 감사하길 바란다. 북유럽 사람들은 나는 나대로, 자연은 자연대로 각자 다른 모습으로 함께 어울리며 살아가고 있다.

Kristian Juul Pedersen VisitDenmark

Per Pixel Petersson imagebank.sweden.se

초판 1쇄 인쇄 2015년 7월 1일
초판 1쇄 발행 2015년 7월 8일

지은이 루크·안젤라

펴낸이 박세현
펴낸곳 팬덤북스

기획위원 김정대·김종선·김옥림
편집 김종훈·이선희
디자인 강진영
영업 전창열

주소 (우)121-250 서울시 마포구 성산동 275-60번지 교홍빌딩 305호
전화 070-8821-4312 | **팩스** 02-6008-4318
이메일 fandombooks@naver.com
블로그 http://blog.naver.com/fandombooks

등록번호 제25100-2010-154호

ISBN 979-11-86404-14-0 13920